JIANCHA LILUN QIANYAN
YUSHIWUWENCONG
★检察理论前沿与实务文丛★

丛书总主编 朱庆安

人民检察院组织法修改研究

RENMIN JIANCHAYUAN ZUZHIFA XIUGAIYANJIU

刘东平 赵信会 逯其彦 ◎著

中国检察出版社

图书在版编目（CIP）数据

人民检察院组织法修改研究/刘东平，赵信会，逯其彦著. —北京：
中国检察出版社，2013.12
ISBN 978 - 7 - 5102 - 1093 - 8

I.①人…　II.①刘…　②赵…　③逯…　III.①检察机关 - 机构组织法 -
研究 - 中国　IV.①D926.3

中国版本图书馆 CIP 数据核字（2013）第 295676 号

人民检察院组织法修改研究

刘东平　赵信会　逯其彦　著

出版发行：中国检察出版社

社　　址：北京市石景山区香山南路 111 号（100144）

网　　址：中国检察出版社（www. zgjccbs.com）

电　　话：(010)68630385(编辑)　68650015(发行)　68636518(门市)

经　　销：新华书店

印　　刷：保定市中画美凯印刷有限公司

开　　本：720 mm×960 mm　16 开

印　　张：14.5 印张

字　　数：206 千字

版　　次：2013 年 12 月第一版　2013 年 12 月第一次印刷

书　　号：ISBN 978 - 7 - 5102 - 1093 - 8

定　　价：48.00 元

总　序

近年来，随着经济社会的持续迅速发展和各项改革的深入推进，国家对《刑法》、《刑事诉讼法》、《民事诉讼法》、《国家赔偿法》等一系列重要法律法规进行了修订，进一步完善了中国特色社会主义法律体系。党的十八大提出全面推进依法治国，进一步深化司法体制改革，加强司法公信建设。党的十八届三中全会对全面深化改革包括司法体制改革作出了具体部署，为加快建设社会主义法治国家进一步指明了方向。

新的法律政策形势，既为检察工作提供了新的发展机遇，也对检察机关更好地履行法律监督职能提出了更高要求，迫切需要我们积极跟进研究，进一步提高认识能力、判断能力和工作能力，提出深化改革和提升法律监督水平的有效措施，为经济社会建设提供更加有力的司法保障。菏泽市检察机关认真贯彻落实高检院、山东省院关于加强检察理论研究工作的意见，着力完善检察理论研究工作机制，积极进行检校共建，出台了课题管理办法、优秀成果奖励办法，进一步浓厚了研究氛围，推出了一批较高质量的研究成果。

《检察理论前沿与实务文丛》的出版，正是菏泽市检察机关理论研究成果的一次汇报和展示。该丛书的特色在于紧紧围绕新政策、新法规，着眼检察工作实务，提出问题、分析问题、解决问题。该丛书包括人民检察院组织法修改、证据法、民事公益诉讼、民事检察监督等问题的研究，具有较强的针对性和实用性。各分

册作者主要由两部分人员组成：一部分作者来自菏泽市检察机关，他们都具有多年从事检察业务的经历，同时又长期关注和研究法学理论，对实践中出现的诸多问题都有较深刻的认识和独到的见解；还有一部分作者是高校从事法学教研工作的教授和副教授，既有较精深的法学专业理论功底，又有较丰富的检察实务研究经验。由这样的作者撰写的专题研究著作理论性与操作性兼备，无疑值得一读。

"学知不足，教后知困。"检察理论博大精深，而且许多法律政策刚刚施行，有的对策性研究还没有成熟的经验可供借鉴，加之本丛书成稿匆忙，撰稿作者的知识和水平亦有限，因此，我们提出来的观点仍然是一家之言，错误缺漏之处在所难免，衷心希望广大读者批评指正。

菏泽市人民检察院检察长　朱庄寨

2013 年 12 月

前　言

　　《中华人民共和国人民检察院组织法》（以下简称《人民检察院组织法》）于 1979 年制定，经过 1983 年和 1986 年两次修改，期间与《人民检察院组织法》居于相同位阶且对人民检察院检察权的行使产生重大影响的《刑事诉讼法》经历了 1997 年和 2012 年修改。同样和《人民检察院组织法》居于相同位阶的《民事诉讼法》在 1982 年试行的基础上，于 1991 年颁布、实施，并经过了 2007 年的修改和 2012 年的修改。这种情况导致的必然结果是《人民检察院组织法》与两大诉讼法之间的矛盾与冲突，如《人民检察院组织法》第 5 条第（四）项规定的人民检察院的职权之一是：对于刑事案件提起公诉，支持公诉；对于人民法院的审判活动是否合法，实行监督。无论从立法体例还是从法律条文的一般含义看，都是指对人民法院的刑事审判活动是否合法进行监督，而没有涉及民事诉讼监督。事实上，1991 年《民事诉讼法》第 14 条不仅确立了人民检察院有权对民事审判活动进行监督的一般原则，而且还于审判监督程序一章规定了检察机关进行法律监督的特定的具体程序。2012 年《民事诉讼法》进一步完善了民事检察监督的原则、内容、程序规定，丰富了检察监督的手段。

　　与 1986 年《人民检察院组织法》修改时的社会背景相比较，现时代我国的政治、经济、社会、文化等各方面都发生了重大的变化。1986 年我国还是以计划经济为主的社会，1987 年中

共十三大第一次提出建设有计划的商品经济之社会目标，检察机关当时面临的任务也是打击重大的刑事犯罪和经济犯罪，当时检察机关恢复重建以后的第二任检察长提到的两个工作中心，在今天看来也都是刑事案件的办理。当时，参与民商事纠纷的解决，通过化解民商事矛盾促进社会和谐还没有上升为检察机关的工作内容。

事实上，最高人民检察院已经注意到《人民检察院组织法》与诉讼法之间的矛盾与冲突，注意到了《人民检察院组织法》相对于快速发展变化的社会关系之间的严重滞后。早在 1990 年最高人民检察院就已经启动了《人民检察院组织法》的修改动议工作，也曾就此问题专门向全国人大常委会做过专门汇报。不过，由于当时立法机关的立法任务非常重，许多对有中国特色的社会主义建设有至关重要性的法律都尚未出台，例如《合同法》、《担保法》、《公司法》等，故此，《人民检察院组织法》的修改并未提上立法机关的立法日程。

在《刑事诉讼法》、《民事诉讼法》均已修改完毕，具有社会主义特色的法律体系初步建立的背景下，不仅《人民检察院组织法》修改的必要性更加突出，而且此种修改的可能性已经具备。为此，最高人民检察院再次启动了《人民检察院组织法》修改的动议活动，全国人大常委会也已经将该法的修改作为本届立法机关的重要的立法任务。

必须注意，在《人民检察院组织法》修改方面还有许多重要的理论问题没有澄清，这些基本理论的澄清直接关系到《人民检察院组织法》修改的成败得失。这些理论包括新的历史时期中，如何理解检察机关的功能，《人民检察院组织法》修改的原则与《人民检察院组织法》的原则有什么样的关系，应当以什么原则作为《人民检察院组织法》修改的原则，应当以何原则作为《人民检察院组织法》的原则，检察权的性质及其权能是怎样的，检察机关的领导机制应当如何与时俱进地予以设立等。为了实现修改后的《人民检察院组织法》的科学性，必须做到的是立法活动中的理论先行。

作者
2013 年 12 月

目 录
Catalogue

1

Chapter

第一章

人民检察院的功能定位

功能又指作用，但是，某项事物或者某个主体的功能与其作用还有一定的区别，某项事物或者某个主体的功能定位，在其与其他事项之关系或者与其他主体之关系的处理中带有根本性质，处于决定性地位，而某项事物或者某个主体的作用则更多的具有实际结果方面的特征，是一种为其功能所决定的具体行为或者具体环境中的实际体现。

一、研究检察机关功能地位的意义

1986 年的《人民检察院组织法》在第 1 条即明确规定了我国检察机关的功能定位，它规定中华人民共和国人民检察院是国家的法律监督机关。这一规定延续了我国《宪法》的规定，是对《宪法》第 129 条的再现。尽管《宪法》和《人民检察院组织法》对于检察机关的功能有明确的定位，但理论和实践上仍然存在对检察机关功能的不同理解，并出现了多种学说。

当然，不同的理论关注检察机关的不同侧面，侧重强调检察机关的不同工作内容，不同理论对检察权行使方向的影响，或者说学者自检察机关功能定位之角度对检察权行使方式、范围的论证，也从反面说明了检察机关功能地位的理论意义及实践意义。为充分说明检察机关功能定位对《人民检察院组织法》修改的影响，有必要分析各种理论观点下的检察工作的侧重，也有必要分析国外检察机关的不同功能定位所产生的影响。

（一）国外检察机关的功能定位及其影响

中国的检察机关是全国人民代表大会领导下的一府两院之国家机关组成体系中的一个重要的组成部分，与国外的检察机关存在本质不同。不过，检察机关的功能定位对检察权的作用、检察机关的工作方式、领导机制都会产生较大的影响，在这一点上中外检察机关存在相似之处。

1. 英国的检察机关功能定位及其影响

英国检察机构也有一个历史沿革的过程，最早的检察机关与陪审制的改革有很大关系。公元 1 世纪，封建社会背景下的皇家政权为维护皇室利益，强化皇家政权，亨利二世于 1162 年设立了专司重大刑事犯罪案件控告的陪审团，其由 12 名陪审员组成，主要负责暗杀、抢劫、纵火等重大刑事犯罪的控诉。1352 年，英王爱德华三世颁布诏令，不再许可此种陪审团既负责控诉又负责审判，并决定在该陪审团之外另行引入一种全新的陪审制，即由 12 名陪审员组成的陪审团负责案件审理。原来负责控诉的陪审团则更新成为 24 人组成，也被称为大陪审团。1948 年，《刑事司法法》彻底废除了大陪审团。不过，在大陪审团被废除之前，英国国王从 14 世纪开始，就派遣皇家律师代表国王就涉及国家利益、皇室利益的案件向法庭起诉。"任命国王代理人特许开始于 1311 年，1315 年威廉·兰利成为首个出现在正式任命记录里的国王代理人。"[①] 1461 年，爱德华四世在给新任国王律师约翰·赫伯特的任命特许状中首次称之为英格兰的总检察长（attorney general），负责对破坏王室利益的案件进行侦查、起诉和听审。国王律师改名为总检察长标志着英国检察机关的成立和检察制度的建立，不过，当时的总检察

---

① 何家弘主编：《检察制度比较研究》，中国检察出版社 2008 年版，第 115 页。

长负责起诉的案件仅是涉及王室利益的案件，其他刑事案件不在总检察长关注的范围以内。①

以改良为基本特色的英国，在其资产阶级革命以后，仍然保留了这样的检察体制设置。不过，1827 年以后，总检察长负责的案件开始突破侵犯皇室利益的范围限制，1985 年议会通过了《犯罪起诉法》，根据该法英国设立了皇家检察署，并使检察机关包括三个级别：最高一级是总检察长与副总检察长，中间一级是检察长和皇家检察署，基层是地区首席皇家检察官及其他检察官，自下而上，逐级负责，组织上自成一体。②

尽管经过改革，但是检察机关一定程度地依附政府权力的色彩仍然没有改变，或者说英国的检察机关总体上仍然属于行政机关。在英国，检察署既是公诉机关，同时也是政府的法律顾问机构，在三权分立的体系中是属于行政权的一个机构，不同于行使司法权的审判机构。它是一个单一的、独立的和全国性的机构，其管辖权覆盖整个英格兰和威尔士，独立于警察机构并有权决定不起诉。不过，英国的检察机关不仅没有法律监督权，也没有直接侦查权，同时，也不能指挥警察的侦查活动，无法要求警察于特定的情况下遂行侦查权。

英国检察机关之偏重行政机关功能的定位也使得英国检察机关顺理成章地扮演公益维护的角色，不仅检察机关作为公诉机关提起公诉从历史上就是维护皇家利益的手段，而且现代检察机关的控诉也是作为维护国家利益和社会公共利益的重要手段。检察机关公诉权之向其他案件的扩张，实际上是在宽泛理解国家利益、社会公共利益之概念的基础上实现或者完成的。民事案件中的检察机关的公益维护是通过其提起和参与民事诉讼的权力实现的，换句话说，其采取与刑事案件大致相同的方式实现民事纠纷解决中的国家利益、社会公共利益的维护。早在 1860 年，为了防止在新离婚法庭中的当事人共谋，英国国会即颁布立法，赋予皇家检察官以介入离婚

---

① 徐学东：《英国检察制度的演变和改革》，载《中共四川省委省级机关党校学报》2000 年第 3 期。

② 李培锋：《英国检察制度的创设模式及当代特点》，载《南京大学法律评论》2008 年春季卷。

诉讼的权力。皇家检察官如果经过调查发现起诉离婚的当事人有法定的损害国家公益的情形，即可以作出决定永久性的搁置法院作出的暂时分居命令。① 在现代社会中，英国法律规定检察长有权参与确认婚生和非婚生子女合法身份的诉讼，此外检察官可以主动或者根据法院的邀请而介入解除婚约或者确认婚约无效的诉讼中。② 可以说英国的"总检察长和副总检察长在涉及政府重大利益的民事诉讼中代表政府进行追诉"。③

2. 美国检察机关的功能定位及其影响

美国的检察机关共分为三级，联邦系统的检察机关是联邦检察机构。联邦检察机构在联邦设有总检察长，并由副总检察长、总律师、总检察长助理协助其工作。联邦检察机构在全国的 94 个联邦司法辖区内均设有联邦检察署。④ 与英国检察机关相似，美国的检察机关也隶属于行政部门，具有明显的行政色彩。其表现之一就是检察机关与司法行政机关之间的重叠性，换句话说，美国的检察机关同时也是司法行政机关，美国联邦总检察长就是联邦司法部长，联邦副总检察长就是司法部副部长。表现之二就是美国的检察机关和其他行政机关一样都肩负维护社会公益的使命，不过与其他行政机关维护公益的方式不同，美国检察机关维护公益的方式主要是对犯罪活动进行侦查以及对此种侦查活动的指挥。美国检察机关对刑事案件的侦查包括对政府官员违法犯罪行为的侦查，从这一点看，美国检察机关似乎有优于其他行政机关的权力，不过该权力不是对其他行政机关的监督权，而是其作为行政机关维护国家公益职能的具体体现。当然，为维护公益，在刑事案件中检察机关不仅应当对刑事犯罪案件进行侦查，还应当就符合控诉条件的刑事案件向法院提起公诉。在民事案件中则是表现为检察机关的民事诉讼干预权，即对所有的涉及合众国利益的民事案件启动追

① Wendie Ellen Schneider, Secrets and Lies：The Queen's Proctor and Judicial Investigation of Party-Controlled Narratives . Law & Social Inquiry. vol. 47. 2002. p. 449~488.

② 参见赵信会、马海燕：《论检察机关参与人事诉讼》，载陈桂明、王鸿翼主编：《司法改革与民事诉讼监督制度完善》，厦门大学出版社 2010 年版，第 82 页。

③ 肖扬：《当代司法体制》，中国政法大学出版社 1998 年版，第 8 页。

④ 李岩：《美国检察机关》，载《检察日报》2000 年 11 月 14 日第 8 版。

究民事责任的程序，参与诉讼并进行辩论。① 表现之三是美国的检察机关承担着为政府提供法律咨询的功能，是政府行政中法律方面的"军师"。美国联邦检察官最早也是政府的法律官员，为总统或政府提供咨询服务是其基本的、传统的职责。在联邦检察系统中，联邦总检察长承担着为政府及各部提供法律咨询及起草法律草案等相关的职能。在各州检察系统中，许多州在检察机构的名称上虽不一致，有的称为法律部，有的称为法律事务部、法务局、检察事务所等，但其在为政府提供法律服务的作用上是一致的，正是基于此，有的地方的检察官就直接被称为法律顾问。②

美国检察机关以及检察官的具有浓厚行政色彩的功能定位，决定了其权限更多地体现在或者表现在行政权能的发挥上，与我们国家一致的诉讼监督等在美国是不存在的，相反，美国联邦系统以及州系统多强调的是司法独立，而不是检察监督，检察机关对司法体制的制约不是表现在诉讼监督方面，而是表现在刑事侦查活动、刑事公诉活动以及以上活动的自由裁量方面。可以在某种程度上讲，美国的检察机构并没有法律监督权，从法律规定的检察官的职权中难以看到检察机构诉讼监督或者法律监督的内容。

3. 日本检察机关的功能定位及其影响

日本的检察制度最初是以大陆法系国家和地区的检察制度为蓝本建立起来的，受德、法两国的检察制度影响比较大。第二次世界大战以后，又较多地借鉴了美国检察制度的合理内核，形成了融合两大法系国家的检察制度的混合式的检察制度。

日本的检察机关通称为检察厅，其机构设置与法院相对应，即分为最高检察厅、高等检察厅、地方检察厅、区检察厅四级。最高检察厅设在东京；高等检察厅共 8 个，分别设于东京、大阪、名古屋、广岛、福冈、仙

---

① 李岩：《美国检察机关》，载《检察日报》2000 年 11 月 14 日第 8 版。

② 尽管有人认为美国的检察官既是行政人员，也被认为是司法人员，但从未有人否认美国检察机关的行政属性和美国检察官的行政人员属性，其所论述的检察官的司法属性也许更多地是从检察机关产生的角度或者从法律职业共同体的角度论证的。此种论证既不符合检察机关的职能确立，也不符合美国权力分立的政权机构划分。参见黄宁琳：《美国宪法涉及的检察制度研究》，载《南昌教育学院学报》2012 年第 2 期。

台、札幌、高松；地方检察厅共 50 个，分别设于都、道、府、县所在地；区检察厅共 437 个，分别设于全国主要的区镇。

虽然日本检察机关的设置与法院对应，虽然检察官在准入上具有和法官一样的准入机制，① 但日本的检察机关在性质上仍然不具有司法性质，而是具有行政性质的机关。这主要表现在以下两个方面：其一，日本的检察机关设置在法务省，是法务省的组成部分。法务省虽然不能干预、领导检察厅具体案件的办理，但其有权了解、指导、监督检察厅的一般工作。《日本检察院法》第 14 条规定了法务大臣指挥与监督检察权的原则，一是监督与指挥的内容只能是一般性或者总体上的，即通过训令、通知、会议等方式，贯彻实施国家法律政令以及刑事政策的统一实施。二是对个案的调查或者处理，只能对总检察长一人予以指挥和监督，不能越过总检察长对任何其他检察官指手画脚；② 其二，检察机关在职权上更多地行使具有行政色彩的权力。这些权力包括审查起诉权、自行侦查和提起公诉权、刑事判决执行的指挥权、参与民事诉讼权。不过，日本的检察机关还有要求法院通知或者陈述意见的权力，对于此种权力还不能从检察机关监督法院诉讼的行为的角度予以理解，而只能从其行政性质上理解，因为按照《日本检察官法》，此项权力的行使必须以检察官职务上必要时为限，其职务即包括前述的侦查、起诉、判决执行的指挥等方面。

（二）检察机关功能定位对检察权权限范围的影响

在检察制度发展的过程中，检察学理论研究形成了多种关于检察机关功能定位的理论，我们这里将这些理论观点概括为司法机关说、行政机关说、行政与司法复合说、检察权行使者说、法律监督机关说、宪政机关说、专门的法律机关说。尽管我们将在其后详细论证各种观点的优劣，但此处

---

① 在日本，一般公民要取得检察官资格，必须经过严格的司法考试。这种考试全国每年举行一次，每次参考人数 2 万余人，能通过考试的约 700 人。通过司法考试后，还要进最高法院研修所学习 2 年，合格后方能取得检察官、法官、律师等资格。有学者以此认为日本的检察机关享有司法机关的地位，一定程度上具有司法机关的性质。叶峰：《日本检察官的职责权限》（下），载《检察日报》2003 年 6 月 16 日。

② 叶峰：《日本检察官的职责权限》（下），载《检察日报》2003 年 6 月 16 日。

有必要就不同理论观点之对检察权范围的影响做一说明，并以此论证检察机关功能定位的重要性。

1. 检察机关为宪政机关的宪政机关说

宪政机关说是在对检察机关的司法机关说、行政机关说予以批判的基础上产生或者出现的一种较有影响的检察机关功能或者属性定位理论。其基本的依据可以概括为如下几点：其一，讨论检察机关的功能定位或者检察机关的属性必须立足于我国的政治体制或者政权体制。认为以往的关于检察机关功能定位的理论，特别是司法权说、行政权说的理论更多是基于三权分立的政治制度或者政治理论。"以三权作为一种不言而喻的前提预设，在这个意义上争论检察权到底是一种什么样的权力，完全脱离了我国人民代表大会制度的政治架构。我们不能无视我们自己的现实，如何在人代会的政治架构中定位检察权，这是一个需要好好思考的问题。"① 该观点的持有者认为，检察机关的功能定位必须考虑我国的政治体制或者政权体制。在我国，检察机关是人大领导下的一府两院中的重要组成部分，既不同于立法权，也不同于行政权和司法权，是行使专门职能的独立的权力部门。"在以人民代表大会制度为基础的宪政架构中，检察权是不同于立法权、行政权和审判权的独立的国家权力形态，承担着相对独立的国家职能，由独立于政府和法院的专门机关行使。"② 其二，必须以发展的眼光看到检察机关的功能定位或者检察权的权能。尽管论者没有提到影响检察权能与时俱进的时代因素，但是其却实实在在地提到了新时期检察权能应当包含的基本内容。这就是法律监督或者检察监督与执行法律或者检察执法，尽管其没有详细地分析法律监督与检察监督的区别、执行法律与检察监督的区别，但该观点却非常有益地提出传统的检察机关的功能均可以概括为检察执法功能，而不是法律监督职能，从而比较巧妙地解决了法律监督机关与国家利益维护之间的矛盾，赋予了检察机关以比较广泛的权力。

---

① 孙谦、樊崇义、杨金华：《司法改革报告——检察改革·检察理论与实践专家对话录》，法律出版社 2002 年版，第 11 页。

② 肖金明：《论检察权能及其转型》，载《法学论坛》2009 年第 6 期。

宪政说的检察机关功能定位确实是一个非常有吸引力的观点或者理论，其在检察机关的作用范围方面也提出了新颖的具有创造性的观点。这就是在区分检察机关的检察执法行为与检察监督行为的基础上，就检察监督提出的基本思路是拓宽检察监督的范围、限制检察机关抗诉的地位和意义、以立法方式促使检察监督予以转变。检察权能的转型"可以概括为两个方面，它的第一层含义在于明确检察权的独立属性和地位，确立检察职能体系，促使检察机关由一个刑事机关转变为一个担负监督职责的宪政机关；第二层含义意味着实现检察监督的转向，促使检察监督由传统上主要的诉讼监督转向主要监督政府和行政过程，实现由主要与诉讼相关的监督到主要监督行政活动的转向。或者可以这样说，检察监督主要的不应当是监督法院的审判活动，而是应当主要监督行政机关的执法活动，对行政执法活动中的滥权和越权行为、怠慢职责和行政不作为、行政严重不当行为等实施监督。"①

2. 检察机关为司法机关的司法机关说

该观点的基本内容是检察机关和审判机关同属于我国的司法机关，龙宗智教授是该观点的积极支持者。② 该观点的主要理由为：第一，检察官与法官"同质不同职"，检察官与法官一起承担国家的司法功能，作为"法律守护人"的检察官们和"以遵从法律为天职"的法官们具有相似的使命和目标。第二，检察机关对侦查终结的案件进行裁量，决定是否提起公诉，同法官适法相比，具有高度的同质性：以事实判断为基础，以解释和适用法律为依据，在不予起诉的情况下具有终结性的效力。第三，检察官的活动必须恪守客观义务，既要追究犯罪，也要对被追诉人的合法权益务必保护。为了防范法官不当审判对被追诉人合法权益的侵害，检察机关享有审判监督权。第四，检察权及其检察制度，具有防范行政权不当干预刑事司法的功能。第五，检察官的遴选资格和职业保障与法官近似，都强调对法律问题的专业性，以及业务处理的独立性。最后，在当下中国，将

---

① 肖金明：《论检察权能的转型》，载《法学论坛》2009年第6期。
② 龙宗智：《论检察权的性质与检察机关的改革》，载《法学》1999年第10期。

检察机关塑造为司法机关有利于法治建设，利大于弊。[1]

在强调检察机关独立行使检察权之背景下，更多的学者以及实务中的检察人员呼吁必须促使检察权向司法权方向转变，应努力以司法权运作的方式运作检察权。他们认为检察权运作司法化的法律价值体现在以下三个方面：一是保障司法公正。任何受干扰的权力都无法产生公正的结果，检察权亦如此，客观公正地行使检察权能有效地维护司法公正。二是保障基本人权，纠正诉讼中的违法行为，依法、客观处理案件，实现检察权的基本目标，这符合检察权的本义。三是优化司法资源，按照司法规律运作，提高诉讼效率。[2] 此种观点在配置检察权时重点关注的是检察机关对刑事诉讼活动的参与，此观点持有者提出配置检察权的重点是完善审前程序工作，这些工作包括建立检察监督侦查的检警模式、建立检察权为中心的司法审查模式、完善审前阶段的辩护权、实行不起诉听证制度等。[3] 尽管该观点的持有者也认为必须要拓展检察院法律监督的空间，但对于如何拓展法律监督空间，以及拓展法律监督空间与检察功能的司法定位之间的关系如何均没有进一步详细的论证。相反，其在论证中，直接引用了法国、德国检察机关的职权配置。可以说在一定意义上，依据司法权说对检察机关的功能定位，检察机关的作用范围或者检察机关参与社会治理应当集中在与诉讼有关的活动中。这些活动既包括参与刑事诉讼的各种活动形式，也包括检察机关对民事诉讼、行政诉讼活动的监督，但是检察机关不应当行使其他的与诉讼活动无关的社会治理。

3. 检察机关为行政机关的行政机关说

行政机关说为中国人民大学的陈卫东教授所倡导，认为检察权虽然与司法权的行使具有一定的关联性，但是这种关联性仅表现在工作内容上与

---

[1] 谢佑平、燕星宇：《我国检察权性质的复合式解读》，载《人民检察》2012年第9期。

[2] 黄曙、李忠强：《检察权的司法化运作及其构建》，载《人民检察》2006年第6期（上）。

[3] 黄曙、李忠强：《检察权的司法化运作及其构建》，载《人民检察》2006年第6期（上）。

司法机关或者与司法权的关联性，此种关联性充其量能够使检察权附带地具有一定的司法权的性质，但检察权在本质上应是一种行政权。"检察权只是带有部分司法的特点，而且这个特点也只是相对的、不全面的，不能将其所具有的一些特点当作其本质属性，检察权在本质上应当且也只能归属于行政权。"① 其基本的理由包括以下几个方面：检察权在行使或者发挥作用的方式上不具有司法权的特征，司法权的基本特征是中立性、被动性和终局性。而检察权的重要职能是追诉犯罪，其代表国家利益的维护追究和追诉犯罪，具有不受私人意志、其他机关意志作用或者影响的属性，而且从检察机关的历史发展看，检察机关之出现就是剥离裁判机关的犯罪追诉权、纯化司法权改革的结果之一。"研究检察制度的历史发展不难发现，检察机关是为适应公诉制度的需要而建立发展起来的。国家掌握了追究犯罪的主动权，但是又不能让裁判机关同时握有追诉权，因而就设置了专门的追诉机关。"② 检察机关的决定也不具有终局性，检察机关仅能作出提起公诉的决定，对于最终是否应追究犯罪嫌疑人的刑事犯罪并对其施以刑罚，端赖于法院的最后的裁判，这也是非经法院审判任何人不能被确定为有罪的基本要求和基本内涵。检察机关主动追究犯罪，也使检察机关同时不具有相对消极背景下的法院那样的中立性，这种利益趋向性不仅表现在对犯罪活动的侦查、审查、起诉，更表现在诉讼审理的过程中。法庭审理中，检察机关的公诉人员一定程度上是与被告人及其辩护人相对立的一方。"在公诉活动过程中，检察机关各项权能的运作不同于法院审判权的运作，公诉机关与被追诉方是对立冲突的，它要将双方的对立提交审判机关作出最终的裁断；对于实践中的各种涉嫌犯罪的行为，法律要求公诉机关必须代表国家进行审查追究，而不是作为中立的第三方对冲突进行

---

① 陈卫东：《我国检察权的反思与重构——以公诉权为核心》，载《法学研究》2002 年第 2 期。

② 陈卫东：《我国检察权的反思与重构——以公诉权为核心》，载《法学研究》2002 年第 2 期。

无偏倚地裁断。"① 当然，此种观点还有其他的理由，检察机关的组织形式以及权力行使方式，该观点的持有人认为检察机关的组织方式以及检察权运行的方式都表明检察机关应当属于国家的行政机关或者说是具有行政性质的机关。②

以检察机关为行政机关的定位又是如何界定或者理解检察机关的工作范围或者权限范围的呢？必须说明的是，此种对检察机关的功能定位理论必然影响其对检察权作用范围或者工作范围的理解，并且这样的理解必然与前述几种观点的理解存在重大的差别。

按照行政机关说，无论从检察机关产生、发展的历史看，还是从各国司法制度的设计看，或是从我国社会发展的趋势看，检察机关的职能都应当定位于以公诉为主的国家利益维护。"不论从检察机关产生发展的过程来看，还是从现代各法治国家的实践以及我国建设法治国家的要求和发展趋势来看，公诉职能都应当是检察机关的当然定位，检察权在本质上主要表现为公诉权。偏离了这个基本的角色定位的检察机关不可能是现代法治国家的检察机关，只可能是有其名而无其实，并且会影响其基本职责的实现。"③ 该观点在批判将检察机关定位于法律监督机关的观点时说，法律监督机关说将检察机关定位于法律监督机关，并认为法律监督包括侦查、审查起诉、提起公诉等内容，没有看到侦查、审查起诉之与提起公诉之间的关系，事实上，侦查以及审查起诉都是提起公诉的准备环节和准备内容，在本质上是服务于服从于提起公诉职能的，或者更确切地说是提起公诉职能的内在组成部分。

行政机关说之对检察机关的功能定位体现在民事纠纷的化解或者说检察机关以化解民事纠纷参与社会治理之内容上，就是强调检察机关与一般

---

① 陈卫东：《我国检察权的反思与重构——以公诉权为核心》，载《法学研究》2002 年第 2 期。

② 谢佑平、燕星宇：《我国检察权性质的复合式解读》，载《人民检察》2012 年第 9 期。

③ 陈卫东：《我国检察权的反思与重构——以公诉权为核心》，载《法学研究》2002 年第 2 期。

行政机关相同或者相似的国家利益、社会公共利益维护职能，强调其对公益诉讼的提起和参与职能。此种观点也已经暗含于其对检察机关发展历史的论证与考察中了，而且其也认为，检察机关的产生就是因应在民事纠纷中维护皇家利益之需要而产生的。

当然，其他的检察机关功能定位的学说，也必然有与之功能定位相对应的检察权权限理论或者观点，只是限于篇幅，这里不再详细介绍。不过，以上几个有代表性的观点的介绍已经支持了论证之检察机关功能定位影响检察权权限范围理解的观点。

（三）检察机关的功能定位影响检察权行使方式

应当说，关于检察机关功能的学说，事实上也有相当数量的检察机关功能定位学说是以检察权行使方式作为其检察机关功能定位理论的基本依据的，不过检察机关的功能定位也反过来影响检察权的行使方式。对此，论者这里也将从诸多检察机关功能定位理论中择其一二说明之。

1. 检察机关为司法机关的司法权说

司法权说首先强调检察机关的独立性，认为应当进一步立法或者完善现有的立法使宪法规定的检察机关不受行政机关、社会团体、个人非法干涉的规定充实化、实质化。基本的方式是改变现有的按照行政区域设置检察机关的做法，改变检察机关对行政机关的办案经费依赖，按司法辖区设立检察机关，并由国家预算统筹检察机关的办案经费。尽管如此，该观点的基本落脚点或者说着力点仍然是检察官个人的独立。认为集体决策的现行检察权运行方式，不仅违反了检察机关的司法定位，而且不利于发挥检察官的个人主观能动性。"长期以来，检察权被视为一种集体行为，忽视检察官个体的主观能动作用，无视'检察权的实现是由检察官的职务行为来体现'的客观事实，责任上也由集体承担，设置层层的审批制度、检察委员会议案制度。"[①]

也有一部分检察人员直接将检察独立划分为检察机关的外部独立和检

---

① 黄曙、李忠强：《检察权的司法化运作及其构建》，载《人民检察》2006 年第 6 期（上）。

察机关的内部独立，而且认为检察机关的内部独立就是检察官的独立。以检察官独立行使检察权促进检察机关独立为基本视角，以检察权同审判权的类比为基本方法，以批判《宪法》、《检察官法》等法律规定的"中央集权式的检察体制"为基本杠杆，重点提倡办案检察官的个人独立性。①

2. 检察机关为行政机关的行政权说

与司法权说之强调检察机关的独立相对应，必然的就是行政权说之下的对检察一体化、对检察机关体系中的上命下从的侧重强调。事实上，我国检察机关现在采取的职权行使方式基本上就是检察一体原则。最高人民检察院发布的《检察改革三年实施意见》以及《检察工作五年发展规划》都规定：健全上级检察院对下级检察院的领导体制，加大领导力度，形成上下一体、政令畅通、指挥有力的领导体制，确保依法独立高效行使检察权。检察一体也被用来作为保障独立行使检察权的必备之物，按照现行的体制，刑事诉讼中检察机关的活动原则如《人民检察院刑事诉讼规则（试行）》第 4 条规定：人民检察院办理刑事案件，由检察人员承办，办案部门负责人审核，检察长或者检察委员会决定。

必须注意，已经有学者注意到了我国宪法、法律规定的检察一体原则，为在检察一体原则之下强调检察官独立，强调检察机关为司法机关的司法机关说则提出了应当各有其不同的作用领域的协调方法。"应当在肯定检察一体的原则下，承认检察官独立行使职权，寻求两者之间恰当的分界点。可以从以下几个方面入手来规制检察一体对于检察官独立行使职权的界分：首先，从大的方面来说，应当区分检察事务与检察行政事务；其次，对于检察事务和检察行政事务规定不同的处理方式，对于检察事务，应当规定检察官独立行使职权的范围，贯彻法定主义，严格防范上级对于下级权力的侵分与限制；对于检察行政事务，应当贯彻检察一体、上命下从的原则。"② 同时也应当看到，此种承认检察一体之与检察官独立观点的背后已经不是检察机关功能定位中的司法权说了，正如论者所主张的一样，其已

---

① 王新环：《论检察权的独立性》，载《国家检察官学院学报》2003 年第 5 期。

② 陈卫东、李训虎：《检察一体与检察官独立》，载《法学研究》2006 年第 1 期。

经是一种行政权说了，论者也认为自己从来不否认检察机关的行政机关定位，但主张检察机关与一般的行政机关有一定的区别。

行政机关说之关于检察机关职权行使方式的另一个鲜明特点或者内容是强调参与诉讼活动，特别是参与刑事诉讼活动的检察官为诉讼当事人，并认为当事人化应当是检察权行使方式改革的基本方向。该观点在批判传统"检察至上型"的检察权行使方式之同时，认为当事人化的检察权行使方式应当包括以下方面的内容：其一，实现检察权与法律监督权的彻底分离；其二，确定检察权的权力属性，限制检察权的权力范围，并应当将检察权严格限制在行政权方面；其三，努力实现刑事诉讼中的控辩平等。①

二、关于检察机关功能定位的理论观点及其评析

（一）司法权说的检察机关功能地位理论

不能否认司法权说的检察机关功能定位的积极意义，此种积极意义就是侧重强调检察官办理案件的独立性，有利于发挥检察官个体的主观能动性，实现检察资源的合理配置。事实上，司法权说之论证检察机关功能定位的重要目的之一，就是强化检察独立原则。"在检察体制中，最为充分地体现出检察权司法权属性的是检察独立原则，即检察权的运行遵循着类似于司法权的独立性原则，检察权的行使属于每一个检察官的权限，每一个检察官具有职务的独立性，每一个检察官都是独任制的官厅，检察官必须按照良心行使职权，尊重宪法和法律的法律家精神，不能屈服于外部的压力。"② 其次，能够顺利成章地说明或者进一步论证检察官的保障制度之建立。此种保障包括物质保障和职业保障，此种保障与法官独立的保障内容基本一致。正是司法权说与检察官保障制度之间的有机联系或者内在牵连，司法权说自其出现之日起就受到了检察实务部门的欢迎，许多检察人员也

---

① 郝银钟、王春、宋伟：《检察官当事人化的实现》，载《中国律师》1999 年第 12 期。

② ［日］松尾浩也：《日本刑事诉讼法》（上卷），丁相顺译，法律出版社 2000 年版，第 30 页。

实际上参加到了司法权说的行列。再次，司法权说能够实现与域外检察机关采用的检察独立原则相协调，比较好地实现内国法与外国法之间的协调。

不过，司法权说仍存在许多难以克服的问题。首先司法权说和行政权说甚至混合属性说之间共同存在的理论方面的问题是，以三权分立的政治制度或者政治理论为基本依据，那就是国家权力总体上划分为立法权、司法权、行政权三种相互制约的权力。在三权分立的政治架构中，任何一个权力都只能属于三权中的一权，不存在三权之外的其他权力。"在讨论检察权的性质时，人们常常局限于三权的观念，认为国家权力就包括立法权、行政权和司法权，所以容易使检察权的定性处于一个多难的境地：检察权是行政权、司法权甚或立法权？"① 不过，这样的研究视野却不符合我国政治结构的现实情况，或者说此种研究方法脱离了中国的政治现实，具有域外理论在中国的水土不服问题。即便是认为检察机关的功能具有一定的司法属性的相对折中的观点，也不可能完全游离于此种研究视野之外。"以三权作为一种不言而喻的前提预设，在这个意义上争论检察权到底是一种什么样的权力，完全脱离了我国人民代表大会制度的政治架构。我们不能无视我们自己的现实，如何在人代会的政治架构中定位检察权，这是一个需要好好思考的问题。"②

其次，司法权说在强调检察机关与审判机关"同质不同职"之同质性的同时，不能从检察权的定位上说明检察权与审判权之间的界分。司法权说在强调检察机关参与诉讼职能时，侧重强调的是其与司法权相似的特征，要求检察机关善尽司法审查职能、保障控辩双方的平等。事实上，其中的很多内容并不是检察权作用的范畴，例如保障控辩双方平等实际上是法院应当承担的任务。强调剥离检察监督至上，实现检察机关当事人化的观点，更进一步地无法彰显检察机关之不同于一般当事人的特色。司法权说主要关注的是检察机关参与诉讼，特别是刑事诉讼的职能，不过必须注意，我

---

① 肖金明：《论检察权的权能及其转型》，载《法学论坛》2009 年第 6 期。

② 孙谦、樊崇义、杨金华：《司法改革报告——检察改革·检察理论与实践专家对话录》，法律出版社 2002 年版，第 11 页。

国的检察机关不仅参与刑事诉讼，而且参与民事诉讼、行政诉讼。而且检察机关对民事行政诉讼的参与完全是以与刑事诉讼不同的参与方式进行的，在民事诉讼中主要表现为检察机关的检察监督。此种检察监督不仅为宪法所规定，而且为《民事诉讼法》和《行政诉讼法》所规定，司法权说的检察机关功能定位无法说明检察机关之检察监督权的享有与行使问题。即是说，既然检察机关和审判机关同为司法机关，那么何以检察机关有权监督审判机关的审判权的行使呢？

再次，检察机关功能定位的司法权说，难以实现检察机关的功能定位与宪法规定的协调一致。《宪法》规定我国检察机关是国家的法律监督机关，司法权说为实现理论的自我圆满，不是从法律监督机关的内涵方面论证司法权的权能定位，而是从法律监督权的传统表现形式方面，特别是检察机关侦查、审查起诉、提起公诉方面来论证法律监督，并在此基础上认为法律监督的核心内容是提起公诉，是参与诉讼活动。这不仅与宪法规定的我国检察机关的广泛的职权相矛盾，而且也是对宪法规定的限缩式、扭曲式理解。当然，在理解检察机关的广泛的职权范围时，还必须注意，检察机关的功能定位以及检察权的权限范围之厘定，还必须以发展的眼光考量之。在当前的社会管理创新背景下，检察机关除履行其传统职责之外，还应当积极参与社会管理方式的创新，并在创新工作方式、工作内容等方面实现参与社会管理和社会矛盾的化解。

（二）以检察机关为行政机关的行政权说

行政机关说除有司法权说一样的研究视角上的缺陷外，还存在以下几个方面的问题：

其一，行政机关的主要功能是维护国家利益和社会公共利益，而检察机关除维护国家利益、社会公共利益之外，还有众多的职能，而行政机关说对之无法予以解释。检察机关的传统职能包括侦查、审查起诉以及提起公诉，这都可以看作是维护国家利益和社会公共利益的具体体现，事实上，世界史上的最早的检察官或者检察机关就是作为国王的代表，为维护国家利益而出现的。不过，我国检察机关在维护国家利益之外，还有其他许多职能，这些职能最重要的就是对行政机关、司法机关活动的监督。当然，从广义上看，或者从最终目的上理解检察机关对其他机关活动的监督，最终也能实现国家利益、社会公共利益的维护。但必须看到，此种背景下社会公共利益和国家利益的维护与一般行政机关维护国家利益的方式是不同的，其既不是直接对相对人处罚，也不算具体行政行为诉讼中的被告，也不是制定抽象的管理规范的机关。其在检察监督中实现国家利益、社会公共利益维护的方式主要是纠正有关机关、有关人员的错误，并通过此种纠正错误的方式实现国家利益、社会公共利益之维护。

其二，以检察机关为行政机关无法说明检察机关与其他行政机关的关系，尤其是与行政机关内部的监察机关的关系。质言之，即是说在检察机关为行政机关的情况下，无法解释何以检察机关能够监督行政机关的行政行为。因为行政机关内部也有自己的监督系统，这种监督系统首先包括上级对下级的监督，在上级领导下级的一元化、集中化领导体制下，上级行政机关对下级行政机关的监督是行政体制的重要内容。同时，行政机关内部也有自己的监督机制，这就是各级行政机关的监察部门，其主要的职能是对行政机关以及行政机关工作人员的行政行为进行监督。最后，对于行政机关作出的具体行政行为，行政相对人不仅可以在行政体制内部，对具体行政行为的合法性与否提出行政复议，而且还可以就具体行政行为的合法性与否提起行政诉讼，以此实现司法权对行政权的约束和限制，实现对行政相对人的司法救济。不能不说，行政机关已经有了自身的较为完善的监督机制和救济机制，实践中出现的行政权力的扩张或者滥用以及行政机关工作人员的违法、违纪行为，并不是因为缺乏相应的监督机制和监督制度，实在是因为此种监督机制相对而言并非十分科学或者说欠缺合理的运作机制。①

---

① 例如对行政机关的司法监督是监督行政机关依法行政的重要机制，但是在现行的司法体制设计下，司法机关没有独立于行政机关的人事权和财政权，司法机关的运行在许多方面受制于行政机关，从而使原本非常刚性的司法监督出现了自身的异化，出现了非约束性、非强制性之特点。这在前些年出现的钓鱼执法案件中表现得非常明显，也最有代表性，钓鱼执法与其说根本的原因在于行政权的不当扩张，不如说是司法权在关键时刻的退缩。

以检察机关为行政机关说在面临行政机关已经有较为完善的监督机制，而对检察监督的正当性存疑问之同时，相对应的方面就是检察机关如果作为行政机关，也应有和行政监督一样的监督机制，这些机制包括上级对下级的监督机制、各级机关内部的监督机制以及司法监督机制。但目前，我国检察机关的监督机制中，除来自上级检察机关的领导与监督以外，没有其他的监督机制，① 也不存在可以对之启动诉讼的司法监督机制。②

其三，以检察机关为行政机关虽能说明我国检察机关现在采取的检察一体原则，但无法说明何以必须在检察官准入与检察官保障上必须采取法官类似的制度或者做法。尽管我国检察机关采取检察一体原则，但同时在检察官的准入方面采取了与行政机关准入之完全不同的做法。根据修改《法官法》和《检察官法》，参加并通过全国统一司法考试是成为检察官和法官的必要条件，尽管通过了全国统一司法考试并不一定能成为法官或者检察官，尽管进入检察院和法院工作也与通过全国统一司法资格考试没有直接关联，③ 但是通过司法资格考试，确实是具备检察官身份、法官身份必不可少的条件。

在域外，检察官与法官准入上的趋同性，要求给予法官、检察官之不同于行政机关工作人员的物质保障和身份保障。美国除了依据法律有关条款的规定，检察官不能被撤换或者免职。其中，根据法律的规定，对县一级检察官免职的理由大致有：不胜任工作、经常喝醉酒、严重道德败坏和渎职行为。匈牙利法律规定，除属于现行犯的情形外，检察官非经总检察长同意，不得予以逮捕，并且非经总检察长批准，不得对他们进行调查和

---

① 上级检察机关对下级检察机关既是一种监督，也是一种领导，而且更为重要的可以说是体现为一种领导，是我国检察机关上级领导制的重要体现。

② 已经有学者对我国检察权缺乏监督以及此种缺乏监督背景下的检察权滥用进行了反思与批判，并提出了具有一定建设性意义的主张，即建立与健全对执纪部门的内外部监督机制。内部监督机制就是检察机构的纪律监督机构，例如纪检组等；外部监督机制就是其他参政党以及社会团体的监督。参见宋伟、郝银钟：《论检察权的滥用及其法治》，载《法学》1999 年第 9 期。

③ 在我国能否进入检察院和法院的决定性考试不是全国统一司法资格考试，而是公务员考试或者组织部选调考试，相对于其他考试，公务员考试才是真正的国考。

刑事追诉。《日本检察厅法》规定，检察总长年满 65 岁、其他检察官年满 63 岁时退休；检察官因身心故障、工作效率低及其他原因不适宜于执行职务时，检察总长、检察副总长及检察长，经检察官合格审查会议决定及法务大臣劝告后，可予免职；检察官、副检察官经检察官合格审查会议决定，即可予以免职；检察长、检察官和副检察官由于检察厅的撤销和其他原因成为冗员时，法务大臣可以向该检察长、检察官和副检察官支付半数薪俸，等候补充。除上述三种情况外，不得违反检察官意愿而使其失去职务、停职或减薪。但依法受惩罚处分时不在此限。[①]

不过，由于我国检察机关、审判机关设置及运行上存在一定的行政化色彩，在对检察官、法官的身份保障方面并没有建立或者健全体现这些机关之特殊性的保障制度，研究将检察官保障方面的现有的缺憾概括为如下几个方面：（1）检察官被调任和免职存在不规范、具有随意性等问题；（2）检察官提前离岗、提前退休现象在各地不同程度存在;[②]（3）存在检察官因职务行为受到不当责任追究的情形；（4）检察官的控告申诉权难以保障。[③]

其四，以检察机关为行政机关无法与宪法的规定协调，具有违反宪法强行理解之嫌疑。

（三）检察权的行使者说和宪政机关说

1. 检察权的行使者说

检察权的行使者说认为检察机关在功能上应当定位于检察权的行使者，该观点的积极方面是能够实现检察机关的功能定位与现有检察权的配置之间的协调。不过该观点仍存在许多难以克服的问题：其一，该观点以检察权作为论证的基础，问题恰恰在于无论是理论上还是在实践上，检察权的

---

① 转引自陈文兴：《检察官的条件、任免与保障研究》，载《法商研究》1997 年第 2 期，第 49~50 页。

② 提前离岗或者退休现象也存在于法官队伍中，对此笔者曾专门撰文分析。参见赵信会：《不应像管理公务员那样管理法官》，载《南方周末》2009 年 11 月 29 日。

③ 高丽蓉、姜昕：《检察官身份保障制度之完善》，载《人民检察》2011 年第 6 期，第 58 页。

定性都不是一个明了的、无可争议的问题，相反，学者或者实务人员从各自的角度、立场力图论证检察机关应当具有的不同属性。例如倾向于给予检察机关更多的特殊待遇、给予检察官更多的独立和保障的学者或者实务人员侧重强调检察权的司法属性，即使持检察权为行政权观点的学者，也以检察权的附带司法属性论证检察官的独立性。而侧重强调检察机关之间的整体性、体系性，侧重强调检察机关应当坚持上令下从的学者或者实务人员则多将检察权称为行政权，侧重检察机关维护公益之职能的学者也倾向于检察机关的行政属性。其二，定位和定性之间有本质的区别，其中定位在检察机关和检察权研究中居于核心地位和决定地位，对检察机关定位的结论或者理论影响检察权定性的结论或者理论，而不是相反。"定位不同于定性，定性是指从权能上给检察机关作出的司法性定性，而定位应是指在国家机构的序列中，将检察机关定位于法律监督机关。法律监督机关这种宪法定位既确定了我国检察机关的性质，又彰显了我国检察机关即检察制度的特色。"[①] 其三，检察机关功能定位上的检察权说未能解决检察机关功能论所应当解决的任何问题，具有空洞化之嫌疑。检察机关功能定位的研究不能满足于研究目的上的自足性或者自我说明性，而应当是进一步研究检察权的属性、检察权的作用范围、检察权的行使方式、检察院内部领导机制、检察权的制约方式等内容的前提与基础，检察权行使者的功能定位无法以其为逻辑起点推导出其他理论问题与实践问题的解决方案。

2. 宪政机关说

宪政机关说尽管十分新颖、十分有吸引力，但不可否认，该学说尚没有对宪政机关的合理内涵予以界定，还没有对检察机关之外是否还有其他的宪政机关之问题作出回答，还没有对不同宪政机关之间的区别与联系进行详细、认真的甄别，该学说对诸多检察理论的解决之实际指导意义受到影响，这恐怕也是该观点提出之后，相应和者、追随者不多的重要原因。

---

① 陈云生、王杰：《略论我国宪法上的检察机关定位对人民检察院组织法修改的影响》，载山东省人民检察院法律政策研究室、山东省法学会检察学研究会秘书处编：《齐鲁检察论坛》(2012 年第 3 卷)，第 11 页。同时可以参见 2012 年 12 月 24 日山东省第六届检察理论研究会王杰的发言。

诚如前文所述，该观点也确在检察权的权限范围方面进行论证和探讨，以因应正在讨论修改的《民事诉讼法》、《刑事诉讼法》以及正在热烈讨论和付诸实践的社会管理创新，① 但是其提出的检察权扩张理论与宪政机关的检察机关功能定位之间没有理论上的牵连和逻辑上的关联。

宪政机关说存在的另一实践问题是宪政机关的界定很难与我国现有的国家机构设置相对应，或者在现有的国家机构中很难找到与之相对应的宪政机关。我国宪法规定的政权机构可以概括为人大领导下的一府两院，即各级人民政府、各级审判机关、各级检察机关。为此，宪政机关说的以维护宪法为基本的立足点，如何实现观点之间的协调，如何实现宪法之外的机关定位与维护宪法权威之间的协调，就是其不得不面对的重大理论问题。

三、检察机关的法律定位

（一）影响检察机关法律定位的因素

应当说已经有相当数量的学者注意到了影响或者制约检察机关的因素，这种情况说明理论研究已经开始触及问题的核心。不过这种研究还处于初级阶段，学者对检察机关法律定位之制约因素或者决定因素的研究还停留

---

① 2008 年前后，在中央政法委的倡导下，各地政法机关开始了轰轰烈烈的社会管理创新，检察机关也积极参与到社会管理模式创新的探索与实践中来。山东省检察机关不仅积极进行实践探索，还对之认真地进行理论研究，力图为检察权行使方式的创新提供理论依据。

在抽象阶段。① 停留在抽象层面的理论研究还无法为具体丰富的社会实践提供理论指导，还无法对《人民检察院组织法》的修改提供具体的、自成理论体系的合理化建议。我们认为理解检察机关的法律定位应当注意如下因素：

1. 宪法的具体规定

宪法在任何现代国家都处于根本大法的地位，国家机关的设置以及国家机关的运行原则等都必须符合宪法的规定，规定国家机关设立以及国家机关运行的法律都必须以宪法为基础，不能有违背宪法的内容或者精神。检察机关以及其他机关的定位也都是宪法在划分各个国家机关的分工，确定各个国家机关权能的基础上最终获得的，机关定位的含义也应从这一方面予以理解。"所谓机关定位，就是由宪法按照国家政权权能设定和分工的原则，分别设立负责与其权能相匹配的国家机关，并由宪法、组织法或其他法律确定其职权范围及相应运行机制或活动的原则，使其在组织上和程序上都得到国家力量提供的各种保障，从而使各机关切实地担负起被赋予的国家职能，实行国家的政治统治对国家与社会事务的有效管理。"② 在西方三权分立的宪法体制下，才可能出现将检察机关定位于行政机关的做法，才可能存在以检察机关为司法机关的学说。事实上，我国目前的关于检察

---

① 其中有学者认为制约检察机关法律定位的因素应当包括国家因素、人民因素和社会因素。其中国家因素中，国家意志是检察权产生和发展的原动力，国家任务是检察权的根本要求，国家权力结构模式是检察权的具体影响因素；人民因素的制约作用体现在：人民主权是检察权产生的理论基石，人民权利的让渡是现实需要，人民合法地决定检察权的地位源于一切权力属于人民；社会因素的制约作用体现在：社会权力与检察权的分离与契合，市民社会权利的让渡赋予了检察权的监督职能。王俊、汪自成、卢山：《论检察权定位中的制约因素》，载《人民检察》2010 年第 13 期。也有学者直接从宪法规定的国家机关体系中研究检察机关的法律定位，并直接将检察机关定位于法律监督机关。参见陈云生、王杰：《略论我国宪法上的检察机关定位对人民检察院组织法修改的影响》，载山东省人民检察院法律政策研究室、山东省法学会检察学研究会秘书处编：《齐鲁检察论坛》（2012 年第 3 卷），第 11 页。同时可以参见 2012 年 12 月 24 日山东省第六届检察理论研究会王杰的发言。

② 陈云生、王杰：《略论我国宪法上的检察机关定位对人民检察院组织法修改的影响》，载山东省人民检察院法律政策研究室、山东省法学会检察学研究会秘书处编：《齐鲁检察论坛》（2012 年第 3 卷），第 12 页。

机关功能定位的行政权说、司法权说以及混合性质说都是以三权分立的政治制度或者三权分立的宪法为基本背景或者思考问题前提的。以三权分立为基础得出司法权说、行政权说或者混合体制说，既说明我国目前许多检察机关功能定位的理论在理论依据或者理论前提方面的错误，也从反面说明宪法对检察机关功能定位的决定性影响。

2. 检察机关与其他机关的关系

检察机关与其他机关的关系以及此种关系之中的检察机关的定位，本质上属于宪法规定的内容，《宪法》也对之作出了明确规定，可以在一定程度上说，《宪法》正是通过对检察机关与其他国家机关的不同职责的赋予及其关系的协调，对包括检察机关在内的所有国家机关给予功能定位的。需要进一步说明的是，《宪法》在将检察机关规定为法律监督机关的同时，并没有从根本上排除其他机关的保障法律或者监督法律正确实施的功能。如在行政机关内部事实上建有自己的监督部门——各级人民政府内部的监察机构，这些监察机构在监督行政机关依法行政的同时，保障行政机关在执法的过程中能够严格贯彻和实施国家的法律；又如国家立法机关也有一定的监督职能，特别是全国人民代表大会及其常务委员会不仅是最高立法机关，也是监督和保障宪法实施的机关，其完全可以对制定法是否符合《宪法》的规定或者《宪法》的精神进行监督。只不过，在其具体的监督方式方面由于《宪法》缺乏明确的规定，学者存在争论。①

同时应当看到，尽管在我国的社会主义法律体系中，相当数量的法律之实施直接关涉国家利益、社会公共利益的维护，有些法律的实施虽然也最终与社会秩序、社会关系的流转相联系，并最终与国家利益、社会公共利益产生勾连，不过其直接涉及的可能并不是国家利益和社会公共利益，而是与社会主体的私利益有对应性。检察机关对此种情况下法律实施的监督或者保障更多地表现或者体现为给社会主体的私利益以非常救济，并在

---

① 有些学者主张应当在立法机关内部设立专门的宪法法院，审理涉及制定法有无违宪内容的宪法诉讼，也有学者认为最高立法机关对制定法是否违反宪法之情形可以主动进行审查，并可以直接宣布违反宪法的法律为无效或者非法。

此种非常救济之基础上实现社会主体的和谐、社会的和谐，从而在根本上维护国家权力的正当性、合法性。因此，检察机关的功能定位除在《宪法》的框架范围内考量检察机关与其他国家机关的关系外，还应当从《宪法》赋予的检察机关的职能或者其定位中探求检察机关与其他保障法律正确实施的机关之间的辩证关系，并在此种辩证的基础上获得检察机关的功能定位。

3. 必须考量检察权发展的历史与现实

新中国的检察机关以及检察事业经过了一个相当曲折的发展历程，这种发展历程不仅体现在检察机关的机关定位方面，① 而且体现在检察权权限范围方面。"文革"以后检察机关以及检察事业开始了伟大复兴，复兴中检察院的工作内容并非没有任何变化。改革开放初期，检察机关的重要任务是处理"文革"中形成的冤假错案以及打击严重的刑事犯罪。20 世纪 80 年代中期，建立有计划的商品经济体制已经是我国经济体制改革的重要目标，经济体制改革伴随经济的发展和经济繁荣的是经济犯罪的增加，与之相应，检察机关的工作任务就包括打击经济犯罪、维护经济秩序的内容了。检察机关复办以后的第二任最高人民检察院检察长杨易辰曾提出"两手抓"的思想，不过其"两手抓"具有明确的内容指向性，即一手抓普通刑事犯罪案件的办理，一手抓经济犯罪的案件办理，努力为经济体制改革保驾护航。在 20 世纪相当长的历史时期内，化解民商事纠纷、促进社会和谐并未进入检察机关的视野。此一时期，检察机关先后拒绝了立法机关曾经提出的要求检察机关发挥提起民事公益诉讼、参与民事公益诉讼的职能，也没有在民事、行政审判中对民事、行政审判进行监督的意图。其后，对民事、行政审判的监督渐渐进入检察机关的视野，并被作为检察事业的重要内容，

---

① 1949 年 9 月 27 日，中国人民政治协商会议通过《中国人民政治协商会议共同纲领》和《中华人民共和国中央人民政府组织法》。《中华人民共和国中央人民政府组织法》第 5 条规定组织最高人民法院及最高人民检察署，其后各级地方政府也成立了相应的检察机构，不过此时的检察机构大多设置在法院内部。1954 年《宪法》明确规定了检察机关法律监督机关的性质，检察机关也从与行政机关、司法机关的关系中获得了独立。"文革"期间，检察机关被撤销。1975 年《宪法》进一步明确规定原来检察机关的职权由公安机关代为行使。

提起和参与公益诉讼的实践探索于 20 世纪 90 年代在各地进行得如火如荼。

考量检察事业发展的历史与现实，并非意味着应当以检察权实际作用的权限范围来确定检察机关的功能定位，这同样会出现以检察权界定检察机关功能定位的本末倒置之情势。我们这里想说明的问题恰是不能以任何一个历史时期的检察权的实际权限范围厘定检察机关的功能定位，换句话说，以任何时期的检察权之权限厘定检察机关的功能定位都是不周延的、不全面的。正确的思路不是以对检察权权限的列举式内容界定检察机关的功能定位，而应当是以检察机关的功能定位具有包容性的、概括性的、具有未来眼光的统领所有的检察权权能，或者说，在任何情况下、任何历史时期内新型检察权能的出现都可以从检察机关的功能定位中得到解释，新型检察权能的出现也必须以检察机关的功能定位为基础，任何脱离检察机关功能定位的新型检察权能都是检察权的异化或者是对其他权力之权能的越俎代庖。

（二）我国检察机关的功能定位

我国检察机关应当定位为专门的法律监督机关。① 将我国检察机关定位于法律监督机关是我国宪法的要求，也是我国社会主义法律体系的必然要求。与西方三权分立政治纲领之背景下将检察机关定位于行政机关不同，我国《宪法》直接将检察机关定位于法律监督机关，并与其他国家机关，包括立法机关、审判机关、行政机关等共同构成了我国的国家政权机关体系，正是在此种宪法定位之背景下，检察机关获得了其功能定位，并获得了其权力源泉。当然，《宪法》规定的国家政权机关体系中，还有其他的肩负法律监督职能的机关，为此必须很好地处理检察机关与其他行使法律监督职能之机关的相互关系，为体现此种考量，我们这里主张将检察机关的

---

① 也有学者认为宪法在科学规定我国人民代表大会领导下的一府两院之政权组织体系之背景下，又自相矛盾地赋予检察机关以法律监督的职能，从而使检察机关的法律监督权成为一种高高在上的第四种权力。该观点同时认为由于现实上我国作为国家最高权力机关，作为全国人民意志之代表的机关存在虚化之现实，就是立法机关对检察机关的约束出现了实质的软化，此种情况进一步加剧了检察权的绝对性。郝银钟：《检察权质疑》，载《中国人民大学学报》1999 年第 3 期。

功能定位于专门的法律监督机关，以与其他法律监督部门或者机构、团体相区别。体现检察机关之专门法律监督机关的属性，必须侧重注意以下几点：

其一，检察机关是纯粹的法律监督机关。实践中或者部分理论上加诸检察机关以相当多的与法律监督机关地位不相符合的内容，影响了检察功能的发挥和检察自愿的合理配置，甚至影响了其他国家机关之权力行使。① 当然，在当前化解社会矛盾、促进社会和解之背景下，纯化检察机关的法律监督职能，并非意味着检察机关不能参与社会矛盾的化解，而是说，检察机关化解民商事矛盾甚至其他矛盾不能像纠纷解决机关或者纠纷解决机构那样以直接实现该功能为己任，而是说检察机关的矛盾化解工作应当是其法律监督工作的附带内容。②

其二，检察机关的法律监督是检察机关的通常功能，检察机关法律监督的目的就是保证国家法律的正确实施。与其他部门或者机构的法律监督不同，其他部门的法律监督往往不是其主要工作，而是副业。例如行政机关内的监察部门之法律监督是监督行政机关依法行政中产生的副产品，或者说监察部门的法律监督并不是其直接目标，其直接目标是保证行政机关依法行政。

其三，检察机关作为国家的专门法律监督机关具有强制性、规范性、专业性特点。检察机关法律监督的专业性主要体现在其组成人员，即检察官准入上的严格性。按照《检察官法》的要求，作为检察官的人员均必须通过全国统一司法资格考试，获得司法考试资格。随着我国法律职业化进程的推进，全国统一司法资格考试的难度有增加的趋势，全国统一司法资格考试的报名条件与法学教育的衔接也是世界各国通行的做法。检察机关

---

① 如实践中出现的要求检察机关参与市容市貌的整理，要求检察机关协助拆迁工作，要求检察机关从事法律宣传工作等不一而足。这些工作均与法律监督机关的定性没有关联，因此不应当属于检察权能的范围。

② 如检察机关进行的对民商事纠纷的调解应当是在对民商事诉讼以及民商事执行的监督过程中实现的，检察机关不应当受理当事人、利害关系人直接向检察院提出的要求检察院解决其民商事纠纷的诉求，对于当事人提出这样的诉求的，检察院应当告知当事人向法院或者有关机构要求解决。

法律监督的规范性则体现在检察监督的启动、进行、提出都有严格的程序规定，例如2001年最高人民检察院民事行政检察厅《关于规范省级人民检察院办理民事行政提请抗诉案件的意见》不仅规定了不予受理的案件和不宜提请抗诉的案件，还具体规定了提请抗诉必须提交的材料以及相应的案卷装订顺序。检察机关法律监督的强制性主要是指检察监督具有不同于一般监督的法律后果，换句话说，对于检察机关的法律监督，被监督对象必须作出相应的应答，检察机关提起的公诉作为启动刑事诉讼的重要方式自不待言，检察机关对相关机关提出的检察建议，被监督对象也应及时作出回应，否则即应承担或者发生相应的法律后果。当然，对于无视检察机关的检察建议应当发生或者承担何种法律后果，还需要学者以及实务部门的工作人员结合法律监督的功能定位认真研究，并尽可能地在此次修改的《人民检察院组织法》中体现出来。①

其四，检察机关作为法律监督机关必须正确处理与其他监督机构的关系。如何处理检察机关的法律监督与其他监督机构之间的关系既是一个重大的理论课题也是一个重大的实践课题，而且处理该课题具有非常大的必要性。首先，处理检察机关与其他监督机关之间的关系能够促进实现法律监督资源的合理配置。应当说，检察机关与其他法律监督机关在监督与保障法律的统一实施、正确实施方面有共同的目的，但是如果在各种监督形式、监督渠道方面没有具体的分工、具体的层次或者侧重，则有可能出现的情况是对同一个问题、同一个内容多个部门同时监督，浪费国家的监督资源，也有可能出现对于同一需要监督的问题或者对象，多个监督部门互相推诿、扯皮，从而导致错误的行为、违法的行为得不到纠正，正确实施、统一实施法律领导目标也无法实现。其次，该课题的处理还涉及检察权的约束和自我约束问题。理论上和实践中出现的另一问题是如何监督检察权的行使问题，目前的实践以及立法通常依赖检察机关内部的监督机制，有

---

① 实践中有一种观点或者一种做法认为，检察机关发出的检察建议与一般机关发出的建议没有任何区别，甚至与在诉讼程序中的诉讼代理人、辩护人提出的建议没有实质差异，这种观点是完全错误的，是对检察机关法律监督权威的挑战。

些学者称检察机关的内部制约机制为双向制约机制，① 并主张内部双向制约机制存在难以克服的困难，有必要引入外部监督机制。当然，引入外部监督机制如何实现与宪法规定的国家政权机关的体系框架协调，如何实现对监督检察机关的机关之监督，是否为此会造成循环监督问题等都有必要认真研究。

实现检察机关与其他监督机关之间的协调，可以在遵从宪法确定的国家政权体系框架之背景下，在避开其他理论悖论的基础上实现监督资源的合理配置以及检察监督权的约束。值得注意的是，在对法院的民事诉讼活动监督方面，立法已经初步建立起了这样的界分机制，其基本的界分原则是诉讼当事人之对法院诉讼活动、执行活动的监督具有优先性，只有在当事人的诉讼监督无法实现监督目标时，才可以启动检察监督。此种界分主要体现在 2012 年《民事诉讼法》第 209 条，该条规定，有下列情形之一的，当事人可以向人民检察院申请检察建议或者抗诉：（1）人民法院驳回再审申请的；（2）人民法院逾期未对再审申请作出裁定的；（3）再审判决、裁定有明显错误的。我们称此种检察机关与其他监督机构或者监督机制的界分原则为检察监督的补充性原则。②

将检察机关定位于专门的法律监督机关还必须在内容上科学理解法律监督的内容，否则将有可能不适当地限制检察权的范围，或者不适当地扩大检察权的范围。在我们看来，理解法律监督的内容首先必须从广义的角度理解法律监督。目前学术界存在一种狭义理解法律监督的倾向，即将法律监督权理解为检察机关的公诉权，进而认为公诉权与法律监督权根本对立，检察权只能享有公诉权，检察机关只能是公诉机关。③ 此种观点既没有注意到宪法关于检察机关之法律监督机关的功能定位，也没有关注我国

---

① 高一飞：《检察机关内部双向制约机制的价值与局限》，载《人民检察》2011年第 9 期。

② 赵信会、宋新龙：《民事抗诉基础的转换与补充性抗诉机制的建立》，载《河北法学》2010 年第 4 期。

③ 转引自冯仁强：《理解检察权之关键：法律监督概念分广狭》，载《检察日报》2004 年 2 月 4 日。

检察机关践行法律监督权的历史与现实。而且，实际上也是不完全移植西方检察制度和检察理论的结果，原因在于西方的检察机关不仅是刑事诉讼中的公诉机关，也承担着民事纠纷中维护国家利益和社会公共利益的职能。另外一种所谓的广义理解法律监督的理论是将法律监督的内容扩展至包括有限的侦查权、公诉权和全面的诉讼监督权，① 此种观点相对于法律监督的狭义概念有其进步之处，即法律监督概念的界定充分考量了我国检察监督权限的时代特点，赋予了法律监督之概念以中国特色。该观点的缺点在于采取列举的方法概括法律监督概念，从而使法律监督概念丧失了其应有的包容性，也无法使这样的概念具有与时俱进的历史特征。与此种列举式的法律监督权之界定不同，有些学者直接提出了法律监督权一元论的观点，并将以列举的方式界定法律监督权的理论概括为法律监督权多元论。② "所谓法律监督的一元论，其含义有二：一是指在我国的权力结构中，即在国家权力机关的隶属下，只能有一个专门行使法律监督权的系统，即检察系统；二是指检察机关的各项职能都应当统一于法律监督，而后者是由前者决定的。"③

其次，必须在内容上协调法律监督与维护国家利益、社会公共利益的关系。应当说，如果无法在检察机关的法律监督性质与维护国家利益、社会公共利益方面挖掘或者找出某种牵连或者内在的逻辑关系，虽然可以依据国外检察制度、检察理论以及我国检察权的现实配置推导出检察机关的公诉职能和检察机关的公诉权，但其所致的结果可能存在比较大的隐患：一是否认检察机关的法律监督权，将公诉权作为排除其他法律监督权的检察机关的唯一权能。这种情况已经在前述的狭义的法律监督概念中得到体现。一是承认检察机关的公诉权，却无法回答民事诉讼中检察机关能否发

① 冯仁强：《理解检察权之关键：法律监督概念分广狭》，载《检察日报》2004年2月4日。

② 法律监督权多元论的代表观点可参见张智辉：《法律监督辨析》，载《人民检察》2000年第5期，第43页。

③ 石少侠：《论我国检察权的性质——定位于法律监督权的检察权》，载《法制与社会发展》2005年第3期，第87页。

挥公益维护之职能，从而在涉及公益的民事、行政案件中为检察理论留下了空白。

我们认为，对检察机关的法律监督必须从目的上而不是实证上进行理解，如果仅仅从实证上或者仅仅从法律监督机关之对其他机关进行监督的字面含义上，既无法解释检察机关的有限侦查职能以及检察机关的刑事公诉职能，更无法在民事、行政公益案件中找到检察机关的立足之地。制度的目的预设在整个制度的建构中居于核心地位，其不仅决定了制度的具体内容还同时决定了制度的基本方向。例如在民事诉讼中，"一方面民事诉讼目的在整个民事立法和司法过程中具有一定的导向作用，诉讼目的赋予了主体进行民事立法和司法活动的自觉性，使国家有目标、有方向地进行国家立法和司法活动。……另一方面，民事诉讼目的指向的客体特定化，将其与其他诉讼形态的目的区别开来。"① 确实，在以纠纷解决为民事诉讼目的的国家，民事诉讼制度和民事诉讼程序的运行更多关注的是正当程序和程序正义，而以实现实定法秩序为民事诉讼目的的民事诉讼制度，更多关注发现与实定法的条件规范相对应的案件事实，即关注实体正义或者发现真实的诉讼目标。在具体的诉讼程序中，前者更多地赋予当事人及其诉讼代理人以较大的主动权，并使诉讼程序表现出明显的当事人主义倾向；后者则更多地赋予法院或者裁判者以较大的诉讼主导权，并使诉讼程序的进行表现出较大的职权主义。

我们认为，我国《宪法》设立专门的法律监督机关的目的并不是监督其他国家机关或者监督其他社会主体，并不是为监督而监督，监督本身只是手段，监督在任何意义上都不具有自我目的性。如果认为国家设立专门的法律监督机关的目的就是为了监督其他机关、其他社会团体，导致的必然结果即是限制了检察机关的功能，也会使检察权在不断发展的社会环境下丧失探索的方向和目标。根据《宪法》的规定，国家设立专门法律监督机关的目的是保障国家法律的正确实施和统一实施，如果说该种功能表现为监督，也是对法律执行和遵守情况的监督。"可以把我国检察机关的法律

---

① 常怡：《比较民事诉讼法》，中国政法大学出版社 2002 年版，第 36 页。

监督限定为：一般是指检察机关根据法律的授权，对法律执行和遵守情况进行的监督。"① 从此种角度，即可以理解检察机关的公诉权、有限的侦查权、普遍的诉讼监督权、对行政机关的监督权以及检察机关的公益维护权。

---

① 张穹：《当代检察机关的架构》，载《检察日报》1999 年 5 月 29 日。

第二章

人民检察院组织法的基本原则

一、人民检察院组织法基本原则概述

法律的基本原则在法律的制定、修改以及法律的实施过程中具有重要作用，并且是特定法律基本规律的反映和体现，法律的制定和修改也必须首先考量并确定基本原则，只有在确定基本原则的基础上，法律的一般原则、具体制度、具体原则才会有基本的方向性。例如处分原则在民事诉讼中即具有这样的核心地位，处分原则也决定了民事诉讼诉讼权利、诉讼义务配置的基本格局，决定了民事诉讼程序的具体展开，即可以说主要的民事诉讼程序都应当在这样的基本原则基础上予以理解和把握；而未经人民法院判决任何人不得确定为有罪也同样居于核心的地位，它决定了侦查、检察等阶段必须具有人权保障视角，决定了整个诉讼阶段对犯罪嫌疑人、被告人的平等对待之思想。法律的基本原则同时还具有包容性，即在具体的法律规范对具体的社会现象缺乏明确规定的情况下，可以在基本原则的精神基础上适用法律。尽管此种适用不具有英美法系国家之法律创制和判例创制的效力，但是却可以很好地弥补制定法的滞后性与社会关系不断发展而致的制定法的缺陷，促进社会正义的实现。还有许多法律的基本原则本身就是为弥补实定法的此种缺陷而存在的，例如民法中的诚实信用原则即具有这样的性质，在实体法缺乏明确规定的情况下，诚实信用原则授权适用法律的人民法院按照诚实信用原则的基本精神和基本要求解决纠纷。① 为此，在讨论《人民检察院组织法》修改时，就不仅是法律修改的必要，也是其后法律正确实施的必要。

（一）《人民检察院组织法》的基本原则与法律修改必须坚持的原则

1. 《人民检察院组织法》修改原则的提出及其意义

与其他的法律修改之不同，② 对于将要进行的《人民检察院组织法》修改，理论界以及实务人员更多探讨的是《人民检察院组织法》修改应当坚持的原则。在研究过程中，学者们或者实务工作人员提出了诸多修改应当坚持的原则。如有学者认为《人民检察院组织法》修改应当坚持党的领导原则、以宪法为根据与诉讼法等相协调的原则、保障人权原则、立足国情借鉴国外经验的原则、检察改革成功经验法制化原则；③ 也有学者认为《人民检察院组织法》修改的原则包括：坚持党的领导原则、坚持法律监督

---

① 徐国栋：《民法基本原则研究》，中国政法大学出版社1998年版。

② 在2012年《民事诉讼法修改》之前的关于民事诉讼法修改的讨论中，民事诉讼法基本原则的修改成为民事诉讼法修改之讨论的重要内容，这些讨论主要涉及是否引入大陆法系国家和地区民事诉讼中的辩论主义，在确定引入的情况下，是否要对传统的辩论主义做适当的调整，或者说是否应当采用协同主义民事诉讼模式；要否以大陆法系国家和地区的处分权主义代替我国民事诉讼中的处分原则，以实现中国民事诉讼法的国际化；要否引入诚实信用原则，以实现对抗式的民事诉讼观向社会民事诉讼观的转变；要否引入公益诉讼原则，以实现对国家利益、社会公共利益的维护。尽管有些原则没有被修改的《民事诉讼法》认可，有些仅仅被作为《民事诉讼法》的具体制度而得到认可，但不可否认的是，民事诉讼法学界关于民事诉讼法基本原则的修改，对于民事诉讼法选择正确的走向具有积极的意义。

③ 肖中华、傅强、孙利国：《人民检察院组织法修改的基本原则》，载山东省人民检察院法律政策研究室、载山东省法学会检察学研究会秘书处编：《齐鲁检察论坛》（2012年第3卷），第2~10页。

机关的宪法定位原则、坚持人民代表大会制的国家政权组织形式原则、坚持人民检察院组织法的检察宪法原则。①

不能不说这些研究对《人民检察院组织法》的修改有重要的积极价值，学者提出的某些原则具有确定《人民检察院组织法》修改的基本方略的功能，如学者提出的坚持人民代表大会制的政权组织形式原则以及以宪法为根据的原则，厘定了我国《人民检察院组织法》的修改，必须是立足中国国情，处于建立和完善社会主义法律体系之目的。该原则表明，任何以西方的三权分立思想为指导思想的修改都是不符合中国国情的，也是应当被排斥的。立足中国国情借鉴国外经验的原则也具有这样的确定法律修改方略的色彩，不过其具有更多的技术性、具体路径性特征。还有些原则明确确定了我国《人民检察院组织法》修改的基本政治方向，体现和反映了我国《人民检察院组织法》的政治特色，如坚持党的领导原则，此一原则要求我国的《人民检察院组织法》必须具有中国的政治特色。

2. 《人民检察院组织法》的原则与修改应坚持的原则之间的区别

在关注《人民检察院组织法》修改应坚持的原则之积极意义的同时，必须将其与《人民检察院组织法》的基本原则区别开来。在我们看来，如果说《人民检察院组织法》的基本原则具有确定法律的基本内容，并在法律缺乏基本内容的情况下指导法律实施的功能的话，则修改法律应当坚持的原则更多具有确定法律修改的指导思想的意义，此种指导思想虽然不具有反映特定法律的基本规律、基本色彩，但却是可以使我国的法律与他国或者域外类似法律区别开来的重要因素。实际上，在学者论证《人民检察院组织法》的修改应当坚持的基本原则时，更多地也是体现在宏观方面、方向方面，并更多具有政治宣言的意义。例如学者对坚持党的领导之原则的论述是："坚持党的领导是社会主义法治的一项根本原则，也是检察机关进行《人民检察院组织法》修订的根本原则。检察机关在对《人民检察院

---

① 杨茂宏、赵殿卿、路保中：《从检察职权的嬗变看检察院组织法修改的原则》，载山东省人民检察院法律政策研究室、山东省法学会检察学研究会秘书处编：《齐鲁检察论坛》（2012年第3卷），第91~95页。

组织法》进行修订过程中，只有坚持党的思想、政治、组织领导，才能把握正确的政治方向，担当起党和人民赋予的重大政治责任和政治任务。实现党的领导、人民当家作主和依法治国三者的有机统一，关键在于党要坚持对立法工作的领导。"① 而法律的某项基本原则虽然也有抽象性、概括性、基本性之特点，但其却有非常丰富的内容，例如民事诉讼中的处分原则，其基本的内容就包括：其一，当事人有权在法律规定范围内处分自己的民事诉讼权利；其二，当事人有权在法律规定的范围内处分自己的民事实体权利；其三，处分原则必须与国家干预原则相结合。大陆法系国家和地区民事诉讼中的处分权主义则包括：其一，诉讼程序的开始、进行原则上由当事人决定；其二，诉讼的样式、形态、范围、数额等必须由当事人确定；其三，诉讼程序的终了原则上由当事人决定。

其次，《人民检察院组织法》修改应坚持的原则与《人民检察院组织法》的基本原则在内容上也有显著的不同。同一个国家、地区，甚至同一个法律体系中的法律制定与修改必须坚持相同或者相似的指导思想或者基本原则，处于各该同一个国家和地区的不同法律必须拥有共同的指导思想和修改原则，否则此法律将难谓各该国家和地区的法律，因此制定法律或者修改法律必须坚持的原则对于不同的法律具有较大程度的共同适用性。例如我国《人民检察院组织法》的修改必须坚持党的领导，《刑事诉讼法》、《民事诉讼法》的修改也必须坚持党的领导，否则此种情况下修改的《民事诉讼法》、《刑事诉讼法》，就不是具有中国特色的社会主义法律体系中的法律。以宪法为根据与其他法律协调也是不同的法律修改均应当坚持的原则，因为在我国，甚至在当代世界各国，宪法都具有根本大法的性质，其他任何法律的制定、修改都必须遵守宪法的规定，并不能与宪法的规定或者宪法的精神相冲突，否则这样的法律会被按照特定的程序宣布为无效。当然，不能说各种不同法律的制定、修改在坚持的原则方面不能有所侧重，但涉及一个国家和地区法律制定的基本指导思想应是共同的。而作为各具

---

① 丁以生：《加强党对立法工作的领导——学习十六届四中全会精神座谈会观点综述》，载《法学》2004 年第 12 期，第 106 页。

体法律的基本原则更多地具有反映自身规律、自身属性的特征，其虽作为法律的基本原则，但是相对于其他法律而言具有特殊性、特定性。例如罪行法定、无罪推定、不经人民法院审判任何人不得被宣布有罪体现了刑事诉讼法的特殊要求，反映了刑事诉讼的基本规律或者内在规律，但这样的原则、规律在民事诉讼中却无法找到其合理的存在。相反，民事诉讼法却以当事人诉讼权利平等原则、处分原则、辩论主义等为基本原则，因为正是这些原则反映和体现了民事诉讼之解决私权纠纷、涉及当事人私人利益的特征，以处分原则等为基本原则也是民事诉讼基本规律的要求。①

再次，《人民检察院组织法》修改应当坚持的基本原则与《人民检察院组织法》的基本原则针对法律缺乏具体规定之情况下的法律适用问题时的作用不同。法律制定或者修改的基本原则虽然能够为法律的制定与修改确定具体的坐标，但对法律无明文规定时的法律适用没有针对性的指导。法律适用过程中的字面解释、历史解释、目的解释都与作为法律制定、修改应坚持的原则或者指导思想没有直接的关联，换句话说也无法从这样的关联中获得法律适用的正确方法。例如《婚姻法》及其司法解释没有明确规定夫妻双方是否可以约定将夫妻关系存续期间的财产约定为一方所有，②从坚持党的领导原则以及坚持以宪法为根据的原则中无法找到答案。而作为法律基本原则的东西却有这样的未来关怀性，却有这样的法律适用的指导性，在法律没有明确规定的情况下可以依据基本原则的精神适用法律、解决纠纷。例如针对前述问题，尽管制定与修改法律应坚持的原则无法为之提供答案，但《婚姻法》的保障妇女、儿童、老人合法权益的原则却能够为该问题的解决提供指导，即是说在婚姻家庭关系的处理中，任何一方对其权利的处分都不能损害妇女、儿童、老人的合法权益，如果这样的处分损害了妇女、儿童、老人的合法权益，甚至影响另一方对儿童、老人之

---

① 当然，关于民事诉讼法的基本原则应当包括哪些内容或者说民事诉讼法的基本原则有哪些，学者之间存在争议，并形成了多个学说，分为一原则说、二原则说和四原则说，在二原则说中又有平等原则与处分原则说、处分原则和调解原则说等。

② 最高人民法院的相关司法解释规定夫妻双方可以约定夫妻关系存续期间的财产为夫妻双方共同所有，也可以约定由夫妻双方分别所有。

义务的履行都是不允许的，都是滥用处分权的行为，都应当在有可能损害妇女、儿童、老人合法权益的范围内，不生法律效力。

（二）确定《人民检察院组织法》的基本原则时应考虑的因素

我们认为确定《人民检察院组织法》的基本原则首先应当考虑法律的基本原则在各该具体法律中的地位，此种法律地位是在与该法律的其他原则、制度、规范比较的过程中获得的。《人民检察院组织法》的基本原则不同于《人民检察院组织法》中的涉及具体制度的具体原则，这些具体原则具有特定的针对性，只规范检察机关的具体活动或者与其他机关的具体关系，没有辐射性、指导性，在法律未明确规定的情况下也具有可以作为基本的准据原则的地位。例如检察委员会采取的民主集中制的议事规则，仅仅针对检察委员会就检察事务的讨论方面，不涉及其他问题。

其次，应当考量《人民检察院组织法》与其他法律的关系，或者说《人民检察院组织法》的基本原则应当是该法特有的原则，既不能将其他法律特有的基本原则作为《人民检察院组织法》的原则，也不能以诸多法律共有的原则作为《人民检察院组织法》的原则。例如以事实为根据、以法律为准绳是所有法律必须坚持的基本原则，因此在《人民检察院组织法》修改过程中，该原则虽然具有指导性，但无须作为《人民检察院组织法》的原则。反映其他法律特有规律的其他法律的基本原则在任何意义上都不能成为《人民检察院组织法》的基本原则，否则即会模糊《人民检察院组织法》自身的功能和任务，也会使《人民检察院组织法》失去其特色。

再次，必须考虑《人民检察院组织法》的任务或者规范对象。《人民检察院组织法》的主要任务是在宪法规定的框架下，确定人民检察院与其他国家政权机构之间的关系，确立人民检察院的领导机制和内部工作机制等，当然，绝对不是说人民检察院的工作、检察权的行使仅仅涉及这些内容。从更广泛的意义上，国家的政治制度、政党制度甚至都能够影响检察权的行使和检察权的享有，但这些内容不应当作为《人民检察院组织法》的内容，例如中国共产党对人民检察院的组织领导、政治领导、思想领导必然也必须对人民检察院的工作机制产生影响，不过这种影响不应当体现在《人民检察院组织法》当中，而应当是党的组织条列、纪律条例的内容；

其他法律制度中的相当数量的内容也在一定程度上涉及检察权的行使，例如《民事诉讼法》中规定的可以检察监督的对象、检察监督的方式以及检察监督的具体程序等，都是直接用来规范民事诉讼检察监督权的运行的。这些内容虽然与检察权的享有和检察权的行使有内在关联，但却不是《人民检察院组织法》应当规范的对象和内容。必须注意，某些因素与人民检察院的组织以及检察权的运行有较为直接的关系，能够在较大程度上决定或者影响人民检察院机制的基本特色，例如检察官的准入和退出机制。事实上，我国具有较大行政色彩的检察官准入和退出机制，使我国的检察机制更多地具有与西方国家不同的性质，学者们甚至称这样的机制是具有较大行政色彩的检察机制。尽管如此，由于对该部分的内容已有专门的法律规定，① 所以《人民检察院组织法》不应当重复涉及这些内容，否则即会增加立法的成本。

基于以上考虑我们认为，《人民检察院组织法》的基本原则应当包括如下内容：人民检察院依法独立行使法律监督权的原则，此原则用来界定和指导人民检察院检察权的行使；人民检察院向同级人民代表大会负责的原则，此原则主要用来界定检察机关与国家各级立法机关、行政机关的相互关系，界定同级立法机关可否对各级检察长的产生有所影响；检察一体化原则，此原则主要用来界定检察院系统上下级关系的，并在上下级关系的处理上体现我国检察机关的功能定位；检察长负责原则，此原则主要是指导检察机关内部领导机制的基本原则，用来确定检察机关的内部工作机制，并在法律没有明确规定的情况下，指导内部工作机制的开展。

二、人民检察院依法独立行使法律监督权的原则

人民检察院依法独立行使法律监督权的原则是指人民检察院在行使法律规定的法律监督权时，必须依照法律规定的条件和程序进行，并不受行政机关、社会团体和个人的干涉。

---

① 检察官的准入、退出以及惩戒是《检察官法》的任务和内容。

（一）现行《人民检察院组织法》的相关规定及其反思

必须注意，现行《人民检察院组织法》已经有人民检察院独立行使检察权的规定，但此种规定有以下几个方面的问题需要在《人民检察院组织法》修改的过程中明确厘定：

其一，对检察机关的定位不准确。现行《人民检察院组织法》第9条规定，人民检察院依照法律规定独立行使检察权，不受其他行政机关、团体和个人的干涉。该规定不仅与宪法相关的规定冲突或者不一致，《宪法》第131条规定，人民检察院依法行使检察权，不受行政机关、社会团体和个人的干涉，而且进一步在检察机关的功能定位方面将检察机关定位于行政机关，这进一步与宪法之关于人民检察院是国家法律监督机关的定位发生冲突。①

其二，现行《人民检察院组织法》在具体条文上赋予了检察机关过多的"独立性"。按照宪法的规定，人民检察院依法行使检察权，不受有关社会团体的干涉，此暗含的意蕴是，人民检察院的检察权之行使还必须处于党的领导下。而现行《人民检察院组织法》第9条赋予检察机关之不受任何社会团体干涉之权，从字面意义上没有很好地协调人民检察院检察权的行使与党的领导的关系，也没有实现《人民检察院组织法》与《宪法》规定的一致。

其三，现行《人民检察院组织法》第9条虽然处于总则部分，但是理论上或者认识上还没有将其作为法律的基本原则予以对待，这在较大的程度上影响该条规定的效力，特别是该条规定作为法律的基本原则所具有的指导性意义。

其四，现行《人民检察院组织法》以人民检察院独立行使检察权，存在内容上的反复，而且也有在检察权权能上比较重视列举、回避或者疏离《宪法》规定的法律监督之定位的嫌疑。值得注意的是，此种对人民检察院

---

① 王洪松、胡波：《从基层检察工作实践看组织法修改》，载山东省人民检察院法律政策研究室、山东省法学会检察学研究会秘书处编：《齐鲁检察论坛》（2012年第3卷），第65页。

依法独立行使检察权的规定，也是《宪法》的基本做法，那么《宪法》何以采取此种对检察机关的定位与检察机关之行动原则之相互疏离的做法呢？而相反，《宪法》在对法院的审判机关定位和审判机关之活动原则的规定上却实现了高度一致。①《宪法》在检察机关定位和检察机关活动原则上的疏离所蕴含的或者包含的寓意是深刻的，其基本的精神就是拟赋予法律监督以更加包容、更加开放的内容，《宪法》之直接使用检察权则意味着承认现实检察权的具体内容。法律监督与具体检察权之间的分离表明可以与时俱进地理解法律监督权，并进一步开发出具有时代特征的检察监督内容。"我们理解法律监督是一个开放的体系，它可以放得很宽，也可以收得很紧，一切由情势和条件而定。所谓灵活、务实还表现在它具有实验性，如同今天所谓的摸着石头过河之意。当发现某些法律监督的事项不适当时，就及时地加以调整；而需要作出新的法律监督事项时，就及时地加以补充。这种宪法安排既能使法律监督的事项或范围在保持方向的基本正确的同时，便于随时加以修正或补充；这种实验性也是灵活、务实的一种表现。"② 问题在于检察权本身也不具有明显的具体性，或者换句话说，如果不与其他法律中规定的检察机关的具体职权、职责相勾连，也无法把握检察权的具体内容。质言之，"检察权"概念具有"法律监督权"概念般的抽象特征，诚如是，则为何不在《人民检察院组织法》中直接使用"法律监督权"这样的概念，并使该法律和宪法一样为检察权的开放、创新、丰富提供契机呢？

（二）人民检察院依法独立行使法律监督权原则的基本内容

以人民检察院依法独立行使法律监督权作为《人民检察院组织法》的基本原则，必须进一步明确该原则的内容。结合法律的基本原则在法律中的地位，借鉴其他法律对相关原则的理解，我们认为，人民检察院依法独立行使法律监督权的原则应当包含以下内容：

---

① 《宪法》一方面规定人民法院是国家的审判机关，另一方面规定人民法院依法独立行使审判权，不受行政机关、社会团体和个人的干涉。

② 陈云生：《检察权与法律监督权"疏离"的宪法安排及其寓意解析》，载《法治研究》2010年第11期，第6页。

1. 人民检察院的法律监督权必须依法行使

有学者认为，人民检察院依法行使检察权包含三个方面的要求：（1）人民检察院必须在宪法和法律规定的权限范围内行使职权，不得越权行事；（2）人民检察院必须严格依照法定程序和规则行使职权，不得随心所欲；（3）人民检察院行使职权所作的各项规定必须忠于事实真相并符合法律规定。① 我们认为，此种观点并没有详细、具体地理解人民检察院依法独立行使法律监督权的原则，难免有空洞化之嫌疑。充实法律原则的具体内容，实现法律原则对法律实施的实际指导，应从更加丰满的意义上理解该原则。为此，人民检察院依法行使法律监督权的依法应当包括如下内容：

（1）在宪法和法律有明确规定的情况下，应当严格依照宪法和法律的明确规定行使法律监督权，这包括法律监督权的具体内容、法律监督权行使的具体条件和具体程序、具体方式。例如《民事诉讼法》规定的当事人申请人民检察院检察监督的条件有三种，只有符合该三种条件之一的检察监督申请，人民检察院才能受理，否则不予受理。在理解宪法和法律的明确规定时，必须注意，人民检察院行使法律监督权应否受行政机关制定的行政法规、最高司法机关颁布的司法解释的限制，特别是最高人民法院可否以司法解释的方式限制人民检察院的法律监督权，对此，检法两家各自有不同的理解。来自法院方面的观点和立场是最高人民法院的司法解释并不是直接限制检察院的检察监督权，而是具体指导下级法院的工作，因此，最高人民法院关于不予受理检察机关检察监督意见的做法具有合理性；② 来自检察院方面的观点则认为人民检察院依法行使法律监督权不应受最高人民法院司法解释的限制，认为最高人民法院司法解释一方面在效力上不具有"法律"的效力，仅仅是"法律"之下的司法解释，从基本法优于一般法的原则上看，与宪法、法律冲突的司法解释本身即不具备约束力；同

① 谭世贵主编：《刑事诉讼法学》，法律出版社2010年版，第83页。
② 极端的观点甚至在强调司法独立、司法的亲历性等基础上，否定检察机关的法律监督，认为"强化检察院对民事审判活动的监督权，其结果必然是弱化法院审判权行使的独立性，从而损害法院审判权的权威性，危及司法公正及社会正义"。参见黄松有：《对现行民事检察监督制度的法理思考》，载《人民法院报》2000年5月9日。

时最高人民法院的司法解释更多不是从全局之角度，相反是从部门之角度，解释和理解人民检察院的法律监督权，其对法律监督权的限制性解释实际上是排斥法律监督的一种具体表现或者是其排斥人民检察院法律监督的基本方略。[①] 我们认为，人民检察院依法行使法律监督权不应受行政机关制定的行政法规和最高人民法院颁布的司法解释的限制，理由主要有两个方面：一是从立法所约束的对象看，行政机关制定的行政法规主要应当是指导行政机关依法行政，最高人民法院颁布的司法解释主要是用于指导地方各级人民法院的审判行为，最高人民法院颁布司法解释的权力事实上也是来自《人民法院组织法》中的最高人民法院对地方各级人民法院审判工作的指导权。为此，中央人民政府制定的行政法规、最高人民法院颁布的司法解释在任何意义上都不能约束人民检察院的法律监督权。在法律没有明确规定的情况下，应当由有关机关或者有关部门报请最高立法机关处理。二是从实际的结果看，最高人民法院颁布的司法解释以及行政机关制定的行政法规，都具有相对无法审查的效力。尽管，所有的法律以及行政法规都必须遵守宪法的规定，不得与宪法的规定以及宪法的精神相冲突是法治国家的一般原则，尽管有许多国家建立了各自具特色的违宪审查机制。但在我国，对于不当的行政法规、不当的司法解释如何进行监督，如何给予受到侵害的当事人以救济还都是空白。为此，不仅不应当以此为根据限制人民检察院的法律监督权，相反，人民检察院还应当或者必须对行政法规、司法解释的合宪性进行审查，并在行政法规、司法解释违背宪法的规定下，报请最高立法机关。

（2）在宪法、法律没有明确规定的情况下，检察机关应依照宪法赋予检察机关法律监督权的目的之角度行使法律监督权。在法无明确规定的情况下，私权主体可以自由地行动，而法无明确规定的情况下，公权力的行使者则不能作出相应行动，是法治国家的基本原则。尽管检察机关享有的法律监督权也是一项公权力，但是否应受法无明确规定不得行

----

① 江伟、张慧敏、段厚生：《民事行政检察监督改革论纲》，载《人民检察》2004年第1期。

动原则的限制，则不能简单地依照三段论的方式得出结论，必须从法律监督权具体作用的对象方面予以考虑，就作为检察机关法律监督之重要对象的行政机关以及其他机关而言，可以不受该项原则的限制。其主要理由是，尽管于宪法、法律没有明确规定的情况下，公权力不得行动，但由于宪法、法律规定的抽象性、滞后性，常常出现法律的具体规定与丰富多彩的、具体的社会生活发生脱节的情况，为此常常出现的不是行政机关的停止行动，而是行政机关等往往从维护社会公益出发，制定并颁布一定的行政法规，而此种行政法规在理论上、逻辑上以及实践中都可能出现扩张的可能，为此，检察机关必须对此种不当扩张行为予以法律监督，以保障宪法、法律的正确实施、统一实施；对于检察机关直接承担侦查、控诉权以及其他的维护国家利益、社会公共利益之权能，由于其不仅涉及公权力的行使，更多、更直接的是涉及作为普通私权主体的人身、财产权利，此种情况下，我们认为应当秉承法无明确规定不得行动的原则，这也是从另一方面对法无明确规定私权主体即为自由的因应。

2. 人民检察院依法行使法律监督权，不受行政机关、社会团体和个人的干涉

这一内容是人民检察院依法独立行使法律监督原则的本质内容，是该原则不可或缺的组成部分。它要求行政机关、社会团体和个人必须尊重和支持人民检察院的法律监督活动，不得以任何理由予以非法干涉。有学者认为，行政机关、社会团体和个人的干涉，主要表现为采取以言代法、以权压法、以权代法等形式，干扰人民检察院正常法律监督活动的行为，这些人民检察院法律监督活动的干扰者常处于具体法律监督法律关系之外，目的是影响法律监督活动的正常进行。对于此种情况下的干扰、干涉的禁止，理论上和实践中几乎不存在争议。需要特别强调的是，作为具体法律监督法律关系中的相对方可否采取消极的态度对待人民检察院的法律监督，换句话说，在具体法律监督法律关系中，相对人的消极态度是否也受人民检察院的法律监督行为的干涉。我们原则上对之采否定的态度，因为此种情况下人民检察院采取的应对方法，完全不同于第一种情况下的应对方法，也具有完全不同于第一种情况的救济措施。在后一种情况下，人民检察院

可以对消极配合法律监督的相对人采取相应的强制手段，宪法和现行法律之关于相应强制手段、制裁措施的阙如，不是检察机关法律监督强制性的否认，而是从反面说明，现行的法律需要进一步完善。在现行法律未予修改的背景下，人民检察院必须结合法律监督权设置的目的，采取相应的制裁手段，如提请被监督对象的上一级机关给相关责任人以处罚。后一种情况也可以定位于法律监督权的强制性之表现或要求；而对于前一种情况，人民检察院通常采取的做法即是不予理睬，独立行使法律监督权，对于有关人员采取的影响检察官身份、职务或者物质待遇的做法，可以依照法律规定的程序予以救济。

3. 人民检察院依法独立行使法律监督权，必须受到立法机关的监督

人民检察院的法律监督必须受立法机关的监督，既为宪法所规定，也必然地内涵于人民检察院独立依法行使法律监督权的原则中。

4. 人民检察院依法独立行使法律监督权原则包含有必须在中国共产党的领导下开展法律监督活动的内容

党对人民检察院之法律监督活动的领导主要包括组织领导、政治领导、思想领导等方面。

需要进一步指出的是，《人民检察院组织法》规定的独立并不是检察官个人的独立，而是人民检察院作为一个组织整体，集体对法律监督权行使负责，是指人民检察院作为一个整体不受外部行政机关、社会团体和个人的干涉，而不是检察官个人不受领导、制约地开展法律监督活动。①

三、检察一体化原则

（一）检察一体化原则的概念

理论界以及实务部门对检察一体化原则的概念存在争议，主要的观点可以概括为如下几个方面：其一，侧重强调检察机关的领导机制，并将检察机关领导机制中的上命下从关系概括为检察一体化。"检察一体化，是用

---

① 谭世贵：《刑事诉讼法学》，法律出版社 2010 年版，第 83 页。

以确定检察机关组织结构并指导检察官履行职务的一项重要原则。其基本含义是：各级检察机关基于领导关系，构成有机统一整体，检察官在上命下从的关系中根据上级检察官的指示命令执行职务。按照这一原则，检察权的行使必须保持整体的统一，所有检察机关被视为一个命运共同体。"①不过，该观点虽然强调检察机关上下级关系中的领导与被领导的关系，但是其同时认为检察机关的外部关系，特别是外部关系中的检察机关之独立性也应作为检察一体化原则的内容。② 其二，在强调检察机关内部领导机制的前提下，直接将检察机关处理对外关系的独立性要求作为界定检察一体化的基础，即在概念上就以检察独立作为检察一体化原则的内容或者基础。"检察一体化是检察机关基于其特殊的法律地位，为保障依法独立行使职权而在对外相对独立的基础上，在其内部实行的下级服从上级、全国检察机关服从最高检察机关、整个检察机构作为一个整体进行活动的一项组织原则。"③ 其三，将检察机关独立与检察一体化作为两个不同的原则，并认为这两个原则是一种对立与统一的关系，正是这种对立与统一的关系构成了最能反映检察制度特点的基本原则。"在检察学中，检察一体与检察官独立的对立统一构成了检察制度所独有且最能反映检察职能特点的原理。大多数国家特别是大陆法系国家把检察系统和检察职能的一体化作为保障检察机关统一有效地行使检察权，从而维护国家统一和法制统一的制度安排和检察活动的基本原则。"④ 其四，认为检察一体化不仅包括检察机关上下级关系的处理和上级检察院对下级检察院的领导，同时还包括检察机关内部关系的处理，检察长在内部对检察官的领导关系，也应作为检察一体化原则的内容。"检察一体化是指检察系统内上下级检察院之间的领导关系，检察院内检察长与检察官之间的领导关系，以及检察机构作为统一的

---

① 李忠诚、张建伟：《论检察一体化原则》，载《中国检察官管理学院学报》1996 年第 4 期。

② 李忠诚、张建伟：《论检察一体化原则》，载《中国检察官管理学院学报》1996 年第 4 期。

③ 桑涛：《检察一体化透视》，载《法制日报》2004 年 5 月 13 日。

④ 谢鹏程：《什么是检察一体化？》，载《检察日报》2006 年 4 月 18 日，第 3 版。

整体执行检察职能。"① 其五，从检察一体化与检察工作一体化、部门一体化界分的角度理解检察一体化原则。认为三种一体化虽然存在许多相似点，但更多的是内容、侧重以及要求上的不同。其中检察一体化是人们对检察制度中有关领导关系以及权力运行方式的总体概括。而检察工作一体化则是强调下级检察机关对上级检察机关的服从、检察机关之间的横向合作，并最终实现检察机关协调作战、整体作战的方略。"检察工作一体化，又称检察工作一体化机制，它是检察机关在坚持党的领导和人大监督的前提下，依据宪法和法律的规定，按照检察工作整体性、统一性的要求，在现行政治体制和法律制度框架内，对检察工作机制进行的改革和创新，是检察工作一盘棋思想的生动实践。其基本要求和主要内容可以概括为：上下统一、横向协作、内部整合、总体统筹十六个字。"② 部门一体化则侧重强调以部门利益为核心、以提高部门管理绩效为目标的部门管理体制，其直接表现为一个管理学的概念。不过，该观点在论证检察一体化原则的内容时，又赋予了检察一体化原则以较为丰富的内容，这些内容既包括上下级检察机关关系处理的原则，也包括检察机关内部的检察长对检察官的领导关系。"检察一体化，又称为检察一体制、检察官一体、检察一体主义或者检察一体原则，它是人们对检察制度中有关领导关系以及权力运行方式的总体概括。检察一体化，既包括与检察独立、垂直领导相关的领导体制问题，也涵盖了在上命下从的领导体制下，检察官服从检察长，下级检察机关服从上级检察机关的命令，全国检察机关由最高检察机关统一指挥的检察权运行机制。"③

我们赞同学者提出来的检察机关工作机制中应当包含检察机关必须独立于行政机关、社会团体和个人的内容，不应当许可任何行政机关、社会团体和个人非法干涉人民检察院依法行使的法律监督权，不过，该项内容

---

① 转引自桑涛：《检察一体化透视》，载《法制日报》2004 年 5 月 13 日。

② 贾济东：《检察工作一体化与检察一体化、部门一体化概念辨析》，载《法学评论》2008 年第 6 期。

③ 贾济东：《检察工作一体化与检察一体化、部门一体化概念辨析》，载《法学评论》2008 年第 6 期。

已经为人民检察院依法独立行使法律监督权原则所统摄，无须再作为检察一体化原则的内容。事实上，学者将检察机关依法独立行使法律监督权作为检察一体化的原则的背景，是理论界以及实务部门中没有对《人民检察院组织法》的基本原则予以系统梳理，更没有人旗帜鲜明地提出人民检察院依法独立行使法律监督权应当作为《人民检察院组织法》基本原则的观点或者主张。而且，学者论证的检察院独立和法院的司法独立之论证一样，往往会走向对法官独立或者检察官独立的方向上去。必须注意的问题恰是检察官独立与检察一体化原则强调的是完全不同的内容。"检察一体甚至被用来论证检察独立，这种论证方式有其道理，但适用范围有限，从贯彻检察一体有助于形成合力共同抵制外来干预的角度来讲，检察一体有助于检察机关的集体独立，但是，在检察官独立行使职权这样一个层面上，检察一体与检察官独立存在严重的冲突与对抗，对检察一体的过分强调完全有可能侵蚀检察官的个体独立。"[1] 同时应当看到，国外或者域外对检察一体化地强调多是检察官上下级关系的处理，而不是检察机关的内部管理关系。例如《西班牙宪法》第 124 条第 2 款规定："检察部门通过其自己的机构，根据行动统一、下级服从上级，在任何情况下均须服从法制和公正的原则，行使其职权。"在英国 1985 年通过的《刑事检控法》规定，全国设立了自成一体、独立完整的检察机构。在中央设总检察长和皇家检察院，全部检察官属于国家系统中的官员，实行自上而下的负责制，下设各级皇家检察院。检察机关不对地方政府负责，不受制于警察系统，实行自上而下的垂直领导，统一行使公诉权。[2] 有学者根据日本检察机关的组织关系，直接将检察一体原则概括为上下级之间的命令与服从关系：检察官之间形成明确的上下级关系，作为一个整体开展检察工作，这种组织关系被称为检察官一体原则。[3]

同样的道理，由于本研究倡导在修改《人民检察院组织法》时将检察

---

① 陈卫东、李训虎：《检察一体与检察官独立》，载《法学研究》2006 年第 1 期。

② 施业家、金鑫：《检察一体化的域外考察及对我国的启示》，载《湖北社会科学》2007 年第 6 期。

③ 转引自桑涛：《检察一体化透视》，载《法制日报》2004 年 5 月 13 日。

长负责制作为该法律的基本原则，因此于检察一体化原则中也无需包括检察长负责制的内容。尽管检察长负责制是与检察一体化相一致的内容，或者说检察机关的功能定位统一决定了检察机关在上下级关系的处理上必须采检察一体化原则，而在某一检察机关的内部关系处理或者内部管理上采检察长负责制。正是从检察机关法律监督功能的体现之角度，从检察权在国家政权组织体系中的运行要求之维度，才可以说检察权运行一体化要求必须同时具备这两个机制。"基于检察权运行一体化的要求，法律在检察权的具体行使上，确立了两个维度的领导决策体制：一是在层级领导上，上级院领导下级院，上下级院协调配合；二是在同一检察院内部，检察长负责制和检委会集体决策制相结合，领导决策本院的业务工作，决定检察权如何具体行使。"① 另外，还需进一步看到，在强调检察官独立的西方诸国，同样并行不悖地强调检察一体化原则。诚如前文所述，西方国家的检察机制中普遍采取检察一体化原则，但是西方诸国同时也强调检察官独立原则。如《日本刑事诉讼法》将检察职权的行使主体规定为"检察官"，《日本检察厅法》第 4 条规定了检察官的职务是：检察官就刑事案件实行公诉，请求裁判所正确适用法律，并监督判决、裁定的执行；对于属于裁判所权限的其他事项，认为职务上有必要时，要求裁判所予以通知或陈述意见；作为公益代表人，进行其他法令规定的属于其权限的事务。日本著名刑事诉讼法学者松尾浩也先生指出，每一个检察官都是"独任制官厅"，每个检察官都处于"独立负责的地位"。② 法国的检察官则被称为站着的法官，拥有诸多权限，具有相当程度的职务上的独立性。

而检察机关横向上的合作关系是上级检察机关领导下级检察机关的检察一体化原则的派生物，或者说是上命下从机制的必然结果，不应以其作为与上命下从相并列的内容。

基于以上分析，我们认为，检察一体化原则是指检察机关肇因于其特

---

① 郭彦、王艳阳、符尔加：《检察一体化体制下检委会专职委员的职能定位》，载《人民检察》2010 年第 13 期。

② 转引自陈卫东、李训虎：《检察一体与检察官独立》，载《法学研究》2006 年第 1 期。

殊的功能定位而在工作机制中采取的下级服从上级、全国检察机关服从最高检察机关、整个检察机关作为一个整体进行工作或者活动的工作机制原则。

（二）以检察一体化作为基本原则的原因

理解检察一体化原则之必须作为《人民检察院组织法》基本原则的正当性或者合理理由时，必须注意不能以人民检察院的某项法律监督活动为根据予以论证。① 尽管某些工作或者权能是法律监督权的主要体现或者传统权能，但仍然存在以偏概全、本末倒置、难见全体及根本的弊端。理论中出现的另一错误是在混淆检察机关之性质，并在以为检察机关为司法机关的情况下，从检察一体化与司法独立、程序正义之间的关系上论证检察一体化原则的正当性。"检察一体化机制的建构使得检察机关成为一个与审判机关、行政机关相区别的独立机构体系，可增强检察活动的客观公允性；检察机关成为一个有机整体，能提升对抗刑事犯罪的力量，增强诉讼活动的有效性。"② 最后，论证检察一体化原则必须将检察一体化置于《人民检察院组织法》基本原则体系中，并在以检察一体化原则与其他原则的功能、人物、内涵予以界分的基础上，论证检察一体化原则的正当性与合理性。长期以来的以检察院独立为基础对检察一体化原则正当性的论证，恰恰缺乏这样的系统视角和基本原则功能界分的视角。③

基于《人民检察院组织法》基本原则体系之角度，同时与《宪法》关于人民检察院的功能定位相勾连，我们认为以检察一体化原则作为《人民

---

① 我们这里提出此种警示，正是因为实践中或者理论上已经出现了以某项检察权能之行使论证检察一体化原则的情况，在他们看来，检察机关的最主要的权能是公诉权能，以公诉权能中的检察一体化符合诉讼规律，主张或者论证检察一体化作为基本原则的正当性基础。具体论证可参见李忠诚、张建伟：《论检察一体化原则》，载《中国检察官管理学院学报》1996 年第 4 期。

② 蒋伟亮：《中国特色检察一体化机制的建构与保障》，载《江苏大学学报》（社会科学版）2011 年第 1 期。

③ 蒋伟亮：《中国特色检察一体化机制的建构与保障》，载《江苏大学学报》（社会科学版）2011 年第 1 期；李忠诚、张建伟：《论检察一体化原则》，载《中国检察官管理学院学报》1996 年第 3 期。

检察院组织法》基本原则的正当理由主要体现在以下几个方面：

其一，检察一体化原则是检察院行使法律监督权的必然要求。宪法赋予人民检察院法律监督权的目的不是为赋予其法律监督权而赋予法律监督权，换句话说，宪法赋予人民检察院以法律监督权本身不具有自我目的性，也不具有制度上的自足性。人民检察院对行政机关、审判机关及其公职人员的监督同样不是制度设立的目的，只能在制度目的实现的手段上获得其存在。宪法赋予人民检察院以法律监督权的目的是要求通过人民检察院行使法律监督权保障国家法律的正确实施和统一实施。理解此一问题必须注意，我国的检察机关之设置从源头上看是对苏联检察体制的借鉴，尽管在其后的发展中出现了一些具有中国特色的检察体制因素，但仍然可以说，新中国的检察机制与苏联的检察机制具有较大的相似性。而对于苏联检察制度之维护法制统一，并应当采取垂直领导，而不是双重领导的思想，早在 1922 年列宁在俄共政治局的著名信函——《论"双重"领导和法制》中即有体现。在该信函中列宁坚决反对全俄中央执行委员会选出的专门委员会中多数委员提出的地方检察机关工作人员应当接受双重领导的观点，坚决主张采检察一体化原则，并实行垂直领导。"法制不能有卡卢加省的法制、喀山省的法制，而应是全俄统一的法制，甚至是全苏维埃共和国联邦统一的法制。"① 作为新中国检察机关设立之基本的理论基础的、李六如撰写的《各国检察制度纲要》，也是在介绍苏联的检察监督之前提的情况下，将我国的检察制度定位于一方面保障国家法律的正确实施，另一方面是对政府及其组成人员进行监督。"一方面虽是司法监督，即代表国家，保障一切法律能正确施行和运用，换句话说，即是检察、司法、公安等机关，有无违法判决与违法事件。另一方面则是一般监督，即代表国家，维护国家和人民的权益，检察政府的法律、法令、决议、政策等之严格执行，换句话说，即是检察政府机关、公务人员、陆海空军、公民有无违法措施与违法行为。职权很大，范围很宽。因而其组织是垂直系统的一重领导，不受

---

① 转引自田夫：《什么是法律监督机关》，载《政法论坛》2012 年第 3 期。

任何政府机关影响的。"①

　　保障宪法、法律的统一实施、正确实施，而不是保障地方立法或者地方行政规章的统一实施、正确实施，使得各地检察机关之间、地方检察机关与最高检察机关之间于功能定位、目标任务以及利益方面不存在任何冲突，这种情况使检察一体化原则具备了可能和基础，也为检察一体化原则作为《人民检察院组织法》的基本原则提供了基本的正当性。②

　　其二，检察一体化原则是检察机关自我约束的必然要求，检察一体化具有防范检察权滥用的作用。③ 不能说检察机关法律监督权行使的过程中没有监督机制，诚如前文所述，这些监督机制包括立法机关对之的监督、执政党对其的监督、社会大众对之的监督以及具体案件办理过程中的涉案当事人的监督，在检察机关践行其传统法律监督权能——公诉权时还会受到审判机关的监督，学者将检察机关与审判机关、公安机关于刑事诉讼中的制约与分工关系概括为我国刑事诉讼法的分工负责、互相配合、互相制约原则。④ 但这些监督存在的问题要么是专业性的欠缺，要么是经常性上的不足，要么是关注焦点上的异化等等不一而足，此种情况导致的结果常常是检察院法律监督权的软约束，这也是人们经常感叹谁来监督监督者的原因之所在。为此，实现检察院法律监督权的自我约束，有必要建立一种既符合检察机关的宪法定位，又具有自身特色的自我约束机制。学者将此种约束机制称为检察机关内部双向制约机制，并以检察一体化原则作为双向约束机制的重要内容。"在这种机制之下，案件的每个环节都有可能受到

---

① 转引自田夫：《什么是法律监督机关》，载《政法论坛》2012 年第 3 期。

② 此一点与西方资本主义国家检察机关之采取检察一体化原则的原因有重大不同，在这些国家检察机关被认为是行政机关的组成部分，因此检察机关应当采行政上的一体化原则，表现在检察机关的工作机制上就是检察一体化原则。法国"革命胜利后的法官制宪会议以《人权和公民权利宣言》作为纲领，建立起了近代意义上的检察官制度，与法官独立于行政机关的黄金法则不同，检察官是行政权力在法院的代言人，必然要实行一体化运作。"参见蒋伟亮：《检察一体化的法治意义及中国的路向选择》，载《河北法学》2011 年第 4 期。

③ 桑涛：《检察一体化透视》，载《法制日报》2004 年 5 月 13 日。

④ 谭世贵主编：《刑事诉讼法学》，法律出版社 2010 年版，第 88 页。

办案部门与办案人、上游部门与下游部门、本级检察院与上级检察院相互监督制约。相互监督制约是指在上下级之间（个人与部门、下级院与上级院）及上下游环节之间存在着提请者和决定者，提请者要向决定者说明理由，决定者要向提请者说明同意或者不同意的理由，上位执法环节对下位执法环节进行反向制约，其方式上要求是书面的，双方要注重讨论与协商。这不仅使权力受到监督、决定更加慎重，而且有利于明确所有承办人员的责任。"①

其三，检察一体化原则也符合我国检察队伍建设的实际情况。就我国的检察队伍建设看，目前已经实现了较大程度上的一体化、同质化，此种同质化的主要制度杠杆或者契机之来临是全国统一司法资格考试制度的引入。不过，从总体上可以说，检察队伍的素质方面还存在着一定程度的不平衡，特别是纵向的不平衡，并表现为检察队伍素质与检察机关级别的正相关关系。在我们看来主要的原因有：

一是上级检察官的准入方面采取特殊的准入制度，当下，上级检察机关原则上不再直接吸纳系统外的人员，或者说首次进入检察系统的检察官只能在基层检察机关工作。上级检察机关的检察官均从下级检察机关的优秀的检察官中遴选。此种情况必然导致检察队伍素质建设方面的上下级之间的不平衡，事实上有些基层院的人员配置相对较少，特别是从事某些特定检察工作的人员。例如基层检察院从事民事行政检察监督的人员一般比较少，在我们调研的许多基层检察院中，其民事行政检察监督科的工作人员一般是在2~3人，且具有司法资格的人员非常少。②

二是上下级检察机关不同的工作侧重决定了检察一体化原则在具体检察工作中的实效性。就当下法律监督工作任务的配置看，上下级检察机关具有不同的职能或者表现出不同的职能侧重。下级检察机关更多地侧重具

---

① 高一飞：《检察机关内部双向制约机制的价值与局限》，载《人民检察》2011年第9期。

② 例如，某沿海省的某重要市的区检察院，从事民事行政检察工作的人员就是如此。网络上介绍的广西桂林市人民检察院的民事行政检察处的人员，也才有6人，而且整体素质上无法与同一人民检察院内部的公诉、侦查部门相比。

体事项的办理，保障具体实现办理中的客观、科学、准确、及时；而上级检察院，特别是省级检察院以上的人民检察院更多地具有政策把握或者政策创新的意味。尽管宪法对人民法院和人民检察院的功能定位不同，但学者所论述的上下级法院的不同职能之情况同样也出现于检察机关中。研究表明，层级越高的法院更多承担的是公共政策的把握、创新以及法律的统一实施之保障功能，而不是个案正义，层级越低的法院更多地承担实现个案正义的功能。① 这样于工作性质上，上级检察机关就更多地具有不受个案或者具体检察事务局限的视野，能够担负起对下级检察机关领导之责任。

三是上级人民检察院在履行法律监督职能方面和下级人民检察院相比具有比较优势。人民检察院享有和行使法律监督权的主要目的是保障法律的正确实施和统一实施，而法律实施过程中最常见的问题是法律明确规定的阙如，为此必须探讨法律的真实含义，或者在法律具体规定缺位的情况下必须创新性地解释法律，为此解释法律就是保障法律正确实施、统一实施的重要方法之一。② 法律解释的方法很多，既有体系解释、文字解释，也有历史解释、目的解释。其中立法目的解释是立法解释的重要方法，立法者在立法过程中追求的立法目的，常体现在立法理由中。当下，中国大陆立法之立法理由的公开还不尽如人意，为此，在掌握立法理由、立法目的方面，高层级的检察机关即具有资源优势、信息优势，从而表现为上下级检察机关在立法理由、立法目的之把握上的信息不对称。③ 此种信息不

---

① 傅郁林：《司法职能分层目标下的高层法院职能转型——以民事再审级别管辖裁量权的行使为契机》，载《清华法学》2009 年第 5 期。

② 梁玉霞：《法学的悖论——反叛与顺从》，载《法学家茶座》2012 年第 1 期，第48 页。

③ 在注意上级检察机关享有立法目的、理由信息占有或者接近方面资源优势以及在把握立法本意上的权威的同时，还必须注意学者论及的另外一种信息不平衡，即法律实施效果方面的不平衡。换句话说，与前一个不平衡中之上级检察机关享有信息优势不同，在后一个不平衡中则是下级检察机关尽掌资源优势。不过，在检察机关上下级关系处理的过程中，检察机关行使法律监督权的主要目的是保障法律的统一实施、正确实施，尽管检察机关有必要了解和掌握法律实施的具体情况，但其本身并不是上级检察机关的主要任务。关于下级机关享有资源优势的论证，参见李勇军：《基于信息不对称的决策分析》，载《行政论坛》2010 年第 2 期，第48 页。

对称严重影响检察机关之对法律的真实含义、本质含义的理解与把握，并使上下级检察机关在解读法律方面体现为不同的权威。①

（三）检察一体化原则的基本内容

如同对检察一体化原则的含义的理解存在歧义一样，在关于检察一体化原则的基本内容方面也存在诸多争议，坚持《人民检察院组织法》修改中的基本原则体系化之思想，以界分各个不同基本原则的功能为目标，我们认为检察长对检察官的任免与奖惩不应作为该原则的基本内容，同样地，检察机关对外关系处理的内容也不应当作为检察一体化原则的基本内容。基于此，著者认为检察一体化的原则应包括以下内容：

其一，在上下级检察机关和检察官之间存在着上命下从的领导关系。在检察机关系统内，它是指上级人民检察院对下级人民检察院的领导、上级检察院的检察官对下级检察院的检察官的领导、最高人民检察院对地方各级人民检察院和专门人民检察院的领导。最高人民检察院所作的决定，地方各级人民检察院和专门人民检察院必须服从和执行；上级人民检察院的决定，下级人民检察院必须服从和执行。最高人民检察院可以撤销或者变更地方各级人民检察院和专门人民检察院的决定；上级人民检察院同样可以撤销或者变更下级人民检察院的决定。

其二，全国各地和各级检察机关之间具有职能协助的义务。全国各级检察机关是执行检察职能的统一的整体，虽然各地人民检察院、各级人民检察院以及专门人民检察院都有各自的明确的管辖范围，但是在行使法律监督权的过程中，如果确实需要其他检察机关协助的，例如，调查取证、扣押、查封等侦查措施和强制措施的适用，有关检察机关有义务予以配合与协助。协助检察机关的方式主要是：一是代为履行有关职能，二是协助其他检察机关的检察官在本辖区内履行有关职能。

其三，检察官之间和人民检察院之间在职务上可以发生相互承继、移转和代理的关系。从检察官的角度来说，某检察官在执行职务的过程中因

---

① 李勇军：《基于信息不对称的政策决策分析》，载《行政论坛》2010 年第 2 期，第 47 页。

故不能继续执行职务或者检察长认为其不适宜继续执行某项职能时，检察长或上级检察官有权指派其他检察官承继或者代理其职务，有关诉讼程序可以继续进行，不必重新开始。这是检察官职务与法官职务的重要区别之一。从检察机关的角度来说，上级人民检察院在必要的时候，可以处理下级人民检察院管辖的案件，也可以将自己管辖的案件交由下级人民检察院办理；上级人民检察院可以指定下级人民检察院将案件移送其他下级人民检察院办理。[1]

四、检察长负责的原则

（一）现行《人民检察院组织法》相关内容及其分析

检察长负责的原则是与人民检察院行使法律监督权的职能定位相一致的原则，而同样由人大产生的审判机关却不能采用类似的原则，只能采取最能发挥专业优势、知识优势，克服个体审判法官认识能力局限的民主决策机制。"就法院来说，在内部组织构造和运作方面的改革方向是去行政化，那种主张在法院内部实行'垂直领导'之类的言论，完全不得要领，因为法院司法权是审级构造和合议制运作，果真'垂直领导'了也就没有法院制度了。"[2] 应当说，现行《人民检察院组织法》并非没有检察长负责制的内容，《人民检察院组织法》第3条第2款规定：各级人民检察院设立检察委员会。检察委员会实行民主集中制，在检察长的主持下，讨论决定重大案件和其他重大问题。如果检察长在重大问题上不同意多数人的决定，可以报请本级人民代表大会常务委员会决定。同条第1款规定：各级人民检察院设检察长一人，副检察长和检察员若干人。检察长统一领导检察院的工作。不过，该规定还存在一定的问题，需要在《人民检察院组织法》修改的过程中认真对待。

---

[1] 谢鹏程也采类似的观点和主张，参见谢鹏程：《什么是检察一体化?》，载《检察日报》2006年4月18日，第3版。

[2] 张志铭：《对中国"检察一体化改革"的思考》，载《国家检察官学院学报》2007年第2期。

其一，该条规定虽然赋予了各级人民检察院检察长以统一领导权，但权力之赋予非常概括和抽象。不可否认《人民检察院组织法》也有关于副检察长、检察委员会委员、检察员任命程序的规定，最高检察院、省级人民检察院、县区级人民检察院的副检察长、检察委员会委员、检察员的任命分别规定于该法的第 21 条、第 22 条和第 23 条。最高人民检察院检察委员会也通过了《人民检察院检察委员会组织条例》和《人民检察院检察委员会议事规则》，部分地涉及了检察长与检察委员会、检察委员之间的关系，但是此种涉及仍然是不全面的、不明确的，或者换句话说，按照现行《人民检察院组织法》的规定，检察长负责原则的内容还不好确定，检察长作为首长应当负责的事项与检察委员会作为一种民主决策机制负责的范围，检察长与检察官之间的关系等都还无法得到明确的答案。

同时应当看到，《人民检察院组织法》的基本原则不仅应当规定人民检察院的组织机构之产生方式，同时更应当划分检察机关之间、检察机关内部事权的划分，或者更为确切地说检察机关系统内的事权划分应当作为《人民检察院组织法》的重要内容之一。而其实，域外关于检察一体化或者检察长对检察官的支配权主要体现在事权的划分上，而不是人事任命方面。我国之所以长期以来比较重视检察机关体系内的人事权，即长期以来注重的是检察机关系统内工作机制原则以外的问题，其主要原因在于我国长期以来的法治发展水平比较低。在法治已经有了较大发展的当今社会，应当侧重强调检察机关系统内的事权划分。"应当侧重讨论如何防止检察长借'人事权'操作'事权'和滥用指令权的问题。"①

其二，现行《人民检察院组织法》关于检察长与检察委员会关系处理的规定有违反《宪法》嫌疑。宪法作为国家的根据大法不仅规定国家的一切权力属于人民，而且规定各个国家机关的权力划分、功能划分。在这种划分中，全国人民代表大会既是《宪法》的制定和修改机关，也是《宪法》规定的国家立法机关，而且其他机关都应当向作为国家最高权力机关

---

① 张志铭：《对中国"检察一体化改革"的思考》，载《国家检察官学院学报》2007 年第 2 期。

的全国人民代表大会负责并报告工作，但是这并不意味着所有的国家权力均必须由其自行行使或者直接行使。"人民代表大会代表人民统一行使国家权力，并不意味着由人民代表大会直接行使国家的所有权力，也就是说，并不意味人民代表大会可以集立法、行政、司法等权力于一身。相反，为保障国家权力的合理运行，必须对国家权力进行科学的分工。这是国家权力科学有效运行的必要前提，是任何一个宪政国家必须实行的一项原则。"①

同时，关于检察长不同意检察委员会的意见报请同级人民代表大会常务委员会的规定，也曲解了《宪法》规定的国家权力机关与行政机关、审判机关、检察机关之间的监督与被监督的关系。按照《宪法》的规定，国家权力机关与行政机关、审判机关、检察机关的关系是监督与被监督的关系，而不是领导与被领导的关系。"为使监督主体客观、公正地履行监督职责，监督主体与监督对象应该分离，这是任何一个实行宪政的国家所必须遵循的基本原则。"任何人不得充当自己案件的法官，② 这在西方被称为不证自明的自然公正原则。这种精神在我国《宪法》中也有反映，如《宪法》第 65 条规定，全国人民代表大会常务委员会的组成人员不得担任国家行政机关、审判机关和检察机关的职务；第 103 条第 3 款规定：县级以上的地方各级人民代表大会常务委员会的组成人员不得担任国家行政机关、审判机关和检察机关的职务。因为如果允许人大常委会组成人员兼任一府两院的职务，势必造成人大常委会组成人员自己监督自己的情况，这是有违自然公正原则的。而将分歧问题报请人大常委会决定的法律规定正是违反了上述宪法精神。

（二）检察长负责原则的基本内容

根据检察机关内部机构设置以及检察机关法律监督机关的功能定位，借鉴域外检察长负责制的基本内容和具体做法，结合中国的实际情况，我

---

① 傅林：《合宪还是违宪——对我国〈人民检察院组织法〉第 3 条的质疑》，载《天津商学院学报》2006 年第 6 期，第 39 页。

② 王名扬：《英国行政法》，中国政法大学出版社 1987 年版，第 151～155 页。

们认为检察长负责的原则应当包括以下方面的内容。

检察长负责原则中应由检察长统筹检察机关内部的管理工作，换句话说，即检察院内部的管理工作均应当由检察长负责，并采检察长命令制。其基本的理由主要有以下几个方面：

1. 检察长对检察机关内部的管理事务负责是西方主要检察机关检察长负责制的主要内容。在法国同一级别的检察机关内部不仅采取检察长负责制，即以检察长作为检察院内部所有检察官的上司。《法国刑事诉讼法》第 37 条规定，检察长对上诉法院辖区内的检察院的所有官员拥有上司权力。而且在同一检察机关内部检察官对代理检察官也具有上司权力，检察官对代理检察官享有领导权力，并且依据《刑事诉讼法》的规定对在其辖区内的违警罪法院的检察官享有领导权力。检察长对所有检察官的上司权以及检察官对代理检察官的上司权，是由法国检察院之非常明确的行政机关性质决定的。不过必须注意，法国检察长对检察官、检察官对代理检察官的上司权的内容并不是没有限制的，其最主要的上司权表现为检察长对检察官、检察官对代理检察官的评价权以及此基础上的惩戒权。[①] 俄罗斯检察长领导制的主要体现也是在管理方面，并表现为检察长发布必要的命令、指示，颁布条例和工作细则。为了保障检察长的领导权，《俄罗斯联邦检察院组织法》规定了各级检察长的领导责任：俄罗斯联邦总检察长领导俄罗斯联邦检察院系统。为使检察机关的工作人员更好地履行职责，发布必要的命令、指示，颁布条例和工作细则，以便调整俄罗斯联邦检察院系统的组织活动，使上述工作人员物质与社会的保障得以实现。[②]

2. 由检察长全面负责检察院内部的管理事务更加符合中国国情。确切地说，检察长与办理具体法律监督事务的检察官相比并不具有业务上的优势，从而使检察长对检察官等业务领导缺乏应有的领导力。一方面，《检察

[①] 施业家、金鑫：《检察一体化的域外考察及对我国的启示》，载《湖北社会科学》2007 年第 5 期，第 141 页。

[②] 施业家、金鑫：《检察一体化的域外考察及对我国的启示》，载《湖北社会科学》2007 年第 5 期，第 142 页。

官法》第 13 条明确将初任检察官的任职条件与检察长、副检察长的任职条件加以区分，要求前者必须具有司法资格，而对后者却没有司法资格的要求。实践中，选拔检察长时，非常强调检察长的政治职能，要求政治素质首先要过硬，其次才是专业素质，不少检察长从乡长、县长或其他行政官员中提拔，而其中许多人并不精通法律。来自最高人民检察院的数据显示，地方各级检察院正、副检察长中，法律专业出身的仅占 57.7%，而就是这其中的法律专业，也有相当数量的检察长接受的并不是正规的法律教育。①事实上，很多检察长也是从法律专业以外的其他部门调入检察机关，在调入前期根本没有法律专业素质和业务素质的养成阶段，法律的专业化以及法律队伍建设的职业化进一步加剧了检察长对检察官业务方面全面领导能力的欠缺。②

而且从现实情况看，由于法律监督涉及的范围非常广泛，加之具体办理法律监督业务的检察官资源短缺，造成的实际情况是实践中办理具体法律监督事务的检察人员必须承担超常的工作负荷，检察长对每个事务的审核即使在检察长具有相当的业务知识之背景下，也是不可能的。

借鉴域外经验结合我国实际，我们认为，检察长对检察机关的内部综合管理权应包括以下几个方面的内容：

其一，经费支配权。检察长有权也应该根据检察院的实际情况，根据法律监督工作内容侧重上的变化以及检察机关的人员配置，合理安排和配置检察经费的使用。经费支配权是检察长的重要的管理权限，通过该项权力的行使在宏观上调整和指导检察工作的方向。

其二，检察长应有对具有管理职责的检察人员的任命权或者提名任命权。尽管有学者认为处理检察机关上下级之间关系以及检察长与检察

---

① 杜萌：《检察队伍 30 年风雨兼程整体素质提升》，载《法制日报》2008 年 12 月7 日。

② 唐莹玲、谢小剑：《检察委员会制度的成因解析》，载《学术论坛》2012 年第 1 期，第 53 页。

官之间关系的目的是合理分配其相互之间的事权，而不是人权，① 不过检察长通过对人权的统一管理，可以在一定程度上影响或者决定事权发展的方向。特别是在检察机关的体制设置以及检察机关的管理方面还有非常大的行政色彩之背景下，具有管理职责的检察官的任命就不仅关涉检察工作中是否能够弘扬正气之目标的实现，还直接关涉检察官的个人身份及其物质方面待遇等。事实上，《人民检察院组织法》第 21 条至第 23 条已经在一定程度上赋予检察长以副检察长、检察委员会委员、检察院的提名权或者提请任命权。只是没有涉及具有管理职责的检察官的提请任命权或者任命权，建议《人民检察院组织法》修改时增加此一内容，并表述为"检察长可以任命检察官负责管理本院的管理事务"。

其三，对所属检察官的评价惩戒权。对检察官的评价是检察长对检察官管理的重要内容，事实上，检察长对检察官的评价与检察官的职务升迁密切相连，即其是检察长之副检察长、检察委员会委员、检察官提名权、具有管理职务的检察官任命权之行使的前提和基础。有学者指出，检察长对检察官的管理权以及上下级检察院处理中的升迁、任免、转调、惩戒等均由专门的、特别设置的人事审查组织予以负责。"域外实践中涉及检察官和检察长的任免、升迁、转调、惩戒等事项一般都有特别设置的人事审查组织，如法国的司法官人事最高委员会、德国的检察官会议、日本的检察官资格审查会等，而且设计有专门的程序。"② 必须注意，尽管有专门负责检察官任免、转调、升迁、惩戒等事项的专门组织，但是对于检察官的日常工作评价仍然

---

① 张志铭：《对中国"检察一体化改革"的思考》，载《国家检察官学院学报》2007 年第 2 期。

② 张志铭：《对中国"检察一体化改革"的思考》，载《国家检察官学院学报》2007 年第 2 期。

由检察长负责。①

其四，重大事务讨论程序的启动与主持权。检察院重大事务的讨论，包括业务事务的讨论必须经过检察长同意才能启动检察委员会讨论程序，未经检察长同意任何人不得自行启动检察委员会讨论程序，同时检察长也应负责检察委员会讨论程序的主持工作。检察委员会讨论一般采民主集中制，在检察长不同意多数人的意见时报请上级人民检察院决定，无须报请同级人民代表大会常务委员会，只需在报请上级人民检察院决定以及在上级人民检察院决定以后报同级人民代表大会常务委员会备案。

---

① 域外法院系统中法院院长之对法官的日常工作评定虽然不能直接说明检察长对检察官的评价，但也一定程度上能够说明问题。在德国法院院长行使职务监督权，并定期对法官鉴定，该职务鉴定也要记入法官的个人档案。此种鉴定对法官职务的变动，特别是法官申请更高级别的职务时起着非常重要的作用。参见宋冰主编：《程序、正义与现代化》，中国政法大学出版社 1998 年版，第 26 页。

3
Chapter

第三章

检察机关的组织人事制度

　　检察机关组织人事制度是《人民检察院组织法》修改中必须处理的重要问题，与检察一体化原则以及检察长负责原则相比，检察机关的组织人事制度更加侧重检察机关工作人员的任免。检察一体化原则以及检察长负责原则中涉及检察机关工作人员的任免，其也是作为检察院工作机制中的内容出现的，是检察工作机制的附带结果，而检察机关的组织人事制度集中关注人员的任免，而不关注或者不是重点关注检察机关的工作机制。

　　必须进一步探讨检察机关组织人事制度包含的基本内容，这是在《人民检察院组织法》修改中对检察机关组织人事制度予以修改的前提问题。在我们看来，检察机关的组织人事制度包括对所有检察机关工作人员任免的制度，也包括调动检察官工作积极性的各项规章制度以及检察机关内部机构设置。不过，由于各级、各地检察机关的人员构成情况不同、面临的问题不同、可能采取的检察官管理制度不同，也很难作为《人民检察院组织法》的内容予以规范，所以本章探讨的重点是检察机关所有工作人员的任免制度以及检察机关的内部机构设置制度。

一、各级检察机关检察长的任命

《人民检察院组织法》第21条第1款规定，最高人民检察院检察长由全国人民代表大会选举和罢免。该法第22条第1款第1句规定，省、自治区、直辖市人民检察院检察长由省、自治区、直辖市人民代表大会选举和罢免。第2款规定，省、自治区、直辖市人民检察院检察长的任免，须报最高人民检察院检察长提请全国人民代表大会常务委员会批准。该法第23条第1款第1句规定，自治州、省辖市、县、市、市辖区人民检察院检察长由本级人民代表大会选举和罢免。同条第2款规定，自治州、省辖市、县、市、市辖区人民检察院检察长的任免，须报上一级人民检察院检察长提请该级人民代表大会常务委员会批准。其基本的内容可以概括为：其一，在最高人民检察院检察长的产生上采取严格地由同级人民代表大会选举任命和罢免；其二，地方各级人民检察院检察长的产生采取双轨制，即既要由同级人民代表大会选举任命或者罢免，还要同时报上一级人民代表大会常务委员会批准；其三，上级人民检察院检察长对下一级人民检察院检察长的产生有提名权。

之所以在各级检察长的产生或者罢免上采取以上机制，在我们看来原因可能是以下几个方面：

第一，体现并遵守我国《宪法》规定的人民代表大会制度。按照我国的人民代表大会制度，包含的基本内容是各级人民代表大会都由民主选举产生，并对人民负责，同时为体现一切权力均属于人民的宪政思想，人民代表大会制还含有所有国家行政机关、审判机关、检察机关均应由人民代表大会产生，对它负责，向它报告，受其监督的思想。据此，人民检察院组织法必须体现这样的精神，规定最高人民检察院的检察长必须由全国人民代表大会选举产生，地方各级人民检察院的检察长必须由同级人民代表大会选举产生。

第二，在检察长的任免中体现上级人民检察院对下级人民检察院的领

导关系，体现检察一体化原则。按此，上级人民检察院领导下级人民检察院的工作，最高人民检察院领导全国各地、各级人民检察院的工作。而其中，组织领导上级检察院对下级检察院领导的重要内容，也是实现上级人民检察院对下级人民检察院工作领导的重要保障。在人民检察院的工作体系中，上级检察院不存在对下级检察院如法院审级制度一样的监督机制和领导机制。为此，规定省级人民检察院的检察长由最高人民检察院检察长提名，省级以及省级以下的人民检察院检察长由上级人民检察院检察长提名产生。

尽管各级人民检察院检察长的产生方式有其理论上的合理性，并是长期以来一直采用的任免机制，不过必须注意其并不是不存在问题，在修改《人民检察院组织法》被列为立法机关重要的立法日程之背景下，应当抓住契机，并认真反思。我们认为，现行《人民检察院组织法》关于各级人民检察院检察长任命存在的问题主要集中在以下几个方面：

其一，没有明确界定同级人民代表大会选举产生和上一级人民代表大会常务委员会批准之间的关系。"省级检察院检察长的任免，须报最高人民检察院检察长提请全国人大常委会批准，省级以下的检察院检察长的任免，须报上一级检察院检察长提请上一级人民代表大会常务委员会批准，这样的规定实际上混淆了选举产生与上级批准两种不同的权力来源的界限，势必会动摇选举的权威。"① 既然国家各级行政机关、审判机关、检察机关都必须由同级人民代表大会选举产生，就从理论上无法界定何以必须报上一级人民代表大会常务委员会批准。事实上，如果检察长的产生来自人民的意志或者代表人民的人民代表的意志，从而间接地来自人民的意志，则上一级人民代表大会常务委员会没有任何理由可以推翻反映人民意志的检察长任命。

其二，在理论上混淆了人民代表大会制的制度内容及制度要求。人民代表大会制不仅要求各级行政机关、审判机关、检察机关均由人民代表大会选举产生，同时也承认各级人民代表大会的独立性，换句话说，上级人民代表大会与下级人民代表大会之间不是领导关系，全国人民代表大会也不领导地方各级人民代表大会。全国人大和地方各级人大不是领导关系，而是法律监督关系、选举指导关系，其中重要的联系机制不是上级人民代表大会决定下级人民代表大会的工作内容，而是上级人民代表大会的代表必须从下级人民代表大会的组成人员中产生，并由下级人民代表大会选举产生。

其三，在检察长的任免方面没有考量检察机关的职能定位和检察机关的性质，将检察机关置于与行政机关并列的地位上予以规定，也是抽象地、一体地理解，而不是具体情况具体分析地理解《宪法》关于行政机关、审判机关、检察机关由它产生的规定。与行政机关不同，检察机关的功能定位是法律监督机关，其行使法律监督权的目的是保障国家法律的统一实施、正确实施，因此，如果说行政机关更多地关注地方性事务，侧重的是地方性政治、经济、文化、社会事业的管理和发展，可以在符合检察机关功能定位之角度上说，检察机关应当具有超越地方利益的全国性视野。检察机关不应当关注地方的政治、经济、文化、社会事业的发展，相反应当优先考量法律的统一实施和正确实施。

基于以上考量，我们认为，应当将检察长的任命改为双轨制的任命机制，即最高人民检察院的检察长必须由全国人民代表大会选举产生，地方各级人民检察院的检察长无须由同级人民代表大会产生，也无须上级人民代表大会常务委员会批准，仅需要由上级人民检察院检察长提名并由上级人民检察院检察委员会批准即可。将《人民检察院组织法》相关的条文修改为：最高人民检察院的检察长由全国人民代表大会选举和罢免，省、自治区、直辖市人民检察院检察长的任免由最高人民检察院检察长提请最高人民检察院检察委员会决定，自治州、省辖市、县、市、市辖区人民检察

院检察长的任免由上级人民检察院检察长提请检察院检察委员会决定。①

必须注意，此种任命机制并未突破《宪法》规定的国家行政机关、审判机关、检察机关均需由人民代表大会产生的规定，也不意味着检察长可以不受人民的意志之约束，全国人民代表大会之产生出来的最高人民检察院检察长直接来自人民代表的意志，从而间接来自全体人民的意志。全国人民代表大会及其常务委员会可以对最高人民检察院的工作，对最高人民检察院领导的各级、各地人民检察院的工作进行监督，对最高人民检察院检察长提名任命的各省级人民检察院的检察长的工作情况、工作能力等的监督，应当也必须成为全国人民代表大会对检察工作监督的重要内容。同时，在这种组织机制中，虽然地方各级人民检察院的检察长不再由同级人民代表大会选举，但并非意味着同级人民代表大会不能监督地方各级人民检察院的工作。通过听取地方各级人民检察院的工作汇报，通过监督地方各级人民检察院的工作，地方各级人民代表大会的代表才能了解我国检察院的组织情况、工作情况、存在的问题，以便在将来作为全国人民代表大会的成员参加全国代表大会时，可以很好地代表人民，并实现对全国检察机关工作的全面监督。另外，此种任免机制也存在对检察长意志的制约因素，即上级人民检察院的检察长仅具有提名权，最后的决定权由检察院检察委员会享有。此种情况也是检察长负责原则下的民主决策机制的必然要求。这样的民主决策机制既是对检察长个人意志的限制，也是对检察长的一种保护机制，换句话说，在上一级人民检察院的检察长对下级检察院检

---

① 当然，有学者指出，从《人民检察院组织法》中不应推导出上级人民检察院领导下级人民检察院的结论，上级人民检察院只能在业务上对下级人民检察院领导，上级人民检察院检察长的提名权不具有最终的决定意义，最终的决定权仍然在于同级人民代表大会的选举和罢免。"就人事任免而言，《人民检察院组织法》第23条的规定常被认为是下级人民检察院接受上级人民检察院领导的体现，本文认为这属于误读，因为对于下级人民检察院检察长的选举和罢免而言，其权力属于产生它的国家权力机关专有。在下级人民检察院检察长依法被选举和罢免后，上一级人民检察院的检察长只具有是否提请同级人民代表大会常务委员会批准的权力，而该级人民代表大会常务委员会只具有是否批准的权力，二者均不具有直接任免下级人民检察院检察长的权力。"郝战江：《上下级人民检察院工作领导关系新探》，载《法学杂志》2009年第8期。

察长任命中，出现用人不当、用人失察的情况时，上一级人民检察院的检察长也无须独立承担此种情况下的管理责任。

现行《人民检察院组织法》中的检察长任免体制中存在问题的原因，从反面也成为我们这里提出改革现行检察长任免体制的正当理由，对此不再重复论述。

有学者提出，为强化检察队伍的素质、提高检察机关的管理水平，应当在《人民检察院组织法》中明确规定检察长的任职条件，并必须首先是一名检察官，否则不能作为检察长。"检察长是一个检察院的主要领导人，同时也是一名检察官。作为检察官，就必须具备《检察官法》规定的任职条件。作为一级检察机关的负责人，特别是基层院检察长，如果不具有法律专业知识，很难保证其在处理大量的法律事务时能把好关，负起领导的职责。"[①] 我们认为，由于各地、各级检察机关的现实情况不同，面临的任务也有一定的差别，其检察长的遴选也应当允许存在一定的差别，不宜在《人民检察院组织法》中对检察长的任职条件作明确规定。同时，由于在现实条件下，检察长不仅必须管理检察工作中的业务事务，还要处理检察院的物质、经济等方面的工作，一体化地要求检察长必须首先是一名检察官也不太现实，不过在掌握上，可以一般地理解检察长原则上应通过国家的统一司法资格考试，有司法考试资格证书。

必须注意处理和协调检察长的任命机制中上级检察长或者上级检察机关与下级党委之间的关系，不仅应看到检察长是检察机关的管理人员，对检察工作全面负责，而且还应当看到检察机关的检察长还是检察机关中的国家干部，因此必须协调好上级检察机关检察长提名、检察委员会决定的任免机制与党领导干部之间的关系。为此，我们建议，在检察长任免机制的实际运行中，或者在党的组织条例中应当注意此种关系的协调，并可以做调和性处理。上级检察院检察长提名下级人民检察院检察长人选，须征得上级检察院同级党委的同意，如果上级党委不同意检察长提名的，上级

---

① 刘永久、郝龙贵：《加强省级检察院对下级检察院干部管理力度的构想》，载《人民检察》2001 年第 10 期。

检察院必须更换提名，只有经过上级检察院同级党委的同意，才能付诸决定。同时，上级检察院在决定下级检察院检察长提名时，必须认真对拟提名人员予以考察，上级检察院的同级党委组织部门可以会同上级检察院党组共同组织对拟提名人员的考察。对于被任命的地方各级检察院的检察长同时应当积极参加本级党委组织的活动，本级党委会同上级检察院党组、检察长共同对下级检察院检察长予以监督。

二、副检察长以及检察委员会委员的任免机制

现行《人民检察院组织法》关于副检察长以及检察委员会委员的任免同样体现于第21条至第24条的规定中。《人民检察院组织法》第21条第2款规定，最高人民检察院副检察长、检察委员会委员和检察员由最高人民检察院检察长提请全国人民代表大会常务委员会任免。第22条第1款第2句规定，省、自治区、直辖市人民检察院的副检察长、检察委员会委员、检察员和人民检察院分院检察长、副检察长、检察委员会委员、检察员由省、自治区、直辖市人民检察院检察长提请本级人民代表大会常务委员会任免。第23条第1款第2句规定，自治州、省辖市、县、市、市辖区人民检察院检察长、检察委员会委员和检察员由自治州、省辖市、县、市、市辖区人民检察院检察长提请本级人民代表大会常务委员会任免。此种任免机制比较多地考量检察院内部管理中的检察长负责制以及检察院与立法机关关系中的检察院的派生属性。

此种情况比较多地考虑到我国的宪法体制和宪法规定，并直接是《宪法》关于行政机关、审判机关、检察机关都应当由人民代表大会产生，向它负责、受它监督之规定的具体体现。此种任免机制另外也一定程度上体现了检察机关内部管理中的检察长负责原则，体现了检察长通过人事管理、人员管理对检察事务进行管理的思想。不过，此种机制并未考虑检察管理体制中的检察一体化原则，未能充分体现上命下从的检察工作要求，可能出现的情况是地方检察院检察长权力的过分强化，不利于对检察系统的统一管理。

　　另外必须注意，中央在比较早的历史时期就有上级检察机关协助下级地方党委管理下级检察院中包括检察长在内的主要领导干部。来自实务部门中的人员认为基本的协助对象范围比较广，而且在对检察长和副检察长等的协助管理中，管理的内容也不相同。"上一级检察院协助地方党委管理的下级院领导干部除正、副检察长外，还应包括纪检组组长、政治部（处）主任、反贪局局长。市、地、县、区检察院检察长（党组书记）的任免，由上一级检察院党组协助本级党委管理，由上一级党委决定；市、地、县、区检察院副检察长、党组副书记、纪检组组长、政治处主任、政工科科长、反贪局局长，以市、地、县、区委管理为主，须征得上一级检察院党组同意。上一级检察院党组与下级党委意见不一致时，由上一级党委协商解决。"①

　　为体现以上精神，我们认为，关于副检察长以及检察委员会委员的任免仍应贯彻由检察长提名的原则，不过为体现检察一体化要求以及上级检察院对下级检察院的全面领导，防止检察体系中出现尾大不掉的现象，建议将检察长确定的副检察长以及检察委员会委员等人选必须报上级人民检察院党组同意。为体现检察一体化以及检察机关的功能定位、我国权力机关存在现实虚化的实际情况，我们认为检察长不仅可以对下级检察院检察长的人选有提名权，而且可以实质地掌握副检察长、检察委员会委员的任免权。当然，这并不是说地方各级人民检察院的同级党委在副检察长的选任中没有任何支配权，地方各级党委认为具有符合条件的副检察长、检察委员会委员人选的，可以由党委组织部门向检察机关的检察长推荐，如检察长认为确实存在推荐的理由的，可以决定任免。两者有不同意见的情况下，或者说地方党委坚持其推荐的人选，而同级检察院的检察长拒不接受时，地方党委可以报请上级党委予以协调。

---

　　① 刘永久、郝龙贵：《加强省级检察院对下级检察院干部管理力度的构想》，载《人民检察》2001 年第 10 期。

三、检察官的任职与离职

（一）检察官的任职

应当说，现行《人民检察院组织法》有关检察员任命的规定，即采取和副检察长、检察委员会委员一样的任命方法，同时，《检察官法》中也有关于检察官任职的规定。不过这些规定还存在以下几个方面的缺点：

其一，将一般检察官的遴选条件、程序与副检察长、检察委员会委员的遴选采取一体化处理，没有体现一般检察官与副检察长、检察委员会委员之间的区别，有提高检察官准入的门槛之嫌疑。

其二，《检察官法》虽然有关于检察官任职的有关规定，不过侧重规定的是检察官的任职条件。在学者概括的四个准入机制内容上，其中三个方面涉及的是检察官任职的基本条件。"《检察官法》从四个方面进一步完善了检察官准入机制：一是提高文化准入门坎，将文化条件从高等院校专科毕业提高到高等院校本科毕业；二是进一步强调司法实践经历，应当从事法律工作满三年和应当从事法律工作满二年分别成为本科毕业生和获硕士学位、博士学位人员担任省、自治区、直辖市人民检察院、最高人民检察院检察官的任职条件之一；三是明确规定国家对初任检察官、法官和取得律师资格实行统一的司法考试制度；四是规定人民检察院的检察长、副检察长应当从检察官或者其他具备检察官条件的人员中择优提出人选。"① 当然，2001 年《检察官法》中也有关于检察官遴选的程序规定，不过此规定主要是照搬了《人民检察院组织法》中的有关内容，并没有其他变化。

其三，检察官遴选中确实也采取了相应的考试制度，不过这些考试并不是为检察机关遴选检察官单独组织的考试，而是针对包括检察官在内的所有公务人员的遴选考试。主要形式有各种级别的公务员考试、组织部选调生考试等。此种考试未能真正发挥遴选检察官的功能。学者认为，现行

---

① 农中校：《论检察官准入机制的构建与完善》，载《广西社会科学》2008 年第 8 期。

的遴选机制主要存在的问题是：（1）未能起到应有的筛选作用，主要是因为以上考试的内容偏重的是行政能力和对国家形势的宏观把握能力，而不是偏重检察官的专业素养以及职业道德素养之考察。在具体内容的难易上也各不相同，因地区而有较大区别；（2）在这些考试中，起主导作用的是各地、各级行政机关或者党委组织人事部门，而不是检察机关，检察机关无法根据自身的需要有针对性地遴选需要的检察官。实践中，尽管有部分检察机关的人员介入到检察官的遴选中，但由于参加的环节较少、地位较低，在整个遴选过程中只处于辅助地位或者次要地位；（3）考试的科学性不强，考试的科学性不足也主要体现在考试内容方面。①

《人民检察院组织法》以及《检察官法》均强调检察官任命的程序，不仅是基于检察机关由人民代表大会产生、向它报告、受它监督的宪政原则，而且可能的原因也在于检察院对检察官准入方面的发言权不大，为此需要在任命环节予以补强。不过此种补强的意义并不是特别明显，原因在于对于已经进入检察机关内工作的人员检察院一般不会拒绝其从事检察业务，当前检察机关面临的问题不是检察人员的富裕，而是检察人员的严重不足，特别是在检察机关不断创新工作内容之背景下更是如此。检察资源的短缺与检察机关工作创新之间的矛盾，使得检察机关在任命已经进入到检察院工作的且具有司法资格考试的人员为检察官方面别无选择。

为此，必须改革并完善现有的检察官任命机制，在具体的完善方面，有学者提出可以借鉴国外的做法，在人大建立一个专门负责检察官准入的检察官遴选委员会。检察官遴选委员会的成员由现任的资深检察官、资深律师、资深法官、著名法学家和人大代表组成。检察官遴选委员会下设一个常设工作机构，专门负责搜集检察官候选人的详细资料，并建立一个检察官后备人才库。人大及其常委会在选举或任命检察官之前，先由检察官遴选委员会对检察官候选人进行审查，并根据审查的情况向人大及其常委

---

① 农中校：《论检察官准入机制的构建与完善》，载《广西社会科学》2008年第8期。

会提交一份审查报告。① 我们同意设立检察官遴选委员会的建议，不过我们认为，关于检察官遴选委员会的归属及其组成人员还需要进一步商榷或者斟酌。于此，也必须认真考虑如何进一步协调检察机关由人民代表大会产生、向它负责、受它监督与检察一体化原则之间的关系，诚如前文所述，体现检察机关由人民代表大会产生的宪政精神，要求最高人民检察院的检察长必须由全国人民代表大会产生，其他各级检察机关的检察人员通过最高人民检察院检察长的派生性，而具有间接向人民代表大会负责的意味。事实上，如果采取检察长委任制，并结合检察一体化原则以及检察长负责原则、最高人民检察院检察长直接向人民代表大会负责的原则，则检察长委任制并辅之以专门的委员会也许能够实现检察机关的法律监督功能与检察一体化原则之间的协调。

立足于将检察机关定位于行政机关的域外检察机关，虽然强调检察官的任命必须由最高行政长官批准，但此种最高行政机关的批准也许仅仅具有形式意义，通过此种形式实现检察官的权威性，也为以后的检察官保障提供了基本的前提。其基本的任命环节或者决定性的任命环节，仍然是各级检察机关的检察长或者检察机关的专门的委员会。例如在德国，对联邦总检察长和联邦检察官的任命，由联邦司法部长提名，并向联邦总理提出建议，后由联邦总理提交联邦参议院讨论通过后，由联邦总统批准；对联邦高级检察官的任命，由司法部长提名，经联邦总理同意后直接报请总统任命。在各州，检察官的任命分别由各州高级检察院检察长提名，由州司法部长任命。② 在德国检察官的任命中，必须注意的问题是德国是一个联邦制国家，各州具有相当大的独立性，所以才有可能出现在采单一制国家无法出现的情况，即联邦和州各自的最高行政长官首脑批准检察官和高级检察官。在对联邦检察官的任命中，虽然对联邦检察总长和联邦检察官的提名一体规定，但事实上两者的提名还存在非常大的差别，即联邦司法部

---

① 宣章良、陈晓东：《检察官遴选制度研究》，载《国家检察官学院学报》2006年第3期。

② 李游、吕安青：《走向理性的司法》，中国政法大学出版社2001年版，第269页。

长可以比较熟练地完成对联邦总检察长的提名，但无法完成对联邦检察官的提名，特别是初任检察官的提名。

法国的情况也许能够比较好地说明我们这里提出的观点和意见。在法国，对各种情况或者各种级别的检察官采取不同的任命方法，具体是：（1）上诉法院检察长以上的检察官的任命。首先由司法部长提名，再由总统组织部长联席会议讨论和决定，最后以总统的名义颁发任命书；（2）初任检察官的任命。毕业于司法官学校并取得检察官资格的，经过专门宣誓仪式后，可以获得总统任命书，即成为检察官；（3）其他检察官的任命。首先由司法部长提名，再经过司法官委员会讨论通过，最后以总统的名义任命。① 初任检察官的任命中虽然也强调总统的任命书，但总统的任命书仅具有强化检察官权威的形式意义，在能否决定检察官准入方面并不具有决定的意义。②

在遴选委员会的组成方面，我们认为必须考量检察官工作的特殊性，与律师相比，检察机关不具有维护当事人一方之利益的法律地位，相反，律师的使命和职责是保障国家法律的统一实施、正确实施，保障国家利益、社会公共利益不受侵犯。因此相比于律师，检察官的职业具有更多的社会责任，具有更宏大的视野，律师能否作为检察官遴选委员会的组成成员值得怀疑。同时也应当进一步考虑我国律师队伍的现实情况，尽管自 2001 年全国施行统一司法考试制度以来，我国一直在努力建立包括律师队伍在内的统一的法律职业群体，但就目前的实际情况看，此种统一的法律职业群体之建立还需要漫长的过程。学者提出的可以作为检察官遴选委员会组成人员的法官而言，其也具有和检察官不一样的属性和定位。作为中立的第三者，法官在解决当事人的争议过程中，应当保持中立地位、消极地位，尽管在我国现行的民事诉讼制度中，赋予法官以保障国家利益、社会公共利益的职能，但从实际情况来看，在没有当事人、利害关系人提出相关信

---

① 陈业宏、唐鸣：《中外司法制度比较》，商务印书馆 2000 年版，第 134 页。

② 宣章良、陈晓东：《检察官遴选制度研究》，载《国家检察官学院学报》2006 年第 3 期。

息的情况下，法官或者法院的公共利益维护职能发挥得并不理想。与法官不同，检察官承担着维护国家利益、社会公共利益的职能，担负着保障国家法律统一实施、正确实施的历史使命，在其职能实现的过程中，表现出更多的主动性、能动性、积极性，也必须表现出更多的倾向性。虽然有很多学者提出在办理诉讼案件的过程中，检察官还应同时承担客观义务，即同时收集或者审查对自己观点有利的证据，还要收集审查对自己观点不利的证据。[①] 必须看到，检察机关承担的这样的客观义务，与法官履行其职责必须秉承的独立、中立、消极有重大的区别。还必须看到，有部分学者不仅不强调检察官的客观性，反而强调要以当事人的地位设计和处理办理诉讼案件的检察官的诉讼地位。[②] 另外，尽管有很多学者提出在公检法三机关中，法官的素质是最高、最好的，不过在笔者看来这样的观点具有缺乏实证基础的自我论证之特点，其实，就著者个人的体会和经验看，检察官的素质，特别是职业素养方面的素质总体上高于法官，不仅从表面和实证上表现为受到违纪处分以及司法惩处的法官居多，而鲜见检察官。基于以上分析，我们认为法官也不适合作为检察官遴选委员会的成员。

学者建议以人民代表大会的代表作为检察官遴选委员会成员的基本理由是我国《宪法》规定的检察机关由人民代表大会产生并向它负责，在我们看来，以人民代表大会的代表作为检察官遴选委员会的成员，是形而上学地理解《宪法》规定，或者在一定意义上是曲解了《宪法》的规定。《宪法》规定检察机关向人民代表大会负责，从而间接或者在最根本意义上对人民负责，代表并反映人民的意志。体现、表达或者反映全体人民意志的只能是各级人民代表大会的全体代表，在县级人民代表大会，全体人民代表大会的代表直接反映所在辖区的全体人民的意志，县级以上的人民代表大会之代表间接地反映、表达所在辖区的全体人民的意志。某一个或者

---

① 关于检察官的客观义务之论述，可以参见汤维建：《论民事诉讼中检察官的客观义务》，载《国家检察官学院学报》2009 年第 1 期；胡常龙：《证据法学视域中的检察官客观义务》，载《政法论坛》2009 年第 2 期。

② 郝银钟、王春、宋伟：《检察官当事人化的实现》，载《中国律师》1999 年第 12 期。

某几个具体的代表人在任何意义上都不能视为全体人民或者所在辖区的全体人民的代表。事实上，许多个体代表并不是积极地依其身份了解选举其作为代表的人民的心声，反而以其身份作为谋取个人利益的手段。另外，我国现行的人民代表大会的代表选举制度，还有进一步实质化的空间，即使在实质化、充实化之背景下，人民代表大会的代表来自各个层次，并不是所有的人民代表大会代表均了解检察官职业，并不是所有的人民代表大会代表均可以胜任遴选检察官的职能。基于以上考虑我们认为，不宜以人民代表大会代表作为检察官遴选委员会委员。

综上我们认为，可以在《人民检察院组织法》修改时直接规定，初任检察官的遴选由各级检察院检察官遴选委员会负责，并由各级人民检察院检察长批准。检察官遴选委员会由资深检察官、法学专家组成。

（二）检察官的离职

关于检察官的离职，《人民检察院组织法》规定检察官任职的同时也规定了检察官免职的情形，不过其对检察官免职的规定更多地基于检察官在正常履职过程中出现了特定问题，不得不退出检察官行列的情形，当然也可以涉及检察官退职情况下的免职。不过，《人民检察院组织法》并没有详细规定检察官退职或者离职的具体条件，这不能不说是现行《人民检察院组织法》的一个缺憾。《检察官法》第45条虽涉及检察官退休的规定，但是未进一步具体规定，仅指出检察官的退休年龄，应根据检察工作的特点，由国家另行规定。实践中通常的做法是检察官于50岁左右离岗，不再办理相关的检察业务。① 其实，50岁左右正是检察官年富力强、经验丰富、处事稳重的时期，恰恰是从事检察业务的黄金时期或者最佳时期。"一个成熟的检察官不仅要具备良好的法律素养，还要具备成熟的分析决策问题的能

---

① 离岗和退休的重要区别是，退休是检察官已经到了法定的退休年龄，不再与原检察机关有人事上的联系，在社会保障制度健全的情况下，其也是从社会保障部门领取社会保障金，而不是在检察机关领取薪水。而离岗是指检察官还没有到法定的退休年龄，只是不再在特定的工作岗位工作。不过，其仍享有在职检察官的所有待遇，包括正常的薪水领取，检察院还要为其留有办公场所，与未离岗的其他检察官的区别是其不再从事检察工作，并有相当多的自由可以支配自己的生活。实践中很多离岗的检察官选择闲赋在家，享受清闲时光。

力，而这些能力非经时间的磨炼和考验是不能形成的。50 岁左右正是思想成熟、经验丰富，法律素养达到一定程度的黄金年龄，以行政干部管理的思维让检察官退休是不适当的，势必造成检察官这一宝贵社会资源的极大浪费，不利于国家法制的建设。"① 尽管检察官和法官具有不同的职能定位、具有不同的工作环境，但是在其准入方面，在其均需要相当多的法律方面的专业知识方面，两者是共同的。为此，必须在检察官的离职方面采取和法官一致的做法。当然，目前各地检察官和法官的离职情况基本一致，不过此种一致表现出来的是法律职业者不正常的离职现象。② 应当看到，已经有相当数量的人民代表大会代表不仅看到了此种不正常的情况，也在积极呼吁立法机关制定相关的法律，确立与检察工作相适应的退休制度、离职制度。尽管他们在具体的检察官退休年龄的建议方面存在差别，③ 但一致的观点是不应当以对待行政工作人员的做法对待检察官，不能要检察官提前离岗。④

我们认为，检察官离职制度最理想的应当是建立分级离职制，即规定不同职级的检察官的不同退休年龄，职级越高退休年龄也越高，但即使最

① 王爱民等：《检察官应当何时退休》，载《检察日报》2005 年 1 月 10 日。

② 赵信会：《不应像管公务员那样管法官》，载《南方周末》2009 年 11 月 19 日，B07 版。

③ 覃刚认为检察官的退休年龄应采取分级退休制，而不应采取到了某个年龄一律退休的一刀切。检察官和法官、医师等职业一样有其特殊性，阅历和知识的积累很重要，经验和威望在其工作能力和工作效果方面起着很重要的作用。现行的退休年龄对检察官等特殊职业来说显得极不科学，岁 50 至 60 岁正是这些特殊职业的人员发挥最佳效能的年龄，要他们这个时候退休是极大的人才资源浪费。所以，检察官的退休年龄应该参照国家对领导干部退休的有关制度，实行按级别分档次划定不同的退休年龄，对四级高级检察官以下（不含本级）的检察官，退休年龄定在 60 岁，四级高级检察官和三级高级检察官退休年龄定在 65 岁，二级高级检察官以上应为终身制。参见王爱民等：《检察官应当何时退休》，载《检察日报》2005 年 1 月 10 日。武桂生认为检察官的退休制度，在国家尚未出台另行规定之前，应按照《国家公务员暂行条例》第 78 条对国家公务员的退休制度的规定执行，即：男年满 60 周岁，女年满 55 周岁。参见王爱民等：《检察官应当何时退休》，载《检察日报》2005 年 1 月 10 日。

④ 王松苗、庄永廉、王丽丽：《不得要求检察官提前离岗》，载《检察日报》2007 年 8 月 30 日，第 1 版。

低职级的检察官也不应当提前离岗。同时，检察官的退休年龄总体应当高于公务员的退休年龄，以体现检察工作的特殊性和检察官职业的特殊性。域外一般也是采取这样的做法的，例如日本，基于检察官职业的特殊要求，日本法律规定检察官与国家公务员在退休年龄上有所区别，即国家公务员退休年龄为 60 岁，而检察官的退休年龄为 63 岁。① 现实条件下，可以参照《国家公务员暂行条例》的规定执行。不过，《人民检察院组织法》修改的过程中，并非无可作为，具体的做法是于《人民检察院组织法》中明确规定，检察官的退休年龄，由国家根据检察工作的特点，另行制定法律规定，但任何单位不得强制检察官于退休前离岗。

四、检察院的内部机构设置

（一）现行的人民检察院内设机构设置的现状及问题

现行《人民检察院组织法》第 20 条规定：最高人民检察院根据需要，设立若干检察厅和其他业务机构。地方各级人民检察院可以分别设立相应的检察处、科和其他业务机构。1986 年修订的现行《人民检察院组织法》关于人民检察院内部机构设置的规定，直接承继了 1983 年修订的《人民检察院组织法》的内容，并是在以往探索的基础上确立起来的。2000 年，最高人民检察院根据现行《人民检察院组织法》的规定，根据检察事业发展的实际情况进行并完成了内部机构改革。其设置的业务机构设有侦查监督厅、公诉厅、反贪污贿赂总局、渎职侵权检察厅、控告检察厅、刑事申诉检察厅、监所检察厅、民事行政检察厅、铁路运输检察厅、法律政策研究室、职务犯罪预防厅 11 个部门，包括厅、局、室；综合管理机构设有办公厅、政治部、纪检监察局、外事局、计划财务装备局、机关党委、离退休干部局 7 个厅、局（机关服务中心已经改制为事业单位）；共计 18 个职能部门。2001 年至 2002 年，省一级人民检察院先后进行了内部机构设置改革，其职能部门总体上同最高人民检察院的职能部门对应，大部分省一级

---

① 彭东：《日本的检察机构和检察官》，载《人民检察》1996 年第 2 期。

人民检察院的职能部门为 15 个至 18 个。2001 年，中央同时批准通过了《地方各级人民检察院机构改革的意见》，此意见规定，地方人民检察院，特别是地县两级人民检察院结合当地经济发展水平，结合当地检察事业的发展水平，根据实际情况，自行分类设定内部机构，不搞一刀切。

此种机构设置增加了各级、各地检察机关的自主权和自由裁量权，其目的是使人民检察院的内部机构设置能够因应实际情况，更好地促进检察事业的发展。不过此种内部机构设置导致的结果是人民检察院内部机构设置不统一，并缺乏有效的规范，出现了比较大的随意性。"这一规定把内部机构设置的灵活性置于规范性之上，方便了执行，却损失了必要的统一性，导致了后来各级检察机关内部机构设置的不稳定和不规范。"① 综合学者们的理解，可以把目前人民检察院的此种比较自由的内部机构设置制度存在的现实问题概括为以下几个方面：

其一，内部机构设置没有统一的数量标准。当前，人民检察院内部机构设置比较混乱，在具体设置上存在非常大的随意性，设置的具体数量也有比较大的差别。同一级别的不同地方的人民检察院，有的设置有 20 多个内部机构，有的设置 30 多个内部机构。在基层人民检察院中，检察机构内部设置的差别性最大，有的设置十多个科，有的只有少数几个科，即使同一个地区，检察机关的内设机构也不大相同。同样是属于某一个省、自治区、直辖市的基层检察院，有的设有单独的预防科，有的则把预防放在职务犯罪侦查科内部，作为职务犯罪侦查科的一个组成部分，或者直接把其划分为职务犯罪侦查科的工作内容；有的基层人民检察院设有研究室，有的则把检察院的理论研究工作放在办公室；有的基层人民检察院把检委会办公室设在研究室，有的则将其设在办公室，有的独立设置一个检委会办公室。

其二，内部机构的职责分割及命名标准不统一。如果说人民检察院内设组织机构的第一项缺点主要是在各地检察院内设机构的设置上，特别是同级不同地方的人民检察院内设机构的比较之维度的话，则人民检察院内

---

① 谢鹏程：《论检察机关内部机构的设置》，载《人民检察》2003 年第 3 期。

设机构的职责分割及命名标准则侧重某一个具体的人民检察院内部，不具有比较的视野，仅具有个案分析、实证分析的视野。考察或者调研各地、各级人民检察院的内部机构设置，可以发现，每一个人民检察院的内部机构设置，都并非是按照一个标准进行划分的，相反是以不同的标准划分或者设置的。例如，有依据检察机关参加诉讼的阶段划分的情况，此主要体现在办理刑事案件的内设机构，在一般的基层人民检察院主要有侦查监督科、公诉科；有些是以工作职能为标准设置内部机构或者划分内部机构的权限的，在一般的基层人民检察院主要有民事行政检察科、监所检察科；有些是以工作对象为标准设置内设机构或者划分内设机构的权限，在基层人民检察院主要有反贪污贿赂局和反渎职侵权局。此种情况造成的结果即是职能不清，有时又是职能重叠，严重影响人民检察院法律监督职能的发挥。"各内设机构的职责相互不能有效衔接，职责界限也不很清晰，直接影响了检察职能的发挥，甚至使法律赋予检察机关的某些职权没有机构行使。如《人民警察法》明确规定，人民警察履行职责的活动受人民检察院监督，即法律赋予检察机关对人民警察的执法活动进行监督的职权，但是由于检察机关的内设机构中只有侦查监督部门，因而对人民警察在侦查以外的执法活动，就没有机构履行监督职责。"① 其职能上的重叠表现在侦查监督部门和公诉部门之间的关系，事实上不仅侦查监督部门行使侦查监督权，公诉部门在审查起诉阶段以其实际审查起诉行为对侦查机关的侦查行为也进行实实在在的监督，表现出较为严重的职能重叠。"将两个同属刑事检察工作的业务部门分别取名为侦查监督和公诉，其实公诉科对侦查工作也进行监督，公诉科的审判监督职能亦不能在名称上有所体现。"②

其三，各内设机构的设置在称谓上极其混杂，同时很多机构的设置存在名实不符的情况。人民检察院内部设置称谓非常多，例如有的称为处，如在基层人民检察院，负责政工工作的被称为处；有的称为科，例如公诉

---

① 向泽选：《检察机关的机构设置与检察权配置》，载《河南社会科学》2012年第 5 期。

② 李雅新、杨文利：《基层检察院内部机构串通设置存在的问题及成因》，载《中国检察官》2011 年第 11 期。

科、侦查监督科、民事行政检察监督科等；有的称为中心，如举报中心、案管中心；有的称为局，例如基层人民检察院中的反贪污贿赂局和反渎职侵权局；有的称为室，如法律政策研究室和纪检监察室、办公室等。这种情况使得人民检察院内部机构的设置表现出一种独具中国特色的乱象，处在此种系统之外的人，很难理解何以有如此多的不同称谓，这些不同的称谓之间有什么样的内在意蕴。人民检察院内部机构设置的名实不符则表现在其称为"局"、"处"的部门并不具有局、处一般的级别和权力，也没有与此相应的地位和待遇。

其四，人民检察院内设机构的设置没有考量各级人民检察院在职能上的一致与差别。应当说，人民检察院在承担法律监督职能，保障法律的统一、正确实施方面有一致、共同的目标，这也是人民检察院在检察工作的开展中采检察一体化原则和检察长负责原则的重要原因，必须坚持人民检察院系统内的上命下从，必须坚持人民检察院工作管理中的检察长负责制。

不过必须注意，各级人民检察院在具体职能的享有方面仍然有一定的差异，此种差异主要是因为不同级别的人民检察院在检察系统中所处的地位不同造成的。高级别的人民检察院，特别是省级以上的人民检察院同时负有领导下级人民检察院工作的职能，其更多地具有把握、理解法律的真正含义，并在法律没有明确规定的情况下，依照法律规定的精神，确保法律的执行。当然，上级人民检察院对下级人民检察院的领导是全方位的，不仅包括法律适用方面的问题，还包括具体的工作协调、分派，包括组织人事领导等。① 而级别较低的人民检察院更多地侧重具体事务的办理，强调具体事务中的明确规定的法律之实施，特别是基层人民检察院更多地承担的具体事务、个别事务的办理。这样各个不同级别的人民检察院在内部机构设置上就可能没有必要严格坚持上下对应的原则，事实也不能完全坚持上下对应的原则。如果人为地坚持这样的形式原则，可能造成的后果就是内设机构职能的虚化。例如，省级以上的人民检察院，甚至省级人民检

---

① 向泽选：《检察机关的机构设置与检察权配置》，载《河南社会科学》2012 年第 5 期。

察院的派出检察院践行其对下级人民检察院的领导功能，应当，而且也必须设置法律政策研究室，在一定意义上说，法律政策研究室在省级以上的人民检察院，特别是最高人民检察院应当具有重要地位，应承担高级别的人民检察院的主要工作。而在基层人民检察院则不具有在总体上把握法律的真实含义、内在含义的职责，其基本的职责是办理具体的检察事务，并通过具体检察事务的办理维护法律的权威、保障法律的正确实施。所以，在低级别的人民检察院，特别是基层人民检察院应当侧重具体检察事务的内设机构，如公诉科、侦查监督科、反贪污贿赂局等，也有必要设置专门的、协调各检察事务办理部门的案件管理中心。

（二）域外检察机关内设机构设置的情况

域外检察机关内设机构的设置，由于各国的政治、经济、文化条件不同，各国法律制度之间存在的差异等原因，检察机关内设机构的设置方面也存在一定的差异，有学者将域外检察机关内设机构设置的模式概括为两种模式，现介绍如下：

第一，检察长加检察官模式。此种模式主要体现在西班牙以及主要的普通法系国家，如英国等。在西班牙，最高法院的检察机关在国家总检察长的直接领导下，由一名副检察长和在编的若干检察官组成。全国高等法院以及各地区民事法庭和省刑事法庭的检察机关都有一名检察长和一名副检察长以及若干检察人员。宪法法院的检察机关由国家总检察长领导，由一名法庭检察官和在编的若干检察官组成。协助国家总检察长工作的机构有检察委员会、法庭检察委员会、监察处和技术秘书处。[①] 此种模式的基本特点是没有明确的内设机构，主要采取的是检察官个人对具体事务的负责，强调较多的是检察官工作的独立性。检察长对检察官的领导主要体现在检察长对检察官的考核、对检察官工作任务的指派等方面。例如在英国，检察长可以在各个区域指派一名检察官，该检察官为此区首席检察官；检

---

① 王克：《世界各国检察院组织法选编》，中国社会科学出版社1994年版，第392～396页，转引自谢鹏程：《检察机关的内部机构设置》，载《人民检察》2003年第3期。

察长可以随时任命具备一定资格的人担任检察官并代表检察院起诉。① 我们这里将此种比较强调检察官个人独立的模式概括为原子式检察机关内设机构模式。

第二，在检察长和检察官之间还有检察机关的内部组织部门，作为连接检察长和检察官的中间环节，谢鹏程教授称之为多部门模式。主要存在于一般大陆法系国家和地区。其内部部门的设立又有两个标准，其一，检察机关内部部门的设立是按照案件的性质进行的，即承担不同检察事务的检察官为同一个部门管理，此种设置中最有代表性的就是日本。在日本检察体系中的最高检察厅中设有两大部门，一是综合管理机构，有总务部和事务局；一是业务机构，最高检察厅以及东京高等检察厅的业务机构包括刑事部、公安部和公判部。地方检察厅由于交通事务增多，所以一般设有交通部，在个别较大的地方检察厅还设有特别侦查厅。② 其二，依照职能在检察机关内部设置不同的内设机构，或者换句话说，此种设置中，检察机关的不同的内设组织扮演不同角色，具有不同的职能。比较多地存在于社会主义国家，其中最有代表性的是俄罗斯。俄罗斯虽然在司法制度以及检察制度方面进行了大幅度的改革，但其检察制度还是比较多地受到了苏联的影响。在俄罗斯，检察机关并非如西方国家一样是行政机关，而是一种特殊的机关，被称为国家的护法机关。其设置更加注重各个内设机构承担的不同的检察职能。在俄罗斯，检察机关的内设机构总体上也分为两大部门，即综合管理机构和业务机构，只不过在此种体制下，各种职能划分比较细、比较具体，因此检察机关的内部组织机构相对也比较多。例如俄罗斯总检察院的内设机构有侦查局、法律和规范性文件执行情况监督局、犯罪侦查监督局、法院刑事判决法律监督局、刑罚执行情况法律监督局、保证检察官参与调解程序局、运输和海关机构执行法律情况监督局、联邦安全机关执行法律情况监督局、国际法律局、青年和未成年人事务局、第二局、总检察

---

① 谢鹏程：《检察机关的内部机构设置》，载《人民检察》2003 年第 3 期。
② 谢鹏程：《检察机关的内部机构设置》，载《人民检察》2003 年第 3 期。

长重大案件侦查监督处、为政治镇压受害者平反处、犯罪侦查处、信访处、接待处、一处、民防事务、非常局势和安全事务处 19 个局、处。

两种设计模式各有其优劣，原子式内部机构设置模式比较多地重视检察官职能的发挥，在检察事务的办理中具有非常大的灵活性。在此设置模式下，不仅更加注重于检察官的独立以及检察官的个人责任制，同时也不会出现特定的检察事务不属于任何部门的情形，总体案件性质划分的检察机关内设机构具有非常大的包容性，其有权处理的事项也具有非常大的弹性。而在按照职能不同设置内部机构的设置模式中，检察官也有其应有的独立性，在这些国家损害检察官独立性的事情也是不允许的，或者说将受到严厉的制裁。不过，相对于原子式的设置模式，在此种模式下，检察长与检察官之间还存在中间管理阶层，从而体现了比较明显的层级制。例如俄罗斯联邦总检察厅的各局、处设有高级检察官和检察官、高级刑事检察官和检察官，负责特别重大案件的高级侦查员、侦查员及其助理；联邦主体检察院的内设各局和处均设有负责特别重大案件的高级侦查员、侦查员、高级刑事检察官、刑事检察官，以及检察长特别任务助理。同时检察机关内部各组织机构职能的细化，可能导致的结果是内部职能机构或者职能部门设置上的形式化、僵硬化，特别是出现检察机关设置的部门无法因应社会发展出现的新问题时，可能的结果就是影响检察机关职能的发挥。①

（三）检察机关内部机构设置的制度修改

对检察机关内部机构设置的改革，许多学者从不同的角度提出了不同的修改原则，如谢鹏程教授认为改革检察机关内部机构设置制度必须坚持的原则包括内部制约原则、地县两级人民检察院内部设置因地制宜原则、

———————————

① 事实上，并不是部门设置得越细、越具体，越能够有利于部门功能的发挥，这一点在民事再审理由的设置上已经有所体现。2006 年《民事诉讼法》修改提出的目标是解决执行难和申诉难问题，为此在对再审理由的修改中，一改 1991 年《民事诉讼法》之再审理由概括化的立法模式，采取了细化再审理由的方式，并规定了 13 个具体事由和 2 个兜底条款。但法律修改后的实际情况是，此种再审理由的修改并不是使当事人、利害关系人申请再审更加容易，相反，再审理由的细化、具体化增加了再审的难度，提高了再审的门槛。

加强业务部门并精简非业务机构的原则、检察官相对独立原则、检察一体原则、全面履行法律监督职能原则;① 而冯中华先生则认为检察机关内部机构设置改革应坚持的原则有系统原则、适应原则、统一原则、精简原则、法定原则;② 向泽选博士虽然没有提出检察机关内设机构改革应坚持的原则,但初步提出了此种改革应该因循的切入点,即"检察职权块"。"要对检察机关内设机构进行改革,优化检察权的内部配置,就必须按照检察权中各项具体权能的属性、特征和运行要求,对检察权进行科学合理的分割,再把分割出的'检察职权块'状况与现行的内部机构设置状况进行对照比较,找到现行内部机构设置与分割出的'检察职权块'状况的差别,找到内设机构改革的切入点,并在完善内部机构设置的基础上,为内设机构配置好其应当行使的具体权能。"③

由于各学者或者实务部门中的人员对检察机关内设机构改革的切入点或者坚持的原则不同,因而在检察机关内设机构改革的具体方略上也有较大的差别。以检察职权块为基本切入点的向泽选博士认为,职务犯罪侦查与职务犯罪预防应当合并,因为其履行的是相同性质的法律监督权;审查批捕、侦查监督、提起公诉、审判监督应适当分离,因为其承担的法律监督职权略有不同;民事检察监督与行政检察监督可以适当分离,因为两者监督的对象有重大差别,检察权的行使方式也会有所不同。④ 冯中华先生则将检察机关的内设机构划分为廉政监督系统、刑事法律监督系统、民事经济行政法律监督系统、申诉监督系统、侦查监督系统、法律研究系统、办公系统、政治系统、财务装备系统。⑤

---

① 谢鹏程:《检察机关的内部机构设置》,载《人民检察》2003 年第 3 期。

② 冯中华:《科学设置检察机关内部机构的总体设想》,载《检察理论研究》1993 年第 2 期。

③ 向泽选:《检察机关的机构设置与检察权配置》,载《河南社会科学》2012 年第 5 期。

④ 向泽选:《检察机关的机构设置与检察权配置》,载《河南社会科学》2012 年第 5 期。

⑤ 冯中华:《科学设置检察内部机构的总体设想》,载《检察理论研究》1993 年第 2 期。

我们认为，检察机关内设机构改革或者设置内部机构首先必须考虑检察一体化原则之下的各级不同人民检察院的功能之细微差别，并采取因级制宜的原则。其次应当考虑检察机关内部可能存在的不同检察权行使对象，这些不同的对象使不同部门的检察权行使表现出不同的特点，也因此使不同的检察机关内部机构表现出不同的专业要求。可以在总体上说，向泽选博士提出的检察职权块应当作为检察机构内部设置的基本考量因素，并可以概括为考量检察事务实践的原则。最后，必须进一步注意，检察机关是依其具有专业性的检察官组成的检察队伍，依其专业性、业务性作为检察机关的立身之本。《宪法》赋予检察机关以法律监督机关的地位，必然要求检察机关在组成上、内部机构上必须体现检察机关法律监督权的特色。这一特色在检察机关内部机构设置上的要求就是强化业务机构、精简非业务机构的原则。基于以上指导思想，我们对检察机关的内部机构设置之改革提出以下几点建议：

其一，在省级以上的人民检察院内部机构的设置上，为体现其对下级人民检察院的领导，必须适当细化内部机构。结合检察职权的不同行使对象，我们可以将之概括为对职务犯罪活动侦查和预防的职务犯罪侦查与预防厅（处）、对刑事侦查活动进行监督的侦查监督厅（处）、专门负责提起公诉的公诉厅（处）、负责诉讼监督的刑事诉讼监督厅（处）、负责民事诉讼监督的民事检察监督厅（处）、负责行政诉讼检察监督的行政检察监督厅（处）、负责申诉案件处理的控告申诉厅（处）。必须在省级以上的人民检察院设置法律政策研究室，法律政策研究室的主要任务不是自行研究检察机关法律监督中的理论问题、实践问题，而是协调各部门领导具体的业务机构完成对专门的法律监督问题，特别是下级检察院提交并请示的法律监督之疑难理论问题、实践问题。除此以外，省级以上的人民检察院的法律政策研究室还应承担部门细化可能带来的僵化与形式化问题之克服的任务，换句话说，社会发展过程中出现的新问题、产生的新检察事务之指导以及为践行此指导必须进行的研究与探讨，同时应由省级以上检察院的法律政策研究室承担，更确切地说，省级以上的人民检察院的法律政策研究室还具有"不管部"的性质，即没有具体对应的检察部门的检察事务，均由法

律政策研究室承担。

就目前的立法实践看，一般的检察事务都是由地县级人民检察院办理的，对于这种地县人民检察院承担实际、具体检察事务的事项，省级以上的人民检察院可以较为纯粹地承担领导和指导任务。不过，仍有许多检察事务必须由省级以上的人民检察院，特别是省级人民检察院办理，这就是对于确定裁判的监督。目前对确定裁判的监督，特别是抗诉监督，三大诉讼法规定的都是提级抗的方法，这样必然使这些省级人民检察院的内设机构在较大程度上无法承担相应业务的领导工作，而是纠缠于具体检察事务的办理。为此，体现上下级人民检察院在法律监督职能实现中的不同功能或者不同任务，并使监督者与被监督者实现基本的平衡，建议同时在诉讼法的修改中改采同级抗的方法。在诉讼法已经修改完毕，近期不可能再行修改的情况下，我们认为省级以上的人民检察院可以从其自身应当践行的历史使命的角度，灵活理解和把握提级抗的规定。即省级以上的人民检察院应当在具体检察事务的办理方面较大程度地放权给派出人民检察院以及地县级人民检察院，对于派出人民检察院作出的决定一般不予审查，并直接向同级人民法院提出抗诉。在接受抗诉的人民法院自行再审的情况下，派提请抗诉的人民检察院的检察官出庭支持抗诉。此种情况不仅可以减轻省级以上人民检察院的工作负担，而且也可以在理论上作合理解释。在人民检察院系统，上下级之间的关系是领导与被领导的关系，并采取检察一体化原则，可以说在一定意义上，下级人民检察院或者下级人民检察院的检察官是上级人民检察院的代表。下级人民检察院的检察官代表上级人民检察院出庭支持抗诉，也不会产生级别逾越的问题。

其二，省级人民检察院的派出检察院以及地县级人民检察院可以采取大部门化的机构设置方法，特别是地县级人民检察院应当采取严格的大部门化的内部机构设置。即将人民检察院的内部机构整合为职务侦查与预防局、刑事事务局、民事行政事务局、协调各个业务部门工作的案件管理中心。其中应注意的问题有：一是由于刑事诉讼或者刑事案件的办理是地县人民检察院的传统功能，目前仍然是检察机关的重要工作内容，为此，地县级人民检察院的办理刑事检察事务的部门我们称之为刑事事务局，并在具体实践中可以采取级别高配的方法配置刑事事务局局长。在刑事事务局之内设具体的业务科，包括公诉科、侦查及诉讼监督科。这些科之间为刑事事务局统一协调，之间的合作将超过以往的情况，同时将原来的批捕、侦查监督、诉讼监督合成一个科，客观上也实现了相对集约的目的。二是在省级人民检察院的派出检察院以及地县级人民检察院可以适当弱化法律政策研究室，主要理由是地县级人民检察院的主要任务是具体检察事务的办理，虽然有可能面临法律没有明确规定或者其他情况下检察挑战问题，此时，其可以就遇到的检察理论问题以及实践问题请示上级人民检察院，没有必要单独设置专门从事疑难问题研究的法律政策研究室。三是成立民事行政事务局的主要原因是民事行政事务的监督内容在 2012 年《民事诉讼法》修改之背景下的内容更加丰富，民事行政检察监督在将来大有可为，最高人民检察院的领导也多次强调要求人民检察院积极参与民商事纠纷的解决，并以此种解决为契机积极参与社会治理。① 同时，民事行政事务局不仅应当处理与诉讼有关的民商事纠纷、行政纠纷，还应当积极进行非诉讼纠纷的化解，特别是基层检察院应在化解社会信访问题方面有所作为。四是省级人民检察院的派出检察院以及地县级人民检察院采取大部门化，并不是削弱上级人民检察院的领导。必须注意，各级人民检察院内设机构之间是否对应并不能最终决定上级人民检察院对下级人民检察院的领导力，并不能在最终意义上决定检察一体化原则的贯彻程度。决定上级人民检察院的领导力的不仅是上级人民检察院的级别和地位，更应当是上级人民检察院对法律精神、法治精神的更加准确的理解与把握，下级检察院的一个大部门对应上级人民检察院的多个细化的部门，这样一个形式化的问题并不能最终决定上级人民检察院的领导力。

---

① 最高人民检察院此种工作重心的转移与我国政治、经济、文化、社会事业的发展密不可分，传统社会中，商品经济、市场经济建设不发育，社会中民事纠纷的化解在整个社会治理中并不具有重要性，相反刑事案件的处理，特别是对犯罪分子的打击成为社会治理的重中之重。但在市场经济已经较为充分发育的情况下，化解民商事纠纷在社会治理中已经处于非常重要的地位了，此种变化也可以从最高人民检察院历任检察长的讲话中得到概括。

其三，必须切实简化综合管理机构。目前很多人民检察院的综合管理机构非常多，也非常庞大，此种情况不符合人民检察院以其业务、专业践行法律监督职能的实际情势，为此必须切实简化综合管理机构。我们建议，可以将装备处（科）实际并入办公室，将技术部门并入相应的业务机构。考虑到目前的技术部门的业务主要涉及刑事案件或者刑事事务的办理，特别是职务犯罪的侦查活动，因此可以将技术部门并入职务犯罪侦查与预防局。也可以对装备处的工作人员采取灵活的管理方法、灵活的录用方法，以体现后勤服务人员与专门的业务人员之间的区别。

第四章

人民检察院组织法
修改中的检察委员会

检察委员会制度是我国《人民检察院组织法》中的重要内容，《人民检察院组织法》第 3 条第 2 款规定，各级人民检察院设立检察委员会。检察委员会实行民主集中制，在检察长的主持下，讨论决定重大案件和其他重大问题。如果检察长在重大问题上不同意多数人的决定，可以报请本级人民代表大会常务委员会决定。人民检察院检察委员会制度，尽管有许多改革，但仍然有观点认为检察委员会采取间接审理检察事务的方式，此种方式不仅限制了检察官的个体积极性，违反了事务办理之直接原则、言词原则的要求，并坚持认为应当废除检察委员会制度。① 另外的质疑观点则是从强化检察官独立行使的角度批判检察委员会，认为检察委员会制度过

---

① 转引自张智辉、杨诚编：《检察官作用与准则比较研究》，中国检察出版社 2002 年版，第 423 页。

分强调民主决策，过分强调决策中的民主集中制，可能在一定程度上扼杀个体检察官独立从事检察事务办理的积极性。① 为此，必须探讨检察委员会制度的合理性，探讨检察委员会制度的现实内容以及现实优越性，并在看到此种优越性的基础上，进一步探讨目前的检察委员会制度存在的问题以及解决问题的基本方向。

一、人民检察院检察委员会制度的正当性

在综合学者们的研究的基础上，我们认为，人民检察院检察委员会制度的合理性主要有以下几个方面：

1. 可以弥补个体检察官的知识之不足。这可以从以下几个方面予以把握，首先必须承认人的认识能力的有限性。人的认识能力的有限性在纵向维度即人生发展的维度以及横向维度即人生空间的维度上，都表现出认识能力的有限性。人生纵向上的认识能力的有限性自不待言，生活在当今世界的我们很难对将来的世界作出准确的预测与判断，当然，这并不否认相当数量的专业人士以预测未来为专业，甚至形成了专门的预测学。更根本的是，我们无法对我们生活在其中的世界的全部内容予以认识，作为认识主体的我们对外部物质世界的认识只能是关于世界之知识的沧海一粟。尽管数字化、信息化、知识化的发展可以在一定程度上拓展认识主体的认识器官，但专门化、职业化、分工化又使我们的认识能力、认识范围受到比较多的限制。必须注意，马克思主义所强调的人的认识能力的至上性，并不是以个体人为单元的，而是以作为类的人类全体为单元的，必须从世世代代生活的人类之角度，必须从人类时代薪火相传、生生不息的角度理解之，而从单个个体的角度，人的认识能力是有限的，这也是马克思所谓的人的认识能力的有限性与无限性之间的矛盾及其放在历史视野、人类视野

---

① 转引自张智辉主编：《中国检察：自由裁量与人权保障》（第八卷），北京大学出版社 2005 年版，第 59 页。

之角度予以解决的方法。①

其次，在看到单个检察官专业知识或者单个检察官的个人素质已有较大提高之前提下，② 还必须看到单个检察官在知识方面存在缺陷。尽管必须通过司法资格考试的初任检察官任职要求，提高了检察官的准入门槛，但应当注意的是，当今的司法考试还有进一步提升其在职业准入门槛作用的空间。质言之，即是当今的司法考试制度还有待进一步完善。一方面，司法考试的内容还不尽合理、不尽科学，尚没有全面体现选拔全部优秀法律人才的目的，事实上统计表明，非法律专业的毕业生的司法考试通过率高于法律专业的毕业生，法律专业的本科生司法考试通过率高于法律硕士研究生的通过率，法律硕士研究生的司法考试通过率超过法学硕士研究生的通过率。③ 另一方面，与国外的司法考试分为两个阶段不同，我国的司法资格考试采取一元化的司法资格考试制度。换句话说，司法资格考试之后，学生没有具体的司法实践阶段，这样法科毕业生或者其他专业的毕业生进入检察系统以后，必然面临实际问题处理能力的短板或者欠缺。另外，知识学习的专业化常常与具体检察事务办理之间的复合性发生矛盾和冲突，即是说，社会发展的专业化带来的是立法以及检察事业的专业化，此种专业化必然要求检察人才必须术业有专攻，否则难以因应专业化的检察实践提出的挑战，同时具体案件或者具体的检察事务又可能涉及多个方面，如刑民交叉、实体与程序交错、民事与行政混合等，仅凭单个检察官一己之力难竟其功。而检察委员会采集体决策制，由具有不同专业知识的不同检

---

① 赵信会：《给错案追究制提个醒》，载《南方周末》1999 年 12 月 10 日。

② 2005 年全国检察官中具有大学本科以上学历的，从 12724 人增加到 77686 人；具有硕士研究生以上学历的，从 216 人增加到 4690 人。参见吴就：《中国法官检察官整体素质提高法官本科比例过半》，载《人民日报》2005 年 7 月 17 日。

③ 时任青岛大学法学院副院长的王国征教授在 2010 年 10 月召开的山东省法学会法学教育学会 2010 年年会上就青岛大学司法考试通过情况，做了以上介绍。当然，这种情况也可以解释为法学教育必须改革的原因，解释为当下的法学教育在较大程度上背离了法学职业的需要，表现为法学教育与法律职业的背离。不过仍然需要进一步考虑的是多少受过法学教育的人，事实上的法学素养必然一定程度上超过没有接受过法学教育的人，但司法考试通过的实际情况，并没有显示出这样的实际情况。

察委员参加，可以弥补单个检察官知识的不足。

再次，单个检察官的检察事务办理过程或者决定制作过程同时也是一个认识过程，研究表明，检察官以及其他认识主体的决定制作并不是一种完全由理性支配的理性过程，相反具有非常大的非理性。"在某些特殊情况下，人之所以不能作出客观的、正确的决定，恰恰不是因为他们是理性的、是精于算计的，恰恰是因为他们是非理性的。这种非理性来自于人之作为人的人性弱点，这样的人性弱点不是表现为自身的自益性，更重要的表现为人作为认识主体所具有的认知信息加工倾向，这样的认知偏向有可能导致认知主体完全或一定程度地偏离理性轨道。"① 这样的非理性认知倾向也存在于检察官检察事务的办理过程中，检察官一旦就某些检察事项形成了一定的认识结论，往往在认知心理上采取一定的维持既有结论的做法，这些做法我们概括为倾向于证实的偏见、信念的维持、对认识不一致的排斥。

检察委员会成员不仅来自不同的业务部门，在专业上各有所长，而且现行的检察委员会制度在运行中，是由办理具体检察事务的检察官先行汇报，检察委员会委员对于具体检察事务的处理并没有先入为主的偏见，所以证实的偏见、信念维持的偏见、对认识不一致的偏见等出现的可能性较小，能够在一定程度上矫正个体检察官的非理性认知行为。

2. 可以在一定程度上保障检察机关依法独立行使检察权。《宪法》以及《人民检察院组织法》均规定，人民检察院是国家的法律监督机关，可以依法独立行使法律监督权。不过，检察机关在检察权的行使过程中仍受到来自不同方面的程度不同的影响或者制约。

这种影响首先来自立法机关以及党政团体的影响，《宪法》以及《人民检察院组织法》虽然规定人民检察院依法行使检察权不受行政机关、社会团体和个人的干涉，暗含的意味就是执政党可以对之进行监督、立法机关必须对之监督，此种监督集中体现在组织领导方面。按照现行的《人民检察院组织法》的规定，地方各级人民检察院的检察长由上级人民检察院

---

① 赵信会、郭鲁生：《民事抗诉中的认知偏见及检察约束机制》，载《法学杂志》2010 年第 3 期。

检察长提名并由上级人民代表大会常务委员会批准，副检察长、检察委员会委员由检察长提名并由同级人民代表大会常务委员会批准。实践中的实际运行是对于地方各级人民检察院的检察长，同级党委也予以提名或者建议提名，对于副检察长、检察委员会委员的提名或者建议提名就更为常见了。执政党党委通过检察长、副检察长、检察委员会委员的提名或者建议提名，较为直接地体现执政党对检察机关的直接的组织领导。其次，执政党还通过领导立法机关的常务委员会实现对检察机关的组织领导。当然，党对检察机关的领导是全面的，除组织领导以外，还有工作方向的总体指导、意识形态的领导等。

依照《宪法》和《人民检察院组织法》，人民检察院的法律监督行为必须独立于行政机关，但事实上行政机关可以通过直接或者间接的方式制约检察机关的法律监督权，不仅行政机关的负责人同时作为执政党的重要负责人，可以直接通过执政党党委对检察机关的组织、思想、工作动态等予以影响，而且行政机关还可以直接通过经费核定与拨付的方式约束检察机关的法律监督行为，对检察权的行使施加影响。在财政管理上，我国检察机关的财政由同级政府财政部门管理，每年年初由检察院向同级人民政府财政部门申报本院财政预算，同级人民政府根据预算和当地的实际情况拨付检察人员经费，经费开支情况由同级人民政府设立的会计核算中心监督。[①]

应当看到，实践中对人民检察院独立行使检察权的影响或者制约不仅来自以上机关，还有在特定机关或者特定团体中具有一定地位或者具有一定权威的个人，这些人习惯上或者在潜意识中将检察院作为受制于地方政府的一个部门。如果说以上机关或者团体主要通过组织、思想或者经费等影响检察权的行使的话，则这些机关或者团体中的个人则往往直接采用打招呼、批条子、下指示等方式，赤裸裸地干预检察机关具体检察事务的办理。"地方政府机关由于传统观念的影响，习惯于把检察院看成是受制于地

---

① 王建荣、刘志锋：《中荷两国检察委员会制度的比较与启示》，载《人民检察》2010 年第 15 期。

方政府的一个部门。打招呼、批条子的现象还较为普遍。"①

检察委员会制度是民主集中制原则在检察工作中的具体体现，其本身也按照民主集中制原则运行，检察委员会决策中总体上采一人一票的方法，一般情况下以多数人的意见作为检察委员会委员的意见，并最后作为检察院的最后意见。此种情况下，任何一个检察委员会成员都可以多数人作出决定，个人无法以左右其他的检察委员会委员为理由对抗或者抵抗外部压力。"因为检察委员会实行一人一票的民主集中制，所以，任何一个检察官受到压力都可以以自己个人无法决策为由来推脱地方政府的行政压力。重大、疑难、复杂个案的最终决定权掌握在检察委员会，个案的承办检察官显然因此得以缓解直接面对外部干预的压力。可见，具有较高行政级别的、较高业务素质的检察官群体组成的检察委员会显然能更有效地抵抗外部干预。"② 在抵抗外部压力、保障单个检察官不受外部影响或者制约地工作方面，检察委员会与审判委员会有相似或者相同的功能，此种功能也是学者积极为我国的审判制度辩护的重要理由。实证研究也证明，检察委员会在消解外部压力、保障检察机关独立行使法律监督权方面发挥了积极的作用。"从实践看，检察委员会多年的运行经验表明，在当前司法大众化、行政化、地方化的制约下，检察委员会作为一个人数众多的决策群体，对于缓解行政干预和不正当影响，弥补个体检察官专业素质与司法经验的不足与缺陷，统一国家刑事政策的实施标准，确实起到了无可替代的作用。"③

3. 检察委员会制度在其实际的运作过程中不仅表现为一种民主决策机制，同时表现为一种检察权的自我约束机制。检察权作为一种监督权，具有监督其他权力行使的工作内容，但理论和实践中的担心常常是谁来监督监督者。我们不能从这样的循环论证中探寻检察机关法律监督权理性行使的制度设计，唯有以其他的方式实现检察权的理性行使。为此，本书将专

---

① 唐莹玲、谢小剑：《检察委员会制度的成因解析》，载《学术论坛》2012 年第 1 期。

② 唐莹玲、谢小剑：《检察委员会制度的成因解析》，载《学术论坛》2012 年第 1 期。

③ 姚建才：《论检察委员会的民主决策》，载《人民检察》2010 年第 5 期。

章论证检察机关之检察权的谦抑原则，这里需要说明的是，检察委员会制度恰恰是检察机关的一种自我约束机制，是实现检察谦抑原则的重要手段。

有学者在研究检察机关的约束机制时认为检察机关事实上存在双向约束机制，此种双向约束机制在纵向上表现为上级检察机关对下级检察机关的垂直领导，体现了检察一体化原则；在横向或者检察机关的内部则主要表现为同一职能部门中的集体讨论以及不同职能部门之间的平行制约。当然，学者提出的双向制约不是指纵向与横向两个方向的制约，而是制约与被制约之间的相互、双向的制约关系。同一职能部门中的集体讨论在传统的检察事务中即是每个"重点环节作出处理意见时，都必须经过该职能部门集体讨论决定。每位参与者讨论意见均予以书面记录，并对本人意见承担责任。这种流程设计实质上是在执法部门内部有效形成了部门制约个人、个人制约部门的双向制约机制"。① 不同部门之间的双向制约则是指办理同一检察事务的不同环节的具体职能部门之间的相互制约，下游环节职能部门对上游环节予以监督，上游环节也对下游环节予以制约。不过，学者没有将检察委员会作为检察机关检察权行使的内部制约机制，因此可以说在研究视野或者研究内容方面仍有一定的缺憾。

我们认为，作为一种民主决策部门，检察委员会不仅对办理具体检察事务的检察官或者办理具体检察事务的职能部门是一种监督或者约束，同时也是对检察长决策的一种约束。尽管目前检察机关在运行中采取检察一体化原则和检察长负责原则，检察长也可以在检察委员讨论的情况下搁置讨论，也可以提出不同的意见，并使检察委员会的意见最终无法实施，但是客观上检察委员会的决定在最终意义上还是对检察长有一定的约束。

二、我国检察委员会制度的具体内容及其分析

（一）我国检察委员会制度的具体内容

目前关于我国检察委员会制度的基本法律规范除《人民检察院组织法》

---

① 高一飞：《检察机关内部双向制约机制的价值及局限》，载《人民检察》2010年第9期。

中关于检察委员会委员任免的规定外，其他规范我国检察委员会制度的法律文件主要有：1995 年 11 月 15 日最高人民检察院第八届检察委员会第四十三次会议通过、1998 年 11 月 4 日最高人民检察院第九届检察委员会第十六次会议修订的《检察委员会议事规则》（以下简称《议事规则》）；1980 年 2 月 21 日最高人民检察院检察委员会第一次会议通过、2008 年 2 月 2 日最高人民检察院第十届检察委员会第九十一次会议修订的《人民检察院检察委员会组织条例》（以下简称《条例》）。根据以上法律文件可以将我国检察委员会制度的具体内容概括为如下方面：

1. 检察委员会的组成及其组成人员名额

《人民检察院组织法》第 21 条至第 24 条规定了人民检察院检察委员会委员的任免方法，同时《条例》第 6 条也规定了检察委员会委员的产生。此外，《条例》重点规定的是检察委员会的组成人员以及配额，其第 2 条规定：各级人民检察院检察委员会由本院检察长、副检察长、检察委员会专职委员以及有关内设机构负责人组成。在具体组成人员数额方面，《条例》对各级人民检察院的检察委员会规定了不同的配额，从最多的最高人民检察院委员 17 至 25 人的数额，到基层人民检察院的 7 至 15 人的配额要求。

2. 检察委员会的职责

在规定检察委员会的职责方面，《条例》和《议事规则》采取了不同的方法。在我们看来，《条例》采取了概括加列举的方法，其概括的内容不仅包括作为兜底条款的第 4 条第 8 项，而且还体现在其第 4 条第 1 款的直接规定中，据此，人民检察院检察委员会的职责即是讨论决定重大案件及其他重大问题。《议事规则》主要采取了列举的方式，并直接将检察委员会的任务概括为 9 个方面。在检察委员会的职责方面，《条例》和《议事规则》列举的具体内容也有所不同，相比《议事规则》，可以说《条例》的规定更加科学、全面，例如《条例》第 4 条第 4 项规定：最高人民检察院检察委员会审议、通过检察工作中具体应用法律问题的解释以及有关检察工作的条例、规定、规则、办法等；省级以下人民检察院检察委员会审议、通过本地区检察业务、管理等规范性文件。该项实际上是规定检察委员会的法律解释权以及管理文件的制定权的，相对于《议事规则》，其有明显的优点。主要是：（1）比较科学地反映了各级检察机关在践行法律监督职能上的分工与差别。此种分工即是下级检察机关更多地是从事具体检察事务的办理，而上级检察机关主要的不是负责具体检察事务的办理，而是对下级检察工作的领导以及为践行此种领导职能必须对疑难的法律问题、社会问题的把握等。但遗憾的是，《议事规则》并没有考量到上下级检察机关的此种功能上的差别、分工的差别，而是一体地规定人民检察院检察委员会有抽象的规则制定权。其第 2 条第 4 项规定：检察委员会的任务是讨论、通过有关检察工作的条例、规定、规则、办法。相比之下，《条例》第 4 条第 4 项的规定就科学得多，并已经充分注意到了上下级检察机关在践行法律监督职能上的分工与差异，并将抽象规则的制定权赋予了省级以上人民检察院的检察委员会，换句话说，按照《条例》，省级人民检察院的派出检察院以及地县级人民检察院的检察委员会已经没有抽象的规则制定权了，其仅仅具有检察事务管理文件的制定权，其用语也是"省级以下人民检察院检察委员会审议、通过本地区检察业务、管理等规范性文件"。（2）整合了《议事规则》中的相关内容，实现了相关内容的合并。例如《议事规则》第 2 条第 3 项中应用法律的解释职责就为《条例》第 4 条第 4 项所吸收，从而避免了规范性文件内容的重复。

3. 检察委员会委员的职责

在规定检察委员会委员职责方面，《议事规则》和《条例》也采取了不同的做法，其中《议事规则》主要采取分散规定的做法。其第 12 条主要是规定检察委员会委员的认真准备和出席义务，规定：检察委员会委员在接到会议通知和会议相关材料后，应当认真做好准备，准时出席会议。不能出席的，应当及时通知检察委员会秘书处，检察委员会秘书处应当及时向检察长报告。其第 14 条主要规定检察委员会委员的事务讨论及发表意见的责任，规定：出席会议的检察委员会委员对讨论的事项或案件应当充分发表意见。相对于《议事规则》规定的检察委员会委员的职责，《条例》对该问题的规定主要体现了以下几个方面的特点：（1）对检察委员会委员的职责予以系统规定，并集中体现在《条例》第 7 条中；（2）对检察委员会职责的规定不仅从检察委员会应当履行的义务或者应当承担的责任之角

度予以规定，同时体现了检察委员会委员之职权享有的特点。如《条例》第7条第2项规定：检察委员会委员可以经检察长批准向检察委员会提出议题或者提请复议。同时对检察委员会委员的表决及投票权也不能仅仅从检察委员会委员负担的义务之角度予以理解，其还包括检察委员享有的权力之内容；（3）对检察委员会委员的职责规定得更加全面。除前已提出的议题提出权以及提请复议权之外，还进一步规定了检验检察委员会委员应承担的保密义务、制度遵守义务以及受检察长指派对检察委员会决定事项落实情况的督查权等。

4. 检察委员会的工作程序

应当说，《议事规则》以及《条例》中都有检察委员会工作程序的规定或者内容，但相对于《议事规则》，《条例》关于检察委员会工作程序的规定更加全面。《议事规则》对检察委员会工作程序的规定主要有启动程序、主持程序、参加人员的比例要求、承办人员或者部门的汇报、表决等，《条例》在《议事规则》的基础上进一步增加了检察委员会委员的回避制度、下级人民检察院不同意上级人民检察院决定时的提请复议程序及其对复议申请的审查。另外还需看到，就《议事规则》已经规定的内容，《条例》也进一步予以丰富，使其更加科学、更具有可操作性。例如在规定检察委员会讨论问题的启动程序方面，《议事规则》规定必须由承办部门提出议案，报检察长、副检察长审阅，提请检察委员会讨论。此种规定一方面没有区分检察事务的性质差别，一体要求所有检察委员会工作程序的启动必须由承办部门提出议案，同时报检察长、副检察长审阅的含义不明确，① 在理解上可以理解为副检察长也可以直接启动检察委员会讨论程序，这种情况不符合检察长负责原则的规定。《条例》对之的修改是：检察委员会讨论的议题，由承办部门或者承办人员提出议题草案、书面报告，经分管副检察长同意并报检察长批准后，提交检察委员会审议。同样的情形还可以见之于检察长不同意检察委员会决定时的处理方法规定。《议事规则》规定

---

① 对于此种规定不能理解为先由检察长审阅，再由副检察长审阅，因为在层级制非常明显的检察体系中，不可能出现违反层级制规定的工作制度和工作方法。

的检察长不同意检察委员会决定的处理方法是由检察长启动再行讨论程序或者另行讨论程序，其第 15 条第 3 款规定：如果检察长在重大问题上不同意多数人的意见，可以再行审议或者按照有关法律规定处理。如果委员意见分歧较大，应当再行讨论。而《条例》直接体现《人民检察院组织法》的有关规定，丰富了检察长不同意检察委员会决定时的处理手段，即搁置论题或者报有关部门、机关决定。

5. 检察委员会办事机构

检察委员会办事机构是为检察委员会的工作提供准备、服务的机构，在《议事规则》中直接称之为秘书处，在《条例》中则称为检察委员会办事机构。

（二）我国检察委员会制度的具体特点

根据《条例》规定的检察委员会制度的基本内容，可以将我国检察委员会制度的特点概括为如下几个方面：

1. 我国检察委员会有非常明显的行政化色彩

我国检察委员会的行政化倾向主要表现为以下几个方面：

（1）组成人员的行政化。《条例》第 2 条规定各级人民检察院检察委员会由本院检察长、副检察长、检察委员会专职委员以及有关内设机构负责人组成。按照现行《人民检察院组织法》，检察长、副检察长、检察委员会委员均由检察长提名，并经过上级人民代表大会常务委员会批准或者经过本级人民代表大会常务委员会批准，具有较大的行政化倾向。同时，检察机关各部门的负责人，更是由检察长直接任命，具有较大的内部行政化倾向。我们在这里并非是批判检察长提名任命或者任命检察委员会委员、任命部门管理人员的做法，相反，基于检察长负责原则，我们认为还应当强化此方面的检察长权力，这里实际拟强调的问题是必须明确规定检察委员会成员的业务条件和业务能力，同时因应检察业务的多样性，应当设立相应的分委员会或者专业检察委员会。现实的具有较强行政色彩的检察委员会组成虽然仍是一种民主决策机制，但很难实现民主决策所追求的科学、客观之目标。"检察委员会作为检察机关业务决策和业务指导的重要机构，应当通过其业务能力表现出它在业务问题上所具有的最高权威，这就要求

检察委员会委员是检察业务方面的专家，现行的按照领导行政职务来确定检察委员会组成人员的通行做法，并不能保证检察委员会委员的业务素质，往往是'通才'较多而'专家'较少。"①

（2）决策程序表现出极强的行政化色彩。应当说，《条例》除对检察委员会讨论问题的启动有规定之外，其他的规定较少，目前检察委员会决策程序的进行主要依据《议事规则》。《议事规则》侧重规定或者强化的是有关事项的部门负责人或者有关案件的承办人或者有关部门负责人的汇报内容，其第13条第2款规定：有关事项由承办部门有关负责人汇报的内容包括：事项缘由、事项内容；承办意见及法律依据。同条第3款规定：有关案件由案件承办人和承办部门有关负责人汇报，内容包括：案件来源、当事人、诉讼参与人情况、诉讼过程、审查意见、理由及法律依据。

《议事规则》和《条例》都规定出席检察委员会的委员对讨论的事项或者案件应当充分发表意见。不过，没有对检察委员会委员讨论案件或者有关事项的发言顺序予以规定，理论和实践中出现的可能是级别高的检察官率先发表意见的情况，此种情况下，级别高的检察官或者检察委员会成员的意见即会抑制其他检察委员会委员意见的发表，客观上可能导致检察委员会民主决策功能的弱化。事实上，为保障集体决策背景下的各个体成员能够充分发表意见，一般应当对意见发表的顺序予以规定，并使具有较高权威的人员在较后的顺序发表意见。即使是在个体的独立性得到普遍承认的情况下，如果没有制度上的限制，也会出现抑制民主决策机制之民主功能实现的情况。"按照法律规定，每一个法官的表决权是平等的，庭长也没有高人一等的表决权。但仍然会出现这样的情况：一个法官唯庭长的意见是听。通常出现这种情况是因为庭长年长而且比一个相对年轻的法官有更多的经验，但在少数情况下也可能是因为该法官想给庭长留下一个好印象。"② 已经有学者对我国检察委员会民主决策功能的弱化表示了深深担

---

① 孙谦等主编：《中国检察制度论纲》，人民出版社2004年版，第117页。

② 宋冰主编：《程序、正义与现代化》，中国政法大学出版社1998年版，第27页。

忧，"在检察委员会的议事和决策程序方面，理论上各位委员可以畅所欲言、充分发表意见，最后根据多数人的意见综合衡量并作出决定。但在实然层面上，检察委员会的议事决策往往以检察长以及行政级别高的领导意见为主，个别委员即使有不同的意见也往往迫于政治压力和个人前途的考虑而不敢发表，表现为例行公事，人云亦云，察言观色，看人说话，明知不妥却违心表态，这使得检察委员会的议事决策过程打上了深深的行政化烙印，直接导致了程序的形式化和虚无化，影响了司法民主和科学决策的实现。"①

决策程序的极强的行政化色彩还表现在检察委员会讨论程序启动方面，按照《条例》以及《议事规则》，检察委员会讨论程序启动的最终决定权为检察长掌握，同时《条例》明确规定检察委员会的召开以定期召开为主、不定期召开为辅的方法，特定的情况下可以提前召开或者推迟召开。当然，在检察长业务、品德、职业素养都无可挑剔的情况下，检察长决定启动和可以灵活确定召开与否的方法不存在太大的问题，但是在检察长的个人业务素质、职业素养等方面存在问题的情况下，则有可能为无良的检察长谋求个人利益、排斥异己创造了机会。

（3）检察委员会讨论结果上也有一定的行政色彩。此种行政色彩表现为两个方面，一方面是检察委员会作为一个民主决策机制，其在决策的过程中虽然个体的主动性、积极性受到抑制，但是在出现决策风险或者错误决策结果的责任承担方面，却又可以成为事实上的决策主体的避风港、安全港，这些"真正"的决策者可以集体决策为理由规避所有责任的承担。同时，"由于检察委员会讨论案件范围的规定过于空泛，使得众多案件承办人为了避免承担错案的责任，将大量的非疑难复杂的案件也提交检察委员会讨论，以检察委员会决议的形式消解办案人员的职业风险，进一步弱化了责任承担机制。"② 另一方面，检察委员会相对于审判委员会而言，更多反映了民主集中制的民主色彩，"与合议制度不同，检察委员会在表决时，

① 张毅、王中开：《论检察委员会的去行政化》，载《法学杂志》2008 年第 4 期。
② 张毅、王中开：《论检察委员会的去行政化》，载《法学杂志》2008 年第 4 期。

虽然实行多数决定论，但检察长在表决时又具有相对否决权，即检察长在和多数检察委员会成员意见不一时，可以提请同级人大常委会或者上级检察机关决定，这其实是检察一体化原则对检察委员会民主性的一种限定。"①

2. 《条例》以及《议事规则》对检察委员会的职能之概括比较模糊，进一步影响了检察委员会民主决策职能的发挥

诚如前文所述，《条例》第4条明确规定，检察委员会讨论并决定重大案件和其他重大问题，并以列举的方式展示了人民检察院检察委员会的八大职责。不过在这八大职责中，除少量的检察委员会职责比较明确外，②其他的都不尽明确，甚至还有一定的模糊之处。如《条例》第4条第5项规定，检察委员会有权审议、决定重大、疑难、复杂案件，但对于何为重大案件、何为疑难案件、何为复杂案件没有具体规定，在实际操作上存在困难；又如《条例》第4条第3项规定，检察委员会有权总结检察工作经验，研究检察工作中的新情况、新问题，但对何者为新情况、新问题，又端赖于决定人员的自由裁量权。

检察委员会职能或者职责范围上的模糊也同时表现为界定检察委员会职责上的非科学性，概括《条例》规定的检察委员会的职责可以发现其中有多个不同的标准，一是以针对的对象或者部门赋予检察委员会以职权，这主要体现在《条例》第4条第2项、第6项、第7项规定的事项，分别对应可能提交本级立法机关的报告、下级检察机关提请复议的事项、本级人民检察院的检察长和公安机关的负责人；一是根据事项的严重程度，主要体现在《条例》第4条第1项、第5项，分别是贯彻国家法律、政策的

---

① 陈松林：《从司法民主性看检察委员会制度之完善》，载《人民检察》2010年第23期。

② 检察委员会的较为明确的职责是第4条第2项规定的情形，即审议、通过提请本级人民代表大会及其常务委员会审议的工作报告、专题报告和议案；第4条第1项规定的事项，即审议、决定在检察工作中贯彻执行国家法律、政策和本级人民代表大会及其常务委员会决议的重大问题；第4条第6项规定的事项，即审议、决定下一级人民检察院提请复议的案件或者事项；第4条第7项规定的事项，即决定本级人民检察院检察长、公安机关负责人的回避。

过程中出现的重大问题，以及重大、疑难、复杂的案件；一是根据是具体事项还是抽象事项赋予检察委员会以职权，主要体现在《条例》第 4 条第 4 项规定的抽象性文件的制定方面。同时还应当看到，各个标准的划分之间还有一定的重叠，例如下级检察机关提交复议的事项和重大疑难的问题等之间即存在一定的交叉。

《条例》以及《议事规则》之关于检察委员会职责的模糊规定，即一定程度上检察机关内部权力划分或者职能划分不清、职能冲突的重要体现，也是此种冲突的重要原因。在检察机关的内部权力或者职能划分上，主要的权力主体有：办理具体案件或者具体事务的检察官，协调具体事务办理的检察机关内部业务机构、检察委员会、检察长，在这样的权力划分上，存在此消彼长的关系。例如在新中国成立初期的检察长与检察委员会处理模式上，侧重强调的是检察长的支配地位和领导地位，1949 年 12 月《中央人民政府最高人民检察署试行组织条例》和 1951 年 9 月《中央人民政府最高人民检察署暂行组织条例》均明确规定：最高人民检察署检察长主持全署事宜；最高人民检察署委员会议，由检察长、副检察长、秘书长和委员组成，以检察长为主席；委员会议意见不一致时取决于检察长。1954 年《宪法》虽然并没有对检察委员会意见不相同时如何处理作出具体规定，但却强调检察委员会必须在检察长领导下进行工作，而且检察长在对检察委员会的作用方面显然是决定性的。刘少奇在一届全国人大一次会议上关于宪法草案的报告中指出："人民检察院除了设检察长、副检察长和检察员以外，并且设立检察委员会，检察委员会是在检察长领导下处理有关检察工作的重大问题的组织。在人民检察院设立这样的组织，可以保证集体的讨论问题，使人民检察院能够更加适当地进行工作。我们认为，在检察机关采取这种制度是比较适合我国目前的实际状况的。"[1] 但是，到了 2008 年修订的《条例》，检察委员会的职权得到较大强化，检察委员会和检察长关系的处理开始一定程度上向检察委员会倾斜。不过，检察长与检察委员会

---

① 武延平等编：《刑事诉讼法学参考资料汇编》，北京大学出版社 2005 年版，第 797 页。

之间的权力划分仍然是不明显的，换句话说，检察委员会职权的强化仍然只是一种趋势，而不是实然状态，检察长在与检察委员会的关系处理中仍处于强势，而此种检察委员会职权规定的模糊性，再加上《条例》赋予检察长的检察委员会讨论工作启动权、主持权、相对否决权，① 就使检察委员会的民主决策功能大受贬损。尽管在实践中，检察长直接搁置或者提请上级检察机关或者同级人民代表大会的情况比较少见，但并不能说明检察委员会的民主决策功能没有受到影响。"从实践看，出于维护检察院统一形象等多种因素考虑，当检察长与检察委员会意见不一致时，检察长诉诸正式解决机制行使搁置权或提请权的情形较少，在全国范围内也鲜有这方面的案例报道。如果此分析是成立的，那么只有一种可能，即检察长与检察委员会的不同意见通过非正式途径和方法得到了统一。除去检察长服从检察委员会的正常情况，也就是检察委员会改变了决定或者直接同意了检察长的意见。"②

3. 关于检察委员会讨论事项的程序性规定欠缺或者欠缺合理性、科学性，影响检察委员会民主决策功能的实现

当然，部分检察委员会工作程序的欠缺前已论述，如检察委员会职责方面的模糊规定、检察委员会讨论程序方面的欠缺性规定。本部分所指的程序上的瑕疵，特指前述内"仍然"之外的其他程序瑕疵，主要有：

其一，程序启动上的瑕疵。按《条例》规定，检察委员会讨论的议题，由承办部门或者承办人员提出议题草案、书面报告，经分管副检察长同意并报检察长批准后，提交检察委员会审议。③ 检察委员会讨论程序启动中之所以强调必须由检察长批准，主要是体现检察工作中检察长负责原则，不过，必须对检察长负责原则的内容进行认真研究，并进一步探讨检察长负责与检察委员会讨论决定之间的界限。按照我们的理解，检察长负责原则应当主要体现在检察长对内部事务的管理权限上，并表现为经费支配权、

---

① 检察长对检察委员会决定的否决权主要是《条例》规定的检察长在不同意多数人意见的情况下的搁置权及提请决定权。

② 姚建才：《论检察委员会民主决策》，载《人民检察》2010 年第 5 期。

③ 参见《人民检察院检察委员会组织条例》第 8 条。

人事任命提名权、检察官惩戒评价权等方面，而不是体现在具体的业务上。检察委员会讨论程序启动一体地要求经过检察长批准，在实际上混淆了检察长负责原则与检察委员会民主决策之间的关系，反映了检察长与检察委员会之间的冲突与矛盾。

程序启动方面的瑕疵还表现在检察委员会召开的时间方面，按《条例》规定，检察委员会实行例会制，定期开会。有特殊情况时，可以提前或者推迟召开。① 由于没有对可以提前召开或者推迟召开的情形作限定性规定，在实践中或者理论上的可能就是检察委员会的例会制成为空谈，并有可能变为实际的随意召开、随机召开。再加上，检察委员会参加人数的相对不高的要求，即要求只要有过半数的检察委员会成员参加即可，可能的后果就是为无良的检察长操作检察委员会提供了基础和方便。

其二，讨论程序上的瑕疵。讨论程序上的瑕疵前文已经有所介绍，不过检察委员会讨论程序的瑕疵远不止以上内容，还在多个方面表现出来。

首先，对检察委员会成员二次表态过程中的意见改变没有限制，实践中造成的情况就是个别的检察委员会组成人员会利用此种机会无原则地附和检察长的意见，并最终使检察委员会的集体决策、民主决策性质淡化，甚至沦为个人专断之工具。"当检察委员会会议就议题进行表决，检察长与多数委员意见不一致时，个别委员出于种种考虑，二次表态，否定自己原来的意见而附和检察长意见，使之达到多数获得通过。"②

其次，没有严格的检察委员会议事记录核对程序。《条例》虽然在一定程度上规定了必须对检察委员会的讨论予以记录，并将该记录任务赋予检察委员会办事机构。③ 但是缺乏基本的核对程序规定，实践中的核对程序程序软化，并最终出现决策错误时相互推诿责任的情形。"检察委员会对议题的表决形式，大多是委员口头表达，由记录人员简要记录在案，事后互

---

① 参见《人民检察院检察委员会组织条例》第9条。
② 姚建才：《论检察委员会民主决策》，载《人民检察》2010年第5期。
③ 《条例》第17条第7项规定的检察委员会办事机构的职责是承担检察委员会会议通知、会议记录、会议纪要和会议材料归档工作。

不核对确认。出现决策失误需要查究责任时，很容易责任不清、互相推诿。"①

最后，检察委员会讨论程序中一定程度地存在影响检察委员会全面获得信息的因素，这些因素也在一定程度上影响与处理事项有利害关系的人的程序权利。检察委员会对讨论议题所关涉的信息，仅仅是由承办部门的负责人或者承办人员汇报，在实践中可能出现的情况就是，承办人员或者承办部门负责人仅汇报其认为对案件或者其他检察事务的处理有意义的信息或材料，而隐瞒或者过滤了其认为是不重要的案件或者其他检察事务信息。另外，常常出现的情况是，承办人员或者承办部门的负责人可能对案件或者检察事务的办理，自己已经有一定的倾向性意见，在此情况下，可能侧重汇报支持其观点的信息材料，而过滤掉其他的信息资料。此种情况必然影响检察委员会的决策。同时，检察事务的办理不仅关系到检察工作的具体走向，同时还关涉与具体检察事务有利害关系的人的利益，为此，应当赋予其一定程度的发表意见的机会，这也是正当程序的基本要求。而目前的检察委员讨论程序，恰恰缺乏此方面的内容。因应此种缺点，有学者甚至提出应依照司法程序完善检察委员会的讨论程序，并给予利害关系人以正当程序保障。②

三、检察委员会制度的改革与完善

（一）关于检察委员会制度改革的观点及其评价

在综合学界观点的基础上，可以将目前关于检察委员会制度改革的观点概括为如下几个方面：

1. 从民主集中制原则完善的角度改革检察委员会制度

此观点在分析检察委员会制度作为一种检察工作中的特殊的民主集中

---

① 姚建才：《论检察委员会民主决策》，载《人民检察》2010 年第 5 期。

② 参见蓝向东：《论检察委员会断案程序的正当化》，载《人民检察》2000 年第 7 期。

制存在问题的基础上，建议改革我国的检察委员会制度应立足于以下方面：其一，必须从外部厘清检察长与检察委员会的关系。认为检察委员会制度中检察长与检察委员会冲突的根本原因是检察长在检察委员会中的双重角色之扮演，检察长既是出主意的人，又是选主意的人。处理好此种关系，要求检察长在检察委员会讨论程序中更多地应该表现为集体决策程序，而不是检察机关的领导人员。"检察长在参与检察委员会决策时，应尽量减少检察长作为党政领导人这一角色对其他检察委员会成员的影响，进一步弱化检察长主持会议的事实上的主导地位，使检察长的角色和其他检察委员会成员在角色扮演上不要形成事实上的上下级隶属关系，从而在源头上避免检察长的角色紧张与冲突。"[1] 其二，充实和完善民主集中制于检察委员会讨论程序中的技术环节，主要包括检察委员会讨论中的民主原则和平等原则。其三，区分重大问题与重大案件，并采取不同的讨论审议模式。对于重大案件，因其具有较大的司法性，可以采取司法模式予以讨论，而对于重大问题则可以采取行政化的讨论模式。[2]

应当说，此种观点已经触及了我国检察委员会制度之问题的实质，并在改革的方向方面，选择了正确的改革方向，对其后的技术化、可操作性的检察委员会制度改革提供了基础。不过，该观点存在的问题也是其概括化、抽象化，或者换句话说，其缺乏充实性的改革与完善内容，因此，还很难作为《人民检察院组织法》修改中的详细的参考，或者说其对《人民检察院组织法》修改的指导仅仅体现在方向上，而不是技术上。例如，其提出必须厘定检察长与检察委员会的关系，但对于如何厘定两者之间的关系，却无建树性的观点。其提出要求检察长必须在检察委员会讨论的过程中以集体中的一般成员之身份出现，不能对其他检察委员会成员施加不当的影响，这些建议都是倡导性的建议，却不具备制度建构的有效条件。换句话说，如果检察长以检察长的身份参与讨论会有什么样的后果，此种建议对之没有回答。当然，此种观点之所以没有体现或者实现技术性、可操

---

① 姚建才：《论检察委员会民主决策》，载《人民检察》2010 年第 5 期。
② 姚建才：《论检察委员会民主决策》，载《人民检察》2010 年第 5 期。

作性的根本原因，是没有很好地界定检察长与检察委员会之间的关系，对检察长与检察委员会在检察工作中各自扮演的角色缺乏明确的认识，在此情况下，要求其具体提出界分两者权限的具体方略就确实困难了。

2. 从司法性的角度完善、改革检察委员会制度

该观点从检察权运行一定程度上具有司法属性的角度，对我国检察委员会制度的设计及运行进行了分析。在承认现行检察委员会制度一定地体现了司法的内部民主要求的基础上，认为必须改革与完善现行的检察委员会制度。改革的基本切入点即是以司法性、司法民主运作的要求，改革的内容包括两个方面，分别是明确检察委员会讨论案件的范围、完善检察委员会讨论案件的程序。就后者而言，又有三个方面的建议，分别是引入听证程序、取消报同级人民代表大会常委会批准的规定、建立回避制度。①

我们认为，该观点的基本思路是以承认检察权具有司法性为前提，仍然囿于三权分立的国家机关体系，而不是我国人民代表大会制度下的一府两院之国家机关体系，在研究的前提上即存在问题。同时，该观点以司法民主性出发，强调司法民主中的少数服从多数原则，且不说少数服从多数是不是司法特有的原则，还是民主原则的一体要求，需要特定指明的仅是该观点从司法民主性出发，最终得出的结论是承认检察长相对否决权的合理性。在我们看来，检察长的相对否决权决不是来自所谓的民主，而是与检察长负责原则以及检察一体化之间有内在的牵连，或者换句话说，检察长负责原则以及检察一体化原则要求检察长必须全面负责和管理本检察院内部的管理事务。退一步讲，在尚未意识到检察一体化之内在规律背景下的检察委员会建设及运行，以及此种运行中的检察长的相对否决权也不是绝对民主性的要求，而是民主集中制原则在检察工作中的具体体现。当然，必须注意，该观点在结论上已经提出了一些建设性的意见，并走在正确的方向上，尽管此种正确的导论与其理论前提之间并没有太强的关联性。例如其认为应当明确检察委员会讨论案件的范围，应当引入听证程序等，不

① 陈松林：《从司法民主性看检察委员会制度之完善》，载《人民检察》2010 年第23 期。

过，这些建议确实也具有浅尝辄止的意味，距离制度的技术化、可操作性要求还相差很远。

3. 以对检察委员会组成以及运作中的行政化批判为切入点，设计检察委员会改革与完善的具体方案

有观点认为，检察委员会制度的去行政化，首先表现为检察委员会组成的去行政化，"检察委员会委员都应由资深检察官担任，必须具备专业的法学教育背景和检察实务工作经历，同时还必须符合一定量化指标体系的要求，如在法学期刊上发表文章的数量、办理案件的数量和质量等。这样的以专业人员组成的检察委员会才能从根本上杜绝凭经验断案的现象，在组织上构建真正的法律职业共同体，形成一定范围内的法治生态环境，使得委员们能用统一的法治话语进行交流和讨论。"① 其次是检察委员会职能的专业化，认为"将大量的行政性事务交由检察委员会讨论决策忽视了其法律专业组织的特点，既加重了工作负担、降低了决策水平，也不符合设立检察委员会的初衷。从职能专业化的角度考虑，可以将其中的行政性事项交由院党组会议或行政办公会议讨论决定，使检察委员会回归专业化的角色定位"。② 最后就是为完善检察委员会讨论案件的具体程序，在建立回避制度的同时，增加案件讨论程序的透明度，保障利益相关人员的程序参与机会等。

应当说，此种观点具有非常强的建设性和针对性，而且确实因应了检察委员会制度实际运行中存在的问题。不过，此观点却具有以问题出发解决问题的视野，还没有考虑到何以必须在检察委员会制度运行中必须要去行政化，换句话说，如果不考虑检察长负责原则以及检察一体化原则的界限，如果不考虑检察长与检察委员会在功能上的不同，则无法为检察委员会制度之去行政化改革提供基本的思路。同时，也正是缺乏这样的思路，该观点虽然关注到了检察委员会与检察长之间的关系，却对检察委员会与检察官之间的关系缺乏关注，并将一些本应由检察长享有的职权纳入到检

---

① 张毅、王中开：《论检察委员会的去行政化》，载《法学杂志》2008 年第 4 期。
② 张毅、王中开：《论检察委员会的去行政化》，载《法学杂志》2008 年第 4 期。

察委员会的职能中来，如赋予了检察委员会以监督检察官的权能，并对之没有任何具体的限制。

（二）检察委员会制度改革应坚持的内容

结合检察委员会制度的运行实际、反思各种改革意见并体现检察委员会之角色定位，我们认为我国检察委员会制度改革与完善应当坚持如下内容：

1. 必须坚持和正确理解检察长负责原则

检察长负责原则是检察工作不同于法院的审判工作的重要内容和重要方面，是检察规律在检察工作上的具体体现。同时，作为《人民检察院组织法》修改的原则，检察长负责原则同样对检察委员会制度的修改与完善具有指导作用。不过，必须注意，检察长负责原则所应当包含的具体内容，按照前文所述，检察长负责原则并非是指检察长对本检察院的所有事项负责，而是就本检察院的内部管理负责，并具有明确的内容上的限定性。这些内容包括经费管理支配权、检察官的监督惩戒评价权、检察工作的宏观分配权等。

2. 检察委员会制度的正当理由

在检察工作中之所以引入或者建立检察委员会制度，主要的原因是弥补个体检察官，包括检察长知识上或者专业上的不足，同时强化检察官在执法上的统一性、一致性。此种情况不独为我国检察委员会设置之原因，也是他国检察委员会之建立的正当理由。例如荷兰建立检察委员会制度的背景即是当时存在检察事务办事不力、各检察官执法不统一的现实情况。"20 世纪末、21 世纪初期，荷兰检察机关进行了深入的改革。改革的原因是公众对检察机关的执法质量不满意，主要表现在两个方面：一是检察机关对犯罪追诉不力，许多刑事案件因犯罪嫌疑人不认罪、证据不足而不了了之；二是整个检察系统不是在一个权威机关的领导下统一适用法律，检察官形式上虽然有等级，但每个检察官在执法中就像一个'孤岛'，各自掌握的标准不一而无人规范。"①

3. 必须正确处理检察委员会与检察官之间的关系

检察委员会作为检察机关内部的民主决策机制,不仅负责重大检察事务的决策,而且事实上也必须指导检察官具体检察事务的办理,此种指导主要体现在以下几个方面:一是讨论检察工作中出现的新问题、新情况,并有针对性地制定指导本院检察工作的管理文件,省级以上的人民检察院还可以就法律未明确规定的情况进行处理,颁布相应的司法解释或者其他的抽象性文件。此种司法解释或者其他抽象性文件具有指导具体检察事务的办理,限制检察官检察事务中的自由裁量权的意义和价值。二是讨论并决定重大、疑难、复杂的案件的处理,并要求办理具体检察事务的检察官必须服从这样的决定。必须注意,检察委员会对办理检察事务的检察官的指导,决不意味着取而代之,决不意味着否认办理具体检察事务的检察官的个人积极性、能动性之发挥。因此,必须在检察委员会讨论事项,特别是检察委员会讨论的具体检察事务事项与检察官独立、负责之间划清明确的界限,否则导致的后果可能是检察委员会越俎代庖,成为了事实上的事务办理部门,而不是检察事务办理的指导部门,也因此增加了检察委员会的工作负担,影响了检察工作的实际效率。另一个可能的后果是弱化了检察官的个人责任,并在责任分散的情况下影响办案质量。同时,检察官个人责任的弱化,也不利于检察官的个人成长。

4. 必须因应检察委员会之集体决策、民主决策的性质

不同的决策机制采取的决策程序、方法存在重大的区别,就我们的理解看,目前主要存在两种本质上完全不同的决策机制,一是首长负责制的决策机制,其强调的是工作效率,并在方法上采取命令制,或者上命下从,其针对的对象主要是日常工作中的通常事项;一是民主决策制,其强调的是审慎、科学、公正,采取的方法是参与决策的各主体充分发表意见,并充分交流和对话,并在这样的基础上形成相对科学、合理的决策,针对的

---

① 王建荣、刘志锋:《中荷两国检察委员会制度的比较与启示》,载《人民检察》2010 年第 15 期。

对象通常是对社会成员或者是决策之受众影响比较大的事项或者问题。

5. 必须保障利害关系人的程序参与权

与其他的事项之决定不同，检察委员会讨论的事项内容比较丰富，有的事项并不涉及直接的利害关系人，或者说讨论决定的事项仅涉及不特定的社会成员。例如检察委员会讨论的社会管理创新方式、内容、范围等问题，首先不是基于具体检察事务处理而进行的，更多是基于国家政策导向而展开的，此时尽管在将来的检察工作创新中可能涉及特定的社会成员，但检察委员会就此种创新的政策性讨论本身并不涉及具体的人员。不过，仍有许多检察委员会讨论的事项是针对具体的检察事务的办理，这些事项直接关系利害关系人的利益，例如检察事项中的提起公诉与否，直接关系到犯罪嫌疑人是否可能受到刑事追究。在这样的情况下，应当也必须保障利害关系人的程序参与权，给予利害关系人发表自己意见的权利。

必须注意，程序保障已经成为国际私法制度改革的潮流，程序保障权已经被作为基本人权载入《联合国人权公约》、《公民权利和政治权利国际公约》，程序保障以及作为其上位目标的人权保障也已经作为我国司法制度、政治制度建设的基本目标。为体现此发展趋势，应于《人民检察院组织法》修改中，于检察委员会制度改革与完善的过程中，必须强化利害关系人的程序参与权之保障。

（三）检察委员会制度改革的具体方案

1. 明确界定检察委员会的工作内容及工作职能

在体现检察长负责原则与检察委员会对业务事务的民主决策方面，我们认为，应当区分不同的问题，有些问题必须纳入检察长负责原则的范畴中去，有些内容则应当专属于检察委员会的职能范畴。借鉴国外的经验，[①]我们建议检察委员会的工作职能主要集中在如下几个方面：（1）重大检察政策的讨论及决定。这些内容主要涉及法律没有规定，或者虽然有规定但

---

① 荷兰的检察委员会的职能主要有三个方面：（1）制定指导检察官执法的刑事政策；（2）人事管理职能；（3）财政管理职能。参见王建荣、刘志锋：《中荷两国检察委员会制度的比较与启示》，载《人民检察》2010年第15期。

规定不明确的情况下，针对检察工作的实际，结合立法的本意，拟定指导检察工作的具体规范性文件。这些文件既可以表现为抽象的司法解释，也可以体现为一般的抽象性管理文件。这些文件既可以是针对不明确的法律规定，也可以针对原来检察工作中的经验总结与概括。（2）讨论重大、疑难、复杂的案件或者其他的检察事务问题。重大、疑难、复杂的案件或者其他的检察事务问题，社会影响比较大，因此在处理上必须慎重，在难度上超出检察官个人的知识范畴的，必须由检察委员会在宏观上予以把握。不过，必须对检察事务的重大、疑难、复杂进行实质性限制和抽象性限制，参考人民法院审判委员会讨论案件的确定条件，我们认为，可以作为检察委员会讨论的重大案件或者其他检察事务，必须是涉及人员比较多、社会影响比较大、性质比较严重的案件或者其他检察事务。在程序上必须经过承办部门认真的风险论证，且经过论证，承办部门的负责人以及分管检察长均认为存在比较大的社会风险，只有在这样的条件下，才可以将案件提交检察委员会讨论。所谓疑难的案件必须是承办人员及其承办部门对案件或者检察事务的定性处理存在严重分歧，无法形成一致处理意见的案件；所谓复杂的案件，是指案件或者具体检察事务涉及的法律关系较多、事实复杂、证据较多的情况。（3）其他的与检察院业务办理有关的事项。例如经费预算、检察官培训等，经费的支配和管理虽然属于检察长负责原则的范畴，但是经费的预算应当是检察委员会决定的事项，预算数额直接决定下一财政年度检察工作的开展。检察官的评价、奖惩、职务晋升虽然属于检察长负责原则作用的范围，但对于检察官培训的方略、培训的范围、内容，特别是检察官培训的具体内容，直接涉及将来的检察工作之展开，具有前瞻性、针对性、业务性之特点，因此需要由负责业务问题处理的检察委员会讨论决定。

2. 优化检察委员会的组成

诚如学者所论述的一样，目前的检察委员会组成方法，没有体现检察委员会的专业性、业务性特点，在一定程度上具有混淆检察长与检察委员会、检察官职能范围的倾向。在学者提出的优化检察委员会组成建议之基础上，我们进一步提出如下完善设想：（1）在检察委员会委员的任命条件

中进一步增加业务性的内容，此种业务性的内容可能难以检察官的职务高低、职级高低衡量。在学者提出的以发表文章多少等作为标准的基础上，我们建议检察委员会委员的任命条件，可以而且应该与各地、各级人民检察院正在进行的检察业务专家的评定工作结合起来，并以各检察院的各种层次的检察业务专家作为检察委员会的委员。当然，这并非是控制或者限制检察长对检察委员会委员的任命权或者提名任命权，只是说在任命或者提请任命的条件上有所限制。检察长仍然必须以对检察委员会委员的任命权、提名任命权实现对检察委员会的宏观管理，并因此体现检察长负责原则；（2）在总的检察委员会之下，设专业检察委员会。改变检察委员会组成方面的大而非专业的情况，成立专门的委员会，根据检察职能划分，可以将检察委员会的专业委员会划分为民事行政专业检察委员会、刑事专业检察委员会、其他检察事务检察委员会。在具体的检察委员会启动上，针对不同的检察事务由不同的专业检察委员会讨论决定，会议的启动相应地也由承办部门提出议题，由分管副检察长批准启动，会议也可以直接由分管副检察长主持，最后形成的结论报检察长签发，或者形成决定交具体承办部门或者承办人员执行。

3. 改革与完善检察委员会的讨论程序

为体现检察委员会的业务性、专业性，我们认为，革除现行检察委员会启动程序中的行政化倾向，根本的方法就是淡化检察长在此方面的控制环节，一般情况下可以由承办部门或者承办人提出议题，经过分管副检察长批准即可。但涉及检察工作中的重大问题的，特别是涉及检察工作中的检察政策、检察院建设的总体方向等方面的内容，必须经过检察长批准。同时，考虑到检察委员会的专业性以及检察专业委员会的建立，可以改原来的例会制为定期召开制，即只要有需要讨论的议题，并有符合条件的参加人员即可以召开。与此相对应，我们建议，检察委员会的召开不宜以全体检察委员会委员均参加为条件，但必须有本专业委员会的超过三分之二的组成委员参加，方可以召开。此种做法体现了检察委员会召开的针对性、专业性、参加人员的相对广泛性。

改革与完善检察委员会讨论程序的侧重点应当是具体的讨论程序，应当设计或者采纳尽可能减少高级别检察委员会成员影响，并能促使检察委员会委员充分发表意见、独立发表意见的机制。我们认为，在具体设计中可以适当注意以下几点：（1）具体承办部门不应在检察委员会讨论中提出具体的处理意见，具体承办部门或者具体承办人参加检察委员会的主要任务是介绍需要办理的检察事务情况，说明在检察工作的办理中遇到的困难。针对涉及到检察工作中的新问题、新情况，相关部门负责人的任务也主要是介绍，而不是提出解决问题的方案或者思路。其理由在于，具体承办部门的负责人或者具体承办人员一是可能本身不是检察委员会委员，不具备发表意见的资格；二是承办人员或者具体承办部门的负责人提出具体的可供选择的处理意见，有可能对参加检察委员会的成员造成认知上的误导，并有可能使检察委员会的决定错失正确的结果。（2）检察委员会讨论过程中，应当由资历较浅的委员先发表意见，资历较高的委员后发表意见，主持检察委员会的检察长、副检察长应当最后发表意见，以保障检察委员会委员能够充分发表意见。特别是主持会议的检察长、副检察长应当首先把自己作为选主意的人，作为检察委员会的一员提出意见。有学者认为，检察长参与检察委员会的主要任务是选主意，而不是出主意。"检察长参与检察委员会决策时理想的角色是'选主意'。检察长首先应明白会议决定权归属于所有会议成员，自己仅是检察委员会的一员，他参加检察委员会会议的角色是'选主意'的会议主持人，是为检察委员会会议的意志服务，而不是检察长自己的意志。"① 我们认为此种观点值得商榷，其根本的错误在于未区分检察长负责原则与检察委员会之业务属性、专业属性之间的界限，从而将检察长负责不适当地运用于检察委员会讨论中。故此我们认为，检察长参与并主持检察委员会的主要功能不是选主意，而是出主意，并只能作为普通的一员出主意。（3）严格检察委员会讨论中的记录程序。为使检察委员会能够认真、充分地讨论相关议题，在检察委员会会议召开前的一定时间内，必须将所要讨论的内容以书面的方式或者以其他能够保守秘密的方式发送给检察委员会委员，从而给检察委员会委员以充分的准备时间

---

① 姚建才：《论检察委员会民主决策》，载《人民检察》2010 年第 5 期。

和研究时间。这一措施是充实检察委员会讨论、实现检察委员会讨论检察事务之实质化的重要手段，同时也可以为严格检察委员会讨论的记录程序提供必要的前提。检察委员会成员必须认真地对待其提出的意见，同时对于检察委员会的意见发表必须做好书面记录以及同步的录音记录，并在整理以后交检察委员会委员签字。另外，为促使检察委员会委员认真讨论相关的检察事务，还可以要求改变自己的观点或者意见的检察委员会成员说明具体的改变理由。

4. 强化检察委员会讨论程序中对利害关系人的程序保障

许多检察事务的办理涉及具体的利害关系人，可以根据程序保障的要求给予利害关系人陈述意见的机会。具体程序可以设计为，分管副检察长确定启动检察委员会讨论程序后，即通知可能涉及的利害关系人，为方便利害关系人的程序参与，分管副检察长决定启动检察委员讨论程序与检察委员会实际讨论程序的启动之间必须有一定的时间间隔。参照诉讼开庭规定的时间，我们认为一般情况下可以定为 3 天的时间。利害关系人路途特别遥远的，可以适当延长。同时利害关系人也可以聘请律师或者法律许可的其他人员协助其发表意见，在具体的意见陈述的次序上，可以要求利害关系人在承办人员或者承办部门的负责人对具体检察事务汇报完毕之后进行。在检察委员会讨论的过程中，利害关系人一般不应再继续全程了解检察委员会的讨论过程，因为检察委员会本身就是一个内部决策机制，具有秘密表决的性质。

有学者在提出给予利害关系人程序保障的同时，要求增加检察委员会讨论案件的透明度，并将检察委员会的决策功能和教育功能结合在一起。"提出检察委员会工作由对外限制的相对封闭状态，转变为多侧面的立体适度开放的状态。对不同的案件和疑难问题，可以有针对性地要求和安排部分具有助检员以上职务的干部列席旁听检察委员会会议，这样既能监督检察委员会决策，又能对干部起到以会代训的业务培训作用。"① 也有学者认为，可以结合现行检察实务中采取的人民监督员制度，邀请部分人民监督

---

① 孙谦等主编：《中国检察制度论纲》，人民出版社 2004 年版，第 118 页。

员参与检察委员会的检察事务讨论，并认为此种方法既可以开阔视野，弥补检察委员会委员的知识之不足，也可以一定程度上实现对检察委员会的监督和制约。"与人民监督员制度的试点工作相结合，可以尝试邀请部分人民监督员列席检察委员会，对讨论过程实施监督，对程序、事实、证据问题及时提出意见，以弥补检察委员会缺乏外部有效监督的不足。"① 在我们看来，以上学者实现检察委员会决策科学化程度，并在一定程度上制约检察委员会决策的愿望是善良的，对于在集思广益的基础上实现检察委员会制度的改革有重要的意义和价值。不过，必须注意，检察委员会委员均负有保密的义务，这是检察委员会委员必须承担的义务，这种义务也是保障检察委员会委员能够于检察委员会中充分讨论检察事务的重要保障，在助检员以上的人员均列席检察委员会讨论程序的情况下，虽然可以实现检察委员会职能的扩张，但对于检察委员会基本职能的实现可能会产生消极的影响。人民监督员虽然能够在一定程度上弥补检察委员会委员知识上的不足，增加检察委员会决策的科学化程度，并能在一定程度上实现对检察委员会决策的约束和监督，但这种改革措施难以解决的问题是，人民监督员何以具有检察委员会中的发表意见的资格呢？参加检察委员会，并能就重大检察事务发表意见的前提是该个体必须具有检察委员会委员资格或者身份，此种身份的获得必须经过严格的程序，人民监督员的任命虽然也有严格的程序，但此种程序与检察委员会委员的资格获得程序有重大区别。所以，人民监督员参与检察委员会讨论程序并发表意见，不仅有影响保密义务的实现之嫌疑，同时也欠缺人民监督员发表意见的正当基础。当然，这并不是说重大检察事务的处理或者检察院的重大决策不能获得人民监督员的智力支持，事实上，人民监督员的重要的职责不止是监督人民检察院检察事务的办理，同时还为检察事业的发展提供智力保障。我们这里侧重强调的是必须以适当的方法引入人民监督员，如果侧重人民监督员的智力支持，则可以在检察委员会召开之前的阶段获得人民监督员的具体意见，如果侧重人民监督员的监督功能，则可以在检察委员会形成具体的处理意见

---

① 张毅、王中开：《论检察委员会的去行政化》，载《法学杂志》2008 年第 4 期。

以后，照会人民监督员，以实现其对检察事务的办理或者重大决策的监督。

5. 进一步完善检察长否决权制度。我们认为，体现检察长负责原则与检察委员会民主决策机构之间的职能界分，对于属检察长负责原则范畴的内容，均可以由检察长决定，在检察长无法决断地作出决定的情况下，或者必须与有关部门协调的情况下，检察长可以提请同级人民代表大会决定，也可以就特定的事项提请上级人民检察院决定。而对于属于检察委员会决策的检察事务之业务性问题、专业性问题，检察长、分管副检察长并不因此具有优越于其他检察委员会委员的表决权和意见发表权，在此讨论的过程中，也没有理由坚持民主集中制原则，而应当坚持体现民主原则的少数服从多数原则以及平等原则。在检察长不同意多数人意见的情况下，仍应当以多数人的意见为检察委员会意见，只有在检察委员会不能形成多数人意见的情况下，或者涉及的检察事务极其重要，有可能产生非常大的社会影响的，才可以由副检察长报检察长，并由检察长提请上一级人民检察院决定。之所以提交上一级人民检察院决定，而不是提请同级人民代表大会常务委员会讨论决定，基本的原因主要有：其一，对于检察委员会讨论的专业性问题、业务问题，提交同级人民代表大会常务委员会不具有应有的实效性。常常出现的情况是，同级人民代表大会的成员并不熟悉相关的检察事务，不具有特定的、专门的法律知识，因之常采取的处理方法是搁置人民检察院提交讨论的事项。[①] 其二，将检察委员会难以决定的检察事务问题，或者关涉检察事业发展的重大决策问题，提请上一级人民检察院决定，也是检察一体化原则的基本要求。按照检察一体化原则，上级检察机关领导下级检察机关的工作，下级检察机关可以将在工作中遇到的疑难问题，报请上级人民检察院决定。

---

① 据 2005 年 5 月 16 日《检察日报》报道，2005 年 4 月，贵州省某县检察院检察委员会在讨论一起经济大案时，检察长在是否提起公诉问题上与其他成员的意见不一致，便根据《人民检察院组织法》第 3 条规定报请县人大常委会决定。县人大常委会审议时，有人认为可以依法及时行使决定权，支持司法工作；也有人认为"重大问题"是否包括案件分歧在内并不清楚，于是县人大常委会最终决定待相关立法解释出台后再说。转引自傅林：《合宪还是违宪——对我国〈人民检察院组织法〉第 3 条的质疑》，载《天津商学院学报》2006 年第 6 期。

基于以上考量，可以将《人民检察院组织法》中关于检察委员会的内容修改为如下方面：

（1）各级人民检察院检察委员会由本院检察长、副检察长、检察委员会专职委员以及其他检察委员组成。

检察长、副检察长以外的检察委员会委员应当是检察院的各级业务专家。

（2）检察委员会讨论决定重大案件和其他重大检察业务问题。检察委员会的职责是：……

（3）检察委员会可以设专门的专业委员会。

（4）检察委员会委员应当由检察长提名，报上一级人民检察院批准。最高人民检察院的检察委员会，由最高人民检察院检察长提名，报全国人民代表大会常务委员会批准。

（5）检察委员会讨论的议题，必须是具体承办部门有重大意见分歧的问题，或者重大、疑难、复杂等可能有较大社会影响的检察事务。经分管副检察长批准后，提交专业检察委员会审议。

（6）检察委员会讨论案件，应于讨论日的3日以前通知利害关系人到会发表意见，特殊情况的可以适当提前。

（7）检察委员会讨论案件应当先由承办部门的负责人或者具体承办人员介绍案件或者其他检察事务情况，然后由涉及的利害关系人发表意见。

（8）检察委员会讨论案件应当由职位较低的检察委员先发表意见，同一职位的应由资历较轻的先发表意见。

（9）检察委员会应当以多数的意见作为检察委员会的意见，检察委员会无法形成多数意见或者检察委员会认为讨论的检察事务极其重大的，可以由分管副检察长报检察长提请上级人民检察院决定。

5 Chapter

第五章

人民检察院组织法
修改中的检察建议

一、历史沿革中的检察建议

现行《人民检察院组织法》中并没有检察建议的内容，不过，检察建议在 1986 年《人民检察院组织法》修改以后，越来越受到检察机关的重视，并成为检察机关开展检察工作的重要手段之一。1981 年，中共中央提出并采取了对社会治安实行综合治理的方针，要求采取各种综合措施防止和减少犯罪的发生，各级各地检察机关积极开展各种形式的综合治理活动。检察建议即是这种综合治理中的重要措施之一。1991 年 3 月，最高人民检察院就贯彻中央关于加强社会治安综合治理的决定发出进一步通知，要求充分发挥检察建议的作用，努力扩大案件的社会效果。1992 年 10 月，最高人民检察院又发布《关于加强贪污贿赂犯罪预防工作的通知》，明确要求各地检察机关必须"结合办案，有针对性地提出检察建议，帮助发案单位总结经验教训、堵塞漏洞、改善管理、加强防范，特别是要采取措施推动在执法部门和直接掌握人、财、物的单位或者人员，建立有效地防范贪污贿赂等犯罪的约束机制"。1998 年 8 月 3 日，中央社会治安综合治理委员会在《关于成员单位参与综合治理的职责任务的通知》中，将结合办案"分析掌握各个时期、各个行业的职务犯罪、经济犯罪以及其他刑事犯罪特点，提出预防犯罪的建议；推动有关部门建立规章制度，堵塞漏洞，完善防范机制"。有针对性地提出检察建议，并以之强化和实现社会综合治理，也已经被作为检察机关的一项任务。

2001 年 2 月，最高人民检察院《关于刑事抗诉工作的若干意见》中规定："人民法院审判活动违反法定诉讼程序，但是未达到严重程度，不足以影响公正裁判，或者判决书、裁定书存在某些技术性差错，不影响案件实质性结论的，一般不宜提出抗诉。必要时可以以检察建议书等形式，要求人民法院纠正审判活动中的违法情形，或者建议人民法院更正法律文书中的差错。"同年 10 月，最高人民检察院《人民检察院民事行政抗诉案件办案规则》第 47 条规定了人民检察院可以向人民法院提出检察建议的四种情形，第 48 条规定了人民检察院可以向有关单位提出检察建议的三种情形。2009 年 11 月 13 日，最高人民检察院发布了《人民检察院检察建议工作规定（试行）》（以下简称《工作规定（试行）》，2012 年修改的《民事诉讼法》也有检察建议的内容。

在我们看来，理解以上关于人民检察院以检察建议的方式开展检察工作的规定或者解释时还有一些问题必须明确：

其一，应当注意其他法律尤其是《刑事诉讼法》、《民事诉讼法》中检察建议与《人民检察院组织法》之间的关系。正确处理《人民检察院组织法》与诉讼法之间的关系，是《人民检察院组织法》修改时必须注意的问题，对此学者们提出了诸多观点，其中有观点认为，《人民检察院组织法》在性质上属于宪法性文件，受宪法统领，在所有涉及检察工作的法律中居于统领地位，检察院组织法虽与诉讼法在理论上居于同一法律阶位，但在

二者的衔接上，应当按照《人民检察院组织法》统领诉讼法的思路来理解。① 也有观点认为，《人民检察院组织法》与三大诉讼法之间的关系是平衡关系，职能按照新法优于旧法的原则理解与执行，它们之间不存在统领与被统领的关系。"《人民检察院组织法》虽属于宪法性法律，是对宪法相关内容最直接的延伸和细化，它是法律体系中最靠近宪法的那部分法律，最集中、最突出地反映了《宪法》的规定。但不能据此认为，《人民检察院组织法》在效力上比三大诉讼法的法律效力高，实际上它们的法律位阶是一样的，具有同等的法律效力，不存在谁服从谁的问题。"②

我们认为两种观点各有其合理性。首先，《人民检察院组织法》作为人民检察院组织的纲领性文件，其对三大诉讼法中的有关检察院的具体检察职能的行使必然具有统领作用。这种统领作用表现为两者之间的总体与部分、本质与表现形式之间的关系。详言之，《人民检察院组织法》中关于检察机关的职能定位、检察机关工作的原则等必然一体地贯彻到三大诉讼法中，三大诉讼法中规定的相应的、具体的检察职能的发挥，具体检察权的行使，必须符合检察机关的法律监督机关定位，必须符合《人民检察院组织法》所确立的检察工作的总体原则。三大诉讼法所规定的检察职能只是《人民检察院组织法》所确定的检察职能的具体表现，体现此种检察职能的不同规定形式，在《人民检察院组织法》中不应当具体的、列举式的规定检察权的内容，否则可能出现的情况是检察权的行使无法因应社会政治、经济、文化的发展需要，出现检察权内容的形式化、僵化的情况。当然，从科学地修改《人民检察院组织法》的角度，从较好地处理修订的《人民检察院组织法》与三大诉讼法关系的角度，必须立足于此种静态的关系，立足于此种统领与被统领的关系，唯有此，才有可能使《人民检察院组织法》的修改更加科学。

---

① 参见张步红：《深化司法体制改革与修订〈人民检察院组织法〉的基本问题研究》，载《第七届国家高级检察官论坛会议文章》（上册），第4页。

② 肖中华、傅强、孙利国：《人民检察院组织法修改的基本原则》，载山东省人民检察院法律政策研究室、山东省法学会检察学研究会秘书处：《齐鲁检察论坛》（2012年第3卷）。

　　其次，《人民检察院组织法》与三大诉讼法动态修改的角度看，必须承认它们之间的同一法律位阶基础上的互相补充关系。任何法律一旦制定或者修改完毕，决不能朝令夕改，否则法律必然失去其权威性。不过，在保持一法律相对稳定的前提下，可以将因应社会需要的新的内容，借助于其他法律的修订获得体现，从而在保持现有法律形式的前提下，借助其他立法之手弥补或者填补既有法律与社会发展之间出现的缺口或者瓶颈。应当看到，三大诉讼法的制定、修改实际上实实在在地起到了修补《人民检察院组织法》的部分缺陷之功能。我国现有的《人民检察院组织法》自1986年修改以来，到现在已历时27年没有修改。不过，由于三大诉讼法所涉及的调整对象比较广泛，必须要因应社会变化不断地予以修改，事实上，三大诉讼法自制定以后也经过了多次修改。在这样的背景下，就不仅应当看到《人民检察院组织法》与三大诉讼法之间的补充关系，以新法优于旧法的原则理解之、适用之，同时，必须在《人民检察院组织法》修改的过程中，体现或者概括三大诉讼法中因应社会变化所规定的关于检察机关工作方式、检察机关特定职能的新规定、新内容，只有这样才能在实现《人民检察院组织法》与三大诉讼法协调的基础上，科学地修改《人民检察院组织法》。

　　按此，三大诉讼法，特别是2012年修改的《刑事诉讼法》、《民事诉讼法》中的关于检察建议的内容必须在《人民检察院组织法》中得到体现。另外，应当看到或者必须注意的问题是，2012年《民事诉讼法》、《刑事诉讼法》虽然规定了人民检察院可以检察建议的方式行使检察权，特别是2012年《民事诉讼法》规定，人民检察院可以检察建议的方式对民事诉讼活动进行监督。不过，其没有具体规定人民检察院适用检察建议的条件、程序、效力，也没有规定检察建议与抗诉之间的相互关系，此种情况造成的结果就是检察建议的实效性大受影响，再加上来自被监督对象心理上的拒斥，检察建议处于一种虚化的状态，也会造成检察建议与抗诉之间的混

乱。① 而以《人民检察院组织法》与三大诉讼法之相互协调、相互补充的角度，可以将三大诉讼法规定的检察建议无歧义地规定于《人民检察院组织法》之中。

其二，应当注意，最高人民检察院的相关解释中的检察建议与《人民检察院组织法》修改的关系。应当说，最高人民检察院已经有了一定的关于人民检察院提出检察建议的规范性文件，有些文件还较为系统，例如《工作规定（试行）》。不过仍然有许多问题需要进一步明确。

首先，最高人民检察院发布的规范性文件在其立法级别上还不能上升为法律，作为人民检察院系统内的最高规范性文件，虽然能够指导包括最高人民检察院在内的各级人民检察院检察工作的开展，但无法产生较为广泛的辐射力和影响力。必须注意，人民检察院作为宪法规定的法律监督机关，其法律监督权的运行具有明确的指向性，换句话说，行使法律监督权的检察机关常伴随着其明确的工作对象——被监督者。最高人民检察院发布的规范性文件，虽然对人民检察院具有明确的指导和约束，但对被监督者却没有这样的制约作用，实践中出现的问题即是作为被监督者往往以法律没有明确规定为理由排斥检察机关的法律监督。这在人民检察院的民事诉讼监督中体现得最为充分。尽管 1991 年《民事诉讼法》规定了人民检察院有权对民事审判活动进行监督，并在审判监督程序中具体规定了人民检察院抗诉监督的条件、程序等内容，但对于人民检察院的其他法律监督手段，人民法院特别是最高人民法院往往以法律没有明确规定为理由予以拒绝。为此，必须将规范检察院提出检察建议的最高人民法院的规范性文件上升为立法，并使其对监督者和被监督者一体地产生约束力。

其次，必须看到最高人民检察院关于检察机关提出检察建议的规范性文件还有许多值得进一步商榷的内容。最根本的表现在对检察建议的性质或者本质缺乏清晰的认识，如《工作规定（试行）》第 1 条规定：检察建议是人民检察院为促进法律正确实施、促进社会和谐稳定，在履行法律监

---

① 廖中洪：《关于完善〈中华人民共和国民事诉讼法修正案（草案）〉有关"检察建议"规定的若干问题》，载《西南政法大学学报》2012 年第 3 期。

督职能过程中，结合执法办案，建议有关单位完善制度，加强内部制约、监督，正确实施法律法规，完善社会管理、服务，预防和减少违法犯罪的一种重要方式。依据该条规定，既无法看到检察建议这样一种法律监督权的行使方式与其他法律监督权行使方式的区别，也无法辨别检察机关的检察建议与其他机关、个人、社会团体提出的相关建议的本质不同。出现此种情况可能的原因，一是检察机关的检察人员以及其他检察理论研究人员对检察建议的基本理论还没有认真进行研究，也没有提出体现检察建议之强制性的方法或者措施，因之，在这样的规范性文件中采取了较为模糊的处理方法；一是考虑到这样的司法解释还是主要针对检察系统本身，更多地具有指导本部门检察工作的意义，还不具有较多的辐射性，也无法具有广泛的辐射性，所以在为被监督者接受的法律颁布之前，相对合理性的策略即是采取此种较为妥协的方法。这种情况造成了实际检察工作中检察建议适用的不理性状态。①

必须注意，《人民检察院组织法》的修改为立足检察建议的本质，科学设计检察建议制度提供了契机。因此，为促进《人民检察院组织法》修改时纳入检察建议制度，并设计出科学的、切实可行的具体检察建议机制，就成为检察理论研究必须解决的课题之一。

---

① 学者将检察建议的非理想适用情况概况为如下方面：（1）适用范围不规范。如检察建议与纠正违法通知书、检察意见书混用的情况；另如其适用界限不明，与检察意见函等非法定监督方式也存在混用；（2）制发程序不规范，管理工作不统一。一些地方没有以检察机关的名义制发检察建议，或者虽然以检察机关名义制发，但是内部管理仍然是各业务部门各自为政，缺少统一管理和统计分析；（3）制发对象不规范，大多影响较小。制发建议的对象多为企业，社会影响力比较小，社会效果有限，还存在一些下级检察机关向上级国家机关制发检察建议的情况，不利于检察建议的权威性和严肃性；（4）检察建议数量增加，高质量建议较少。近年来全国检察机关制发检察建议的数量一直处于上升趋势，但是由于存在专业局限和缺少调查研究，一些检察建议缺少针对性和操作性，没有实质操作意义的检察建议仍有相当数量；（5）检察建议的效果落实有待加强。转引自姜伟、杨隽：《检察建议法制化的历史、现实和比较》，载《政治与法律》2010 年第 10 期。

二、关于检察建议本质的认识

在《人民检察院组织法》修改中增订科学的检察建议制度，必须厘定检察建议的本质，事实上诚如前文所述，目前关于检察建议适用的混乱在根本上来源于对检察建议本质认识上的混乱，以及此种混乱基础上的规范不明。为此，必须对既有的关于检察建议本质的认识予以梳理，并在与其他建议、其他法律监督手段相区别的情况下，厘定检察建议的本质。

（一）关于检察建议本质的观点

根据现有资料，我们将关于检察建议本质的理论观点或者理论学说概括为如下几种：

1. 多元说的检察建议本质观

多元说的检察建议本质观认为，应当从多个方面认识检察建议，不应当局限于检察建议的一种属性或者一种本质。最高人民检察院检察官杨书文认为，检察建议的本质可以概括为：（1）检察建议是因应预防犯罪和参与社会综合治理的需要而产生，并是检察机关落实检察环节的综合治理责任的具体措施和方法；（2）依据公权法定的理论，检察建议不是检察机关的法定职权，也不是法定的履行检察机关法律监督职权的方式方法；（3）检察建议是服务和辅助检察机关实现法律监督目的的非诉讼检察活动方式；（4）检察建议没有自己独立的品格，它的性质取决于使用它的机关的性质和内容；（5）检察建议是检察机关权力和义务的统一体。作为权力，它依附于检察机关享有的法律监督职能；作为义务，检察建议因检察职权而产生，是为了更好地实现检察机关法律监督的目的而提出；（6）检察建议对被建议单位不具有强制执行的效力，以检察职权的影响力和建议的针对性、科学性保证实施；（7）检察建议不是检察机关法律监督职权的自然延伸，也不是检察机关履行法律监督职权程序的变通形式。① 有学者将该

① 杨书文：《检察建议基本问题研究》，载《人民检察》2005 年第 9 期（上），第 18 页。

种观点的本质概括为比较多地考虑检察建议的非权力性质，或者说是社会服务性质，并从社会服务的角度将检察建议作为检察机关的辅助工作或者是检察机关的副业。①

杨书文检察官对检察建议本质的认识，在一定程度上具有历史和现实视野，其历史视野表现为在界定检察建议的性质上比较多地考量了检察建议产生的实际情况，其提出检察建议性质观点的前提是对检察建议产生的历史梳理。事实上诚如前文所述，检察建议的出现与预防犯罪、社会综合治理的需要是分不开的，并在预防犯罪、社会综合治理工作的意见中得到体现和强调。其现实视野表现为两个方面：一是比较多地考量到了检察建议在现实实践中发挥作用的实际情况，此种实际情况就是由于没有立法的规定，检察建议没有表现出检察建议的特点，并被混同于一般的建议，不具有应有的强制性。同时根据规定检察建议的规范性文件的制定机关及其效力上看，关于检察建议的规范性文件还不具有法律效力，检察建议也不是检察机关法定的职权履行方式，提出检察建议也因此不被认为是检察机关的法定职权；二是该观点对检察建议的分析与梳理实际上是依据当时的或者现实的诉讼法关于检察权的权能以及检察权行使方式的规定，并以其时的法律规定作为衡量检察建议的地位、性质、本质的依据，于此才得出检察建议是服务和辅助检察机关实现法律监督目的的非诉讼检察活动方式。

不能说采取历史分析的方法和现实分析的方法就是非科学的分析方法，但必须注意的问题是，法律制度，尤其是新型法律制度常常处于动态发展的过程中，历史与现实分析的方法，虽然能够把握法律制度建构的基本初衷，并能够结合其当时的现实状况较好地理解法律制度内涵、较好地执行法律。不过，历史分析与现实分析的消极后果也不能视而不见，事实上，历史分析和现实分析常常表现为两种重要的错误：其一，在方法论上有本末倒置的嫌疑。应当说，虽然可以透过法律制度的历史与现实揭示法律制度的本质，但在决定与被决定的关系上是法律制度本质决定法律制度的历

---

① 万毅、李小东：《权力的边界：检察建议的实证分析》，载《东方法学》2008年第1期，第140页。

史与现实，甚至决定法律制度的未来，而不是相反。以法律制度的历史与现实断定，或者限定性地理解法律制度本质的观点，必然是一种狭隘的、本末倒置的观点；其二，在结果上可能导致限制法律制度发展的后果。多元说的检察建议本质观，虽然较为全面地揭示了当时背景下的法律制度之面相，但不可能对动态发展的法律制度具有开放的情怀和包容的态度。事实上，其确实也无法解释 2012 年修改的《民事诉讼法》中关于同级人民检察院可以对确定的判决向同级人民法院提出检察建议的规定。①

2. 从检察建议的性质之角度理解检察建议的本质

此种观点将检察建议的性质概括为两个方面：（1）检察建议是一种检察行为；（2）检察建议是一种检察事实行为。检察事实行为是与检察职权行为相对应的行为，作为检察职权行为是法律对之有明确规定的行为，而检察事实行为是尚未有明确法律规定的检察行为。认为检察事实行为"是指尚未由有关法律明确规范和调整，但与行使检察职权或履行检察职责相关，不具有法定程序和形式，能够产生一定法律效果的检察行为，如检察建议行为、检察统计行为、检察预防行为、检察技术鉴定行为等。"② 此种观点与第一种观点的相似之处在于均是以现实的视野分析检察建议，没有考虑到检察建议由可能为立法肯定并上升为立法的可能性。不过与前一观点相比，此观点已经具有了比较广泛的视野，主要表现在以下方面：其一，该观点已经承认了在诉讼中提出检察建议的可能性，并将检察建议分为诉讼类检察建议、法律监督类检察建议以及预防犯罪类检察建议。而其中的第一种观点直接将检察建议作为一种非诉讼的检察机关活动，从而将检察建议排除于检察监督之外。其二，此种观点虽基于现实视野，但已经在一定程度上触及了检察建议制度的核心，该观点的持有者在论证其作为核心检察建议的法律监督类检察建议时，承认了此种法律监督不同于其他法律

---

① 《民事诉讼法》第 208 条第 2 款规定：地方各级人民检察院对同级人民法院已经发生法律效力的判决、裁定，发现有本法第二百条规定的情形之一的，或者发现调解书有损害国家利益、社会公共利益的，可以向同级人民法院提出检察建议，并报上级人民检察院备案；也可以提请上级人民检察院向同级人民法院提出抗诉。

② 吕涛：《检察建议的机理分析》，载《法学论坛》2010 年第 2 期。

监督的特色，即其"柔性"特点。"此类建议以'柔性监督'的优势，有效弥补了法律监督手段匮乏的局面，拓展了法律监督的领域，增强了法律监督的实效。同时，出于强化法律监督的改革导向和现实需要，此类建议也最迫切需要得到全面、充分的程序保障。"① 其三，该观点基于检察建议的柔性特点，基于检察建议体现的法律监督机关与被监督者之间的相互关系或者协商关系，对检察建议的本质进行了初步的探索。"检察建议是检察机关在履行检察职能的过程中，针对妨碍检察目的之实现的违法或者不当行为、诉讼活动以及可能再次引发违法犯罪的隐患问题，以书面形式，向特定的被建议对象提出纠正、处理或者改进工作意见的检察行为。"②

此种观点既以现实视野分析检察建议制度，必然也存在与前一种观点一致的静态缺陷或者不足，表现为与前一观点大体一致的应予以商榷的问题。其也是将检察建议作为检察机关的一种辅助行为，尽管其没有采用辅助行为这样的表述方法，不过其关于检察行为分类的思想已经或者初步具有了这样的意味。按这种观点，检察行为分为检察职权行为与检察事实行为，检察建议属于一种检察事实行为。当然，与前观点不同，其在认为检察建议是检察事实行为的同时，又认为检察建议也为《刑事诉讼法》规定，特殊情况下是一种检察职权行为。这样，检察职权行为与检察事实行为之间应当有何种界限难以确定。其关于检察建议之辅助性的认识，还体现在其关于检察建议的界定中。按此，检察建议是检察机关在履行检察职能的过程中采取的行为，确切地说，检察建议本身或许不是履行检察职能的方式，只是在履行检察职能的过程中附带进行的检察行为。

3. 从检察建议内在于检察权之中的角度认识检察建议，并将检察建议作为检察权一项功能性权力或者特有的本质权力

"检察机关的建议权是中国检察权中特有的一个功能性权力，也是法律监督不可或缺的一项权能。检察机关在履行法律监督职责的过程中，根据法律的授权，就已经发现的违法情况，向有关单位和个人发出建议，要求

---

① 吕涛：《检察建议的机理分析》，载《法学论坛》2010 年第 2 期。

② 吕涛：《检察建议的机理分析》，载《法学论坛》2010 年第 2 期。

其纠正违法或者改进工作，以保障法律正确实施和防止违法情况再次发生的权力。"①

此种观点的重要特征在于从《宪法》以及《人民检察院组织法》对检察机关的功能定位之角度理解检察建议，不仅将检察建议作为检察机关履行法律监督职能的重要手段，而且认为其基本的依据也是检察机关的法律监督职能。正是检察建议相对于检察机关之法律监督机关属性的派生性，使得检察建议也因此具有了法律监督属性。"从我国宪法的规定看，只有检察机关是宪法规定的'国家法律监督机关'，所以，只有检察机关的监督才具有法律监督的性质。基于对检察建议法理基础的分析，不难发现检察建议的性质是由检察机关的法律属性所决定的，呈现出特有的专属性和排他性。"②

其次，该观点也强调检察机关发出检察建议的法定性，认为检察机关针对法律监督事项提出检察建议不同于其他任何机关、团体、个人发出的建议，即使人民法院在司法审判的过程中向有关单位和有关人员发出的司法建议，也不具有这样的法定性，而更多地体现在"建议"属性上。③ 检察建议的法定权力属性不仅要求检察机关必须依法制发检察建议，同时体现为检察建议具有一般的建议所不具有的强制属性。这种强制属性表现为对建议对象产生的一种强制力，此种强制力学者将其概括为检察建议效果的法定性。此种法定的效果或者强制效果既是检察权的强制性、检察建议本身具有的法定权力性所必然包含的内容，换句话说，如果检察建议不包含这样的强制内容，即不能体现检察建议的本质内容。同时，也是检察建议最终实现其制度目的，是检察机关以检察建议践行法律监督职能的保障，否则检察建议就有可能被束之高阁。调查表明，实践中检察建议之所以没

---

① 张智辉：《论检察机关的建议权》，载《西南政法大学学报》2007 年第 2 期。

② 梁凤娣、顾文虎：《检察建议基本理论问题研究》，载《中国检察官》2009 年第 6 期。

③ 此种观点认为司法建议不是法院审判权的本质内容，作为法院审判工作外的一项工作内容，其在任何意义上都不具有国家权力行使的性质，更多地表现社会组织所表现出来的一种社会责任承担方式，对建议对象也不具有任何强制性。

有发挥其应有的法律监督职能的原因不在于检察建议本身，而在于检察建议制度不完善。一旦在立法上赋予体现检察建议的法律监督属性，体现其法定权力属性的强制性后果，检察建议就能发挥其无可替代的制度功能。①

应当看到，此观点开始从检察机关职能定位的角度研究检察建议制度，并在检察建议与其他机关、团体或者个人的建议不同的基础上理解检察建议，应当说此观点已经走在正确的道路上，因此其与其他观点的重大不同是其不是从检察建议运作的实际现状的角度，不是从实然角度或者历史角度研究检察建议，而是直接立足于检察建议的本质，因而此观点已经具有了较大的包容性、前瞻性、动态性，其应该也可以作为《人民检察院组织法》修改中改革和完善检察建议制度的理论基础。不过此观点仍有一些需要回答的问题。对这些问题的回答，也是进一步彰显其正当性、完善其理论内容的重要方法，或者换句话说，对理论上可能出现的问题的回答是理论本身获得正当性的方法，也是理论实现自我完善的方法。这些问题主要有：其一，关于检察建议为检察机关法定权力，并是检察机关履行法律监督职能必不可少的手段的观点，如何合理解释或者应对历史与现实中的检察建议？诚如前文所述，1981 年复出的检察建议首先是作为预防犯罪的一种重要手段，同时，也是检察机关积极参与中央要求的预防犯罪的一种重要方法。而 1991 年最高人民检察院又以检察建议之形式回应中央关于加强社会治安综合治理的决定，检察建议于此又获得了新的内容、新的生命。当然，随着社会政治、经济、文化等事业的发展，随着检察权在社会治理中的活化，检察建议的内容也逐渐丰富，检察建议适用的范围逐渐广泛。不过，研究检察建议的本质必须对历史上的检察建议作出解释，不管检察建议的未来发展如何。而关于检察建议属于检察机关法定权力的观点，恰

① 2010 年 8 月 27 日，河南省郑州市第十三届人大常委会第十三次会议通过了《关于加强检察机关法律监督工作的决议》的地方立法，赋予检察建议以建议对象必须认真办理及时回复的法律后果，并规定如果没有认真办理或者没有及时回复将追究有关部门或者有关人员的责任。不落实将追究的检察建议的强制性后果促进了检察建议的制度功能之发挥，河南省郑州市中原区检察院自 2010 年 8 月至 2011 年 6 月先后发出检察建议 32 份，回复率为 100%。参见邓红阳：《检察建议如何摆脱"束之高阁"窘境》，载《法制日报》2011 年 6 月 9 日，第 4 版。

恰回避了这一历史问题。尤其值得注意的是，检察建议的法定权力说，在论及检察建议的外延时，并不是以狭义的观点理解检察建议，而认为检察建议具有广泛的包容性、适用性，并因此认为检察建议是一种综合法律监督权。"检察建议既包括对公安机关侦查活动和监狱刑罚执行活动的监督，又包括对法院审判活动的监督，还包括参与社会治安综合治理、预防犯罪等。从这个意义上说，检察建议是一项综合性的法律监督权。"① 其二，检察建议作为检察机关践行法律监督职能的具体手段与其他的法律监督手段之间有何区别，此问题也是界定检察建议本质的重要方面。对事物本质的认识一方面可以直接深入到事物深层规律的方式予以认识；另一方面，事物的本质也可以在与其相似的事物的区别或者比较的过程中获得认识。应当说，对事物本质认识的方法具有内在的贯通性，直接深入事物核心或者深层规律的认识方法，最能够实现认识事物的目的，是较为快捷的方法，但该方法常常缺乏自我论证性、自我说明性，此种方法的合理性一般地又以与相似事物的比较而获得说明或者论证；相似事物之间的比较是较为容易的、易为多数人接受的方法，但此种方法仅仅意味着其方法性、手段性，其本身并不是目的，最终的目的是实现对事物深层规律的认识或者揭示。当然，检察建议认识上的法定权力说，并不是完全无视检察建议与检察机关其他法律监督手段之间的比较或者区别，相反，其在一定程度上涉及了检察建议与其他法律监督手段之间的区别。这主要表现在论者对检察建议适用条件的分析上，尽管论者没有对检察机关其他法律监督手段的适用条件予以论证，但却在一定程度上涉及了检察建议的部分条件，如其提出检察建议不仅可以针对有关人员的违法行为而提出，也可以针对有关单位在管理上存在的瑕疵或者漏洞提出。"从司法实践看，在办案过程中，检察机关可以就违法情况向执法机关提出建议进行纠正；还可以就有关单位在管理上存在的问题和漏洞，为建章立制，加强管理，以及认为应当追究有关

---

① 梁凤娣、顾文虎：《检察建议基本理论问题研究》，载《中国检察官》2009 年第6 期。

当事人的党纪、政纪责任，向有关单位正式提出建议。"① 不过，这种对检察建议的适用条件之论证还没有成为法定权力说的主观意识，检察建议与检察机关的其他法律监督手段之间的比较，还没有付诸具体的行动，更毋庸说是有意识的活动了。

（二）检察建议的法律本质

理解检察建议必须从检察机关的功能定位角度予以理解，因为检察建议是检察机关为履行宪法赋予的法律监督职能而制发的建议，而不是任何其他机关、社会团体或者个人所制发的建议。检察建议区别于其他建议的原因就在于其对检察机关法律监督职能的依附上，同时这也是法律监督职能的重要体现。从这个角度看，必须赞同法定权力说的观点，并将检察建议理解为检察机关的法定权力。否认检察建议的检察机关法定权力属性的观点是错误的，正是由于检察建议的法定权力属性，才使检察建议具有其他建议所不具有的强制性、严肃性，才具有其他建议所不具有的法律监督之属性。必须注意，有些学者虽然承认检察建议具有法律监督的属性，属于检察机关的法定权力，但又认为检察建议是检察机关迫不得已的情况下创制出来的一种权力形式，是检察机关在宪法、法律对检察机关的法律监督方法没有明确规定的情况下的无奈之举、暂时之举。"客观地讲，这种履行法律监督职能的检察建议权在实践中的出现，在很大程度上是因为现行法律只是抽象地规定了检察机关的法律监督地位，但对许多具体的监督权能及其运作程序和方式缺乏规定。因此，检察机关在履行法定的法律监督职能中有时被迫创设一些权力形式以弥补立法的不足。"②

此种观点注意到了《人民检察院组织法》以及三大诉讼法对检察建议缺乏相应规定的现实情况的注意，也在论证检察建议的无奈性的同时，论证了欠缺明确法律规定的检察建议的合理性。不过其没有注意《宪法》对检察机关法律监督职责的概括授权，换句话说，具体法律规定的检察机关

---

① 梁凤娣、顾文虎：《检察建议基本理论问题研究》，载《中国检察官》2009 年第 6 期。

② 万毅、李小东：《权力的边界：检察建议的实证分析》，载《东方法学》2008 年第 1 期。

的法律监督仅仅是这种宪法概括授权的一部分，而不是全部，检察机关有必要，而且必须根据发展了的社会情况、发展了的社会正义要求创新法律监督的范围以及法律监督的方式，只有这样才能说检察机关真正履行了或者积极履行宪法赋予其的法律监督职责。此种观点持有者也注意到了严格依据公权法定原则解释我国检察机关的法律监督的局限性，并试图以公权法定原理以外的其他正当性基础予以解释。在我们看来，他们提出的此种正当性基础首先是从中国检察监督的现实出发，立足于现实视野，采取相对合理主义的方法，并命之为考虑权力形式的现实实际情况，而不是考虑权力的法治化和规范化标志。"一般而言，公权力都必须要法律的授权的，但我们不能由此认为，没有法律授权，公权力就一定不存在。在政治社会中，权力本身往往具有'合理性'或'合法性'特点。这里所说的'合法性'，是指某一事物具有被承认、被认可、被接受的规范性基础，至于具体基础是习惯、法律还是道德，则要视实际情况而定。……没有法律授权的公权力是不规范的。对于西方法治发达国家，这可能是一条先验的定理，但对于尚处于法治过渡时期的中国而言，则并非不可颠覆的真理……法律的授权是公权力规范化与法治化的标志，不是判断公权力是否存在的唯一依据，除法律授权以外，还可以考虑一种制度或现象是否具有权力的外观与本质。"① 不过，如果不从检察机关法律监督机关的宪法定位，不考虑宪法对人民检察院法律监督权的概括授权，就无法说明检察机关何以可以具有此种让受方无可反驳、必须接受的权力，检察机关的检察建议也就不具有权力行使的外观与本质，更谈不上对检察建议运用的法治化、规范化了。

另外，与社会发展的动态性一样，法律的发展也呈现出动态特性，法律也正是基于其动态性，才最终能够在总体上实现法律与现实社会生活需要的一致与契合。一定时期内或者该观点提出之时法律没有规定或者缺乏明确规定的法律监督，有可能在特定的情况下为立法所认可，并成为宪法抽象、概括赋予的法律监督与具体立法支撑的法律监督的有机结合。2012

---

① 万毅、李小东：《权力的边界：检察建议的实证分析》，载《东方法学》2008年第1期。

年《民事诉讼法》的修改即是如此，考虑到抗诉这一单一的法律监督形式，不足以完成人民检察院的民事诉讼监督和民事执行监督之责任，① 故根据社会发展的需要，根据各地检察机关的积极探索，于修订的新法中增加了人民检察院检察监督的范围和检察建议这样一种检察监督方式。

必须对历史发展中的检察建议作出合理解释，并在合理解释的基础上把握检察建议的法律本质。事实上有许多观点都在努力解释历史发展中的检察建议，而不是回避检察建议的历史，在这样的解释中形成了诸多观点。极端的观点认为基于检察建议之预防犯罪、参与社会管理创新的早期历史使命否认检察建议之权力属性，并最终体现为检察机关的社会服务属性。"检察建议是检察机关落实检察环节综合治理责任的具体措施和方法，是服务和辅助检察机关实现法律监督目的的非诉讼检察活动方式，不是检察机关的法定职权，也不是法定的履行检察机关法律监督职权的方式方法。"② 折中的观点是将检察机关使用的检察建议类型化，将早期预防犯罪、参与社会管理的检察建议作为检察机关体现社会服务功能的方式，而将检察机关参与法律监督检察建议作为检察机关的法定职权，认为作为法律监督的检察建议体现检察机关的法定权力，而作为参与社会综合治理的检察建议仅仅具有一般社会组织社会服务的功能。"社会综合治理职能是检察机关在履行一种社会组织所承担的服务功能，而不是履行法律监督职责，因此，这一类检察建议并不具有公权力的属性。同时，检察机关在履行社会综合治理的职责时，实际所行使的也不符合权力的特征，尽管检察机关可以依据自己的意志向对象发出检察建议，但是这种关于综合治理的检察建议并没有为其对象设定义务，对象不履行该建议的内容并不能带来具体的、不

---

① 当然，也有很多学者指出检察机关对民事执行的监督应当包括在检察机关对民事诉讼的监督中，并从民事执行与民事诉讼之间的包含与被包含的关系角度论证 2012 年《民事诉讼法》之前的民事执行检察监督的合理性。原中国政法大学教授杨荣鑫先生在 2008 年召开的中原民事执行检察监督论坛上就明确指出，1991 年《民事诉讼法》第 14 条之所以用的是人民检察院应当对民事审判活动进行监督，而不是用对民事诉讼活动进行监督，主要目的是拟区别与《行政诉讼法》的相关规定，并因此认为当时立法者已经包含了许可民事执行检察监督的意蕴。

② 杨书文：《检察建议基本问题研究》，载《人民检察》2005 年第 9 期（上）。

利的法律后果。"①

应予说明的问题是，理论和实践对检察机关性质的认识也是一个逐步发展的过程，可以肯定地说，随着法治化进程的逐渐深化，随着理论研究科学性的增加，社会对检察机关性质的认识可能会获得能够体现我国检察机关特色的科学认识。不过，现阶段理论及实践部门对我国检察机关的认识仍有争议，并因此有林林总总的各种观点。② 我们这里拟进一步强调的问题是，既然现在对我国检察机关性质的认识还有争议，则任何人无法肯定地说于 20 世纪的改革开放之初，于刚刚提出建设有中国特色的商品经济体制之时期，人们对检察机关的认识已臻完美、科学。事实上其时理论与实务上更多地将检察机关等同于其他的行政机关，此种等同并不是在借鉴西方国家检察机关理论或制度的基础上提出的，也不是受西方检察机关为行政机关之观点的影响，而是基于中国当时的实际概括地将其作为一般的行政机关。最高人民法院的院长、最高人民检察院的检察长统一被称为"部长"，对他们的访谈也和对其他部长的访谈一样作为"部长访谈"。如果说承认它们与其他行政机关在一定程度上不同的话，则主要在于强调这些机关的惩治犯罪、打击犯罪、镇压犯罪的功能，并在这种意义上称为"刀把子"机关。此种认识之下的检察机关承担了许多本不应当由检察机关承担的责任，并因此使检察机关、人民法院等部门具有社会治理中的"救火"角色、"消防队"之角色，哪里有不安全因素，检察机关就应当冲向哪里。

令人欣慰的是，随着人们对检察机关性质的认识逐渐深化，社会治理包括社会综合治理也开始在注重机关和部门分工的基础上进行。在司法正义的实现方面也是如此，能够参与到司法程序中的各个部门、各个机关首先是在有明确分工的基础上进行合作的，如果没有明确的分工就谈不上合作。曹建明检察长在谈及民事司法中的检法合作时也是以承认两者之间各

---

① 万毅、李小东：《权力的边界：检察建议的实证分析》，载《东方法学》2008年第1期。类似的观点也可以参见王朋：《检察建议的属性与机制保障》，载《人民检察》2011年第9期。

② 对这些观点本书第一部分已经有系统介绍，这里不再予以重复性说明。

自不同的职责为前提的。"在民事行政诉讼中，检察机关与审判机关承担的职责不同，但都是为了实现司法公正，保障国家法律的统一正确实施。检察机关开展民事行政诉讼监督，对人民法院既是监督，又是支持。"① 甘肃省人民检察院检察长乔汉荣更是从两者之间的分工角度理解民事行政检察监督。"民事行政检察监督中，检察院与法院之间的监督与被监督的关系不是对立的，而是国家整体权力框架下的职权分工。必须坚持检察机关、人民法院依法独立行使检察权、审判权基本原则下的合作，相互制约基础上的配合，维护司法公正、司法权威目标下的互助互动。"② 基于此，我们认为检察机关即使参与社会综合治理，也应当以检察权行使的方式，以与法律监督职能相对应的方式参与，而不是不考虑检察机关法律监督职能，不考虑检察机关的宪法定位，而混同于其他机关，甚至混同于其他社会组织参与社会治理。③ 实践中发生的检察机关协助拆迁、协助城市综合治理等都是违背检察机关的法律监督职能的，与检察机关的宪法定位不相符合，甚至可以在一定意义上说检察机关以违法的方式参与社会治理。

基于以上理由，我们认为，应当将检察机关历史上参与社会综合治理的检察建议排除于正在建构的检察建议制度中，此种排除有助于纯化检察机关的职能，并有助于在职能纯化的基础上，实现检察建议制度的科学化。当然，检察机关不仅于历史上曾经承担过预防犯罪的职责，预防犯罪也是其现在应当承担的职责之一，并一直以来以与职务犯罪侦查相一致的角度理解、对待。这样预防犯罪的检察建议仍可以纳入作为检察机关法定权力的检察建议制度中。

---

① 曹建明：《坚持法律监督属性、准确把握规律，实现民事行政检察工作跨越式发展》，载《检察日报》2010 年 7 月 26 日。

② 乔汉荣：《加强检法两院工作衔接机制建设》，载《检察日报》2010 年 9 月 21 日。

③ 笔者曾经谈及过法院、法官在实现司法正义中的积极性发挥问题，谈及司法能动性的发挥问题，对之我们的观点即是司法能动性以及任何机关的能动性，只能以与其机关性质以及宪法赋予其的使命相符合的形式进行。参见赵信会：《李登瀛办案与司法能动性》，载《法制日报》2010 年 12 月 2 日。

1. 检察建议与其他建议

在检察建议之外还存在各种形式的建议，这些建议有些是国家机关提出、有些是社会组织提出、有些是公民个人提出，有些针对的是社会制度建设，有些针对的是具体事务的处理。必须在区别检察建议与其他建议的基础上把握检察建议的本质，在我们看来检察建议与其他建议的区别可以概括为如下几点：

（1）检察建议与其他建议的性质不同。检察建议是检察机关履行法律监督职能的形式之一，具有比较强的法定权力属性。发出检察建议既是检察机关的法定权力也是检察机关的法定职责，换句话说，在具备制发检察建议的情况下，检察机关必须制发检察建议。而其他建议，特别是社会组织和公民提出的建议，更多的是立足于其对社会政治、经济、文化事务管理的关心而发生的，一般作为其参与社会管理的重要方式而存在。我国的宪法和法律鼓励公民、社会组织、社会团体积极参与社会管理，但是公民、社会组织、社会团体参与社会管理，并提出建议是其一项权利，在是否提出建议方面不具有强制性。尽管国家可以通过奖励的方式，鼓励公民积极参与社会治理或者社会管理，并积极献言献策，但国家绝不可能通过强制的方法促使公民等提出建议。

实践中还有一种常被认为或者错误地认为具有建议属性，这就是诉讼中的当事人或者当事人的诉讼代理人向法院提出的建议。应当说，当事人或者当事人通过其诉讼代理人在诉讼中提出证据、事实、法律等方面的建议，是当事人诉权行使的方式，而不同于一般的建议。相对于一般的建议，诉讼当事人或者当事人的诉讼代理人提出的建议对于诉讼中的审判机关具有约束力。这种约束力表现为诉权对审判权的制约关系，尽管不同诉讼中的此种制约关系存有一定的差别，但是审判权具有被动、中立却是各种类型诉讼中的共同特征。

（2）检察建议具有其他建议所不具有的强制后果。检察建议所具有的法定权力属性，必然是其表现为后果上的强制性，此种强制性即表现为被建议对象必须作出一定的行为，否则将承担不利的法律后果。"检察机关法律监督的后果，就是要产生一定的法律效果，即能够启动相应的程序、阻却或防止有关结果的发生，如运用检察建议启动法院民事行政案件的再审程序等。因此，作为一项法定的职权，检察建议的行使当然具有强制性，能够使作用的对象实施或不实施一定的行为。"① 其他建议却不具有这样的属性，尽管法治国家建设的基本要求是政府以及其他机关必须回应民众的需求，并在确保政策制定、制度运行的过程中满足民众的需要。换句话说，民众的积极参与以及国家、政府对民众参与的回应，或者说两者之间的对话、交流，不仅是一种社会治理的方式，也是社会治理的目标。不过，并不是要求被建议的对象必须对每一个建议作出回应，并不是要求被建议的对象必须以建议者能够实际了解到回应方式予以回应。例如，立法机关在颁布修改《民事诉讼法》决定的草案以后要求学者以及实务部门中的人员积极提交修改建议，确实也有相当数量的学者提出了颇具见地的建议，但立法机关并不是针对每一个建议者作出回复，仅仅是在《民事诉讼法》的最终修改中吸收合理的建议的。

当然，对于检察建议的强制性后果的具体表现形式还可以进一步予以研究，但决不能以建设中、研究中的强制性后果否认检察建议的强制性。

（3）检察建议具有与其他建议不同的内容。检察建议之不同于其他建议的内容首先表现在检察建议针对的事项都是与检察机关法律监督职能相关的事项，换句话说，检察机关提出的检察建议必须具有明确的针对性。此种针对性也要求检察机关制发检察建议时与其采取其他形式的法律监督职权时一样谨慎行使，对于非属于检察机关法律监督范围的事项不能提出检察建议。其次，要求检察建议在内容上必须体现出其他建议所不具有的严谨性。详言之，检察机关在提出检察建议时不仅以提出结论性的建议为已足，还必须对该检察建议的法律依据、事实依据进行充分的说明和论证。事实上，当前检察机关提出的部分检察建议未能实现其应有目标的原因之一就是检察建议过分形式化。应当说明的是，与传统社会不同，现代社会治理越来越多的不是依据治理权的外在权力形式，不是依据权力自身的强

---

① 梁凤婵、顾文虎：《检察建议基本理论问题研究》，载《中国检察官》2009 年第 6 期。

制性，更多的是依赖权力自身的合理性和正当性。促使权力正当性的重要方法是对权力行使的方式、权力行使的结果予以充分论证、充分说理。①

而检察建议之外的其他建议不仅在内容上没有限定性，公民、社会团体、社会组织完全可以根据自己的兴趣、根据自己的知识掌握情况、根据自己与被建议对象的距离远近确定是否提出建议，以及以何种形式提出建议。同时，其他建议在内容上也不能强制其必须具有较强的说理性。尽管提出建议的公民或者社会组织为实现其建议的实质化，或者为了使自己的观点、理论能够有更多的人注意、认同，甚至依据其建议而行动，可能会积极地对其提出的建议予以论证、说理。但没有人，也没有法律要求建议者必须对其建议予以论证和说明，除非其建议已经涉及对其他人权利的贬损。

（4）检察建议之提出具有其他建议所不具有的严格的、严肃的程序。由于检察建议涉及被建议人的特定行为、制度或者措施，并具有强制性的法律后果，所以检察建议的提出必须履行严格的法定程序。这些程序包括以下几个环节：第一，启动。检察机关可以依据自己的职权，也可以依据其他信息来源启动检察建议的制发程序，但此种启动必须具备相关的条件。例如有关单位和个人存在违法行为，导致法律不能被实施的情况，或者有关制度或者措施存在漏洞不能确保法律的正确实施等。同时，检察建议制发程序的启动还必须履行相应的程序，对于此种程序的内容，我们将在以后进行研究；第二，检察建议的制作。检察建议制作中的重要方面是提出合适的、有针对性的检察建议，并对该检察建议予以充分论证。此环节也是检察建议提出中的重要环节，决定检察建议的质量和效力；第三，检察建议的签发。检察建议签发与检察建议的制作前后相继，常为不同的内部主体所承担，至于应由何主体承担签发职责，我们在以后的内容中再予论

---

① 这在司法权的行使中也是如此，要求裁判者论证判决书的重要原因或者目标就是促进司法权的正当性价值，促使公众对司法的信任。"如果无法维持公众对司法的高度信任，则会出现人们忽视司法判决、藐视司法体系的恶果，而法官对公众恪尽职责最基本的方式，就是公开判决的推理过程。"斯贝格尔曼：《人权、法治与判决书的推理》，载《人民法院报》2003 年 11 月 24 日。

述。不过，检察建议签发的严肃性常被作为检察建议严肃性的代表，也因此常被学者以及实务部门中的人员所提及；第四，备案。检察建议发出以后，检察机关必须对发出的检察建议予以备案，并在适当的时候检查该建议的落实情况。

（5）检察建议均具有明确的建议对象。其他的建议一般来说也有一定的建议对象，但有些建议的对象是不明确的。例如我们进行社会科学研究，提出相关观点和理论，此时，我们的建议对象常常是不明确的，或者换句话说建议对象可能不是特定的，这其中既有立法者、执法者，也有可能包括其他学者，甚至包括正在接受教育的学生。这种对象上的不特定性与其后果上的非强制性息息相关，对象上的不特定性也使强制性后果成为不可能。检察建议因其以法律监督权威为依据，以强制性后果为后盾，因此具有明确的对象性或者对象上的特定性。

2. 检察建议与检察机关的其他法律监督手段

检察机关为履行法律监督职能，享有丰富的检察监督手段，就目前的法律规定看，检察机关享有的法律监督手段包括：职务犯罪的侦查、诉讼监督、对公安机关的监督、提起公诉等。当然，随着社会的发展，检察机关还必须探索其他形式的法律监督手段，这样的探索也将逐渐为法律所认可，并由概括授权下的法律监督演变为具体立法支持的法律监督。只有在检察建议与其他检察机关法律监督手段区别的视野上，才能更好地把握检察建议的本质。事实上，已经有部分学者认识到了此种研究方法，只不过还缺乏系统的分析，或者说部分学者对它的认识还不是有意识的研究或者探索。① 结合检察建议的运行，综合目前的研究成果，我们将检察建议与检察机关的其他法律监督手段之间的区别概括如下：

（1）检察建议与检察机关的其他法律监督手段针对的对象不同。检察机关的一般法律监督手段大多针对特定的、具体的行为，这些行为已经违

---

① 参见吕涛：《检察建议的法理分析》，载《法学论坛》2010 年第 2 期；有些人甚至将检察机关的法律监督权分为强制性的法律监督权与建议性的法律监督权。参见甄君玮：《检察建议司法适用中存在的问题及对策》，载《山西省政法管理干部学院学报》2012 年第 3 期。

反了法律的规定或者以其他方式影响了法律的统一实施和正确实施，检察机关的一般法律监督手段也都是针对具体违法行为或者影响法律统一实施行为的具体应对。例如，针对具体的职务犯罪行为检察机关采取的职务犯罪侦查手段就具体包括立案、调查、采取强制措施等手段，针对公安机关的立案行为或者不立案行为，检察机关认为不适当的可以要求公安机关改正或者作出说明。针对人民法院的不当审判行为，人民检察院可以对之提出具体的抗诉，并以抗诉的形式启动再审程序，撤销或者变更已经确定的裁判或者调解书。检察建议虽然是检察机关履行法律监督手段的一种方式，具有和其他法律监督手段共同的特征，如法定权力性、强制性、严肃性、内容上的针对性和说理性等，在针对对象上，检察建议也可以针对特定的、具体的违法行为或者不当行为，并要求被建议的对象纠正错误的行为或者采取即时的具体行为，此类检察建议多表现为诉讼监督类的检察建议，[①]也可以表现为其他的针对具体行为的检察建议。例如针对行政机关的违法行为可以提出具体的纠正或者改正意见，这也是目前检察机关践行社会管理创新的重要领域之一。但是，检察建议区别于检察机关其他法律监督手段的重要特征在于其并不局限于特定的、具体的违法行为，检察机关还可以就有关单位、有关机关在制度上、机制上存在的影响法律统一实施、正确实施的制度缺陷或者机制缺陷提出检察建议，督促或者强制有关机关强化制度措施或者机制建设，以保障法律的统一实施和正确实施。例如检察院可以针对公安机关关于刑事侦查活动的管理机制提出检察建议，也可以针对某些单位预防犯罪机制提出建议，学者们对之的归类不同。但不可否认的是，他们均承认检察建议可以针对不特定的对象提出，虽然接受检察建议的单位可能是具体的，但检察机关提出检察建议的对象却是不特定的。

另外，检察机关的其他法律监督手段都有相对稳定的适用对象，换句话说，其只能适用于某一个特定的法律监督对象，不具有广泛的适用性。例如民事诉讼中的抗诉只能适用于对人民法院作出的确定裁判或者调解书，

---

① 参见吕涛：《检察建议的法理分析》，载《法学论坛》2010 年第 2 期；王朋：《检察建议的属性及机制保障》，载《人民检察》2011 年第 9 期。

提起公诉只能针对刑事诉讼中侦查完毕，检察机关认为犯罪嫌疑人的行为已经构成犯罪，并需要追究其刑事责任的情形，等等。相比之下，检察建议却有非常广阔的胸怀，对诉讼行为可以采取检察建议；对于行政行为也可以采取检察建议；对于具体行为可以采取检察建议，对于制度或者机制上的瑕疵等非具体行为也可以适用检察建议。正是在这样的意义上，我们才认为检察建议是一种具有非常大的潜能的检察监督手段，有随着时代的发展不断拓展其范围、丰富其内容的潜力，有与时俱进的时代特征。"作为检察机关实现法律监督职能的重要形式，检察建议在检察机关立足检察职能，结合执法办案工作，完善发案单位管理制度，助推社会管理创新，延伸执法效果，开展警示教育，预防和减少违法犯罪方面发挥了重要作用。"①

（2）检察建议具有不同于检察机关其他法律监督手段的强制性表现形式。检察机关的其他法律监督手段在具体的运用中表现出直接的强制性，换句话说仅仅依靠检察机关的法律监督手段本身即可以实现其强制性，例如检察机关的民事抗诉带来的结果即是人民法院必须对确定的裁判、调解书再审，人民法院对检察院的抗诉没有任何可以变通、协商的余地；对于人民检察院不批准逮捕的决定，公安机关必须立即停止其对犯罪嫌疑人的强制措施，否则犯罪嫌疑人即可以要求公安机关承担由此带来的一切不利后果。

相比之下，检察建议的强制性就具有一定的"间接性"，或者说检察建议仅仅要求被建议对象必须采取相应的行动，至于采取何种行动，被建议对象可以考量检察建议的内容裁量性作出，被建议对象也可以坚持原来的行为，不过其必须对之说明理由。对于检察建议的此种强制性表现，有学者称之为检察建议的"柔性"。"不可否认，检察建议作为一种柔性法律监督权，其强制力相对较弱。毕竟，'建议'和'纠正'、'命令'还是存在一定的差别的。被建议单位接到检察机关的建议后，可以进行选择，以决

---

① 刘铁流：《检察机关检察建议实施情况调研》，载《人民检察》2011 年第 2 期。

定是否接受这种建议。"① 有些学者称检察建议的此种间接强制性为检察建议所体现的法律关系的"协商性"，认为检察建议与通常检察行为所体现的单向性、命令性不同，检察建议依赖被建议对象的积极配合。"鉴于检察建议的非强制性，检察机关又有着强烈的被认可的动机追求，客观上也需要被建议对象给予积极的配合、接受、采纳，才能达到其目的。因此，通常检察行为的单方、单向性特征，在检察建议的实际操作层面上，却为双方、双向性所替代，表现为检察机关和被建议对象之间相互关系的协商性。"②

（3）检察建议具有不同于检察机关其他法律监督手段的适用条件。对于检察机关其他法律监督手段的适用条件可以概括为如下两个方面：其一，适用条件的具体性和明确性。基于检察建议以外的其他法律监督手段后果的强制性或者直接强制性，法律对之都规定了非常具体的适用条件。此种具体条件既是对被建议对象，特别是对被建议的机关行使权力的尊重，也是对检察监督权行使的约束。例如《民事诉讼法》对检察机关的民事抗诉从两个方面予以限制，一方面严格限制检察机关提出的民事抗诉必须具备法律规定的实质性的抗诉条件；③ 另一方面，还规定了检察机关提出抗诉的程序条件，即当事人或者利害关系人只能在特定的情况下才可以向人民检察院申请检察监督，④ 此种程序上的要求虽然没有作为《民事诉讼法》的强制性要求，但是从立法倡导的精神看，我们认为此种程序规定反映了立法的基本导向。我们也将此种导向下的民事检察监督称为补充性检察监督、救济性检察监督，并认为当事人、利害关系人必须先向人民法院寻求系统内的救济，然后才可以寻求检察监督。⑤ 再如《刑事诉讼法》对检察机关批准逮捕的条件也有严格规定，只有在具备此种具体条件的情况下，才可以采取相应的法律监督手段；其二，适用条件的严格性。同样是基于

---

① 梁凤嫦、顾文虎：《检察建议基本理论问题研究》，载《中国检察官》2009 年第 6 期。

② 吕涛：《检察建议的法理分析》，载《法学论坛》2010 年第 2 期。

③ 具体可参见《民事诉讼法》第 208 条。

④ 具体可参见《民事诉讼法》第 209 条。

⑤ 赵信会、宋新龙：《民事抗诉基础的转换与补充性抗诉机制的建立》，载《河北法学》2010 年第 4 期。

检察建议以外的其他法律监督手段之后果的强制性，法律对检察机关其他法律手段采取一般规定的条件都较为严格。例如前述检察机关批准逮捕的条件之一必须是有可能构成犯罪，并有可能判处徒刑以上的刑罚，《刑事诉讼法》规定的可以提起公诉的条件是犯罪嫌疑人的行为已经构成犯罪，并必须被处以刑罚处罚。

相比而言，法律对检察建议的适用并未规定具体的适用条件，法律对检察建议没有规定具体的适用条件并非是指检察建议的适用不用限制性条件予以规范。现实中法律没有规定检察建议的适用条件，客观上为检察机关利用检察建议实现社会管理创新提供了非常有利的条件，事实上检察机关也是用足、用好了检察建议以实现社会管理创新。不过，不能以现实中的检察建议的规定作为理解检察建议本质的基础，特别是在《人民检察院组织法》即将修改，或者是在为《人民检察院组织法》之修改提供理论论证的背景下，更不能以现实的立法论证检察建议的本质，因为现实的立法有可能为立法机关新的立法所修正。但与检察机关的其他法律监督手段不同，检察建议适用对象的广泛性，决定了法律不可能对检察建议的适用条件做具体规定，而只能采用概括性的方法予以规定、限定。有学者也是从此角度将检察建议的属性概括为检察建议法律依据的概括性。此种概括性条件规定在一定程度上赋予了检察机关利用检察建议践行法律监督职能的裁量权、创新权，一定程度上是检察建议的适用不局限于法律的具体规定。从这种意义上看，检察建议的适用最能体现《宪法》对检察机关法律监督的概括授权与一般法律对检察监督具体手段之间的表现与被表现的关系，最能体现《宪法》要求检察机关不局限于立法的具体规定创新法律监督手段的要求。

检察建议适用条件方面的另外的特征即是其适用条件的轻缓性，即适用于具有轻微违法的行为，或者不当行为、事件、措施、机制。检察建议适用条件的轻缓性与其后果的间接强制性息息相关，检察建议仅仅要求被建议的对象采取一定的行动，以纠正错误的行为、非法行为，或者完善相应的制度或者机制，此种建议对被建议者并不能导致某种责任承担的强制后果，更不具有制裁被建议者的强制后果制裁性质。为此，检察建议只能

适用于轻微违法行为或者不当行为，而不能适用于严重的违法行为。

基于以上分析，我们将检察建议的本质做如下概括，即检察建议是检察机关为履行法律监督职能，依据宪法、法律的规定，针对轻微违法、不当行为或者有瑕疵的制度机制，向有关单位或者个人提出建议要求其纠正不当行为或者完善其制度机制的强制性、严肃性法律监督行为。有关的司法解释也体现了检察建议适用条件的轻缓性，如 2001 年 2 月最高人民检察院发布的《关于刑事抗诉工作的若干意见》规定：人民法院审判活动违反法定诉讼程序，但是未达到严重程度，不足以影响公正裁判，或者判决书、裁定书存在某些技术性差错，不影响案件实质性结论的，一般不宜提出抗诉。必要时可以以检察建议书等形式，要求人民法院纠正审判活动中的违法情形，或者建议人民法院更正法律文书中的差错。

三、检察建议立法现状及实施现状

（一）检察建议的立法现状

综合我国目前关于检察建议的立法情况，我们将检察建议制度的立法现状概括为如下几个方面：

1. 立法规定散乱，且存在相互冲突的情况

在法律层次上目前还没有关于检察建议的单行立法和集中立法，所谓的集中立法即是指没有任何一部法律对检察建议的本质、检察建议的适用条件、检察建议的程序、检察建议的后果作出系统的、明确的规定。关于检察建议的有关规定散见于不同的立法文本中，这些立法文本分别是《检察官法》、《刑事诉讼法》、《民事诉讼法》等法律。但这些法律对检察建议的规定还存在比较大的差异，一定程度上表现为立法的冲突。例如《检察官法》第 33 条第 2 项规定，检察官提出检察建议或者对检察工作提出改革建议被采纳，效果显著的，应予表彰。这一规定肯定了检察官可以作为检察建议的提出主体。2012 年修改的《民事诉讼法》丰富了检察机关民事诉讼监督手段，规定了检察建议的民事诉讼检察监督方式，其第 208 条第 2 款规定，"地方各级人民检察院对同级人民法院已经发生法律效力的判决、

裁定，发现有本法第二百条规定情形之一的，或者发现调解书损害国家利益、社会公共利益的，可以向同级人民法院提出检察建议，并报上级人民检察院备案；也可以提请上级人民检察院向同级人民法院抗诉"；同条第3款规定：各级人民检察院对审判监督程序以外的其他审判程序中审判人员的违法行为，有权向同级人民法院提出检察建议。可以看出，《民事诉讼法》规定的提出检察建议的主体不是检察官本人，而是检察院。"并没有一部法律明确规定检察建议的具体内涵，所有检察建议的具体操作都是由司法解释与规范性文件规定的，由于涉及的范围比较广，因而也就显得很凌乱，缺乏统一规制。"① 当然，对于法律规定的冲突或者法律规定的不一致，在同一个立法层次上完全可以按照新法优于旧法的原则予以理解、执行。不过，在行将对《人民检察院组织法》修改的背景下，有必要对关于检察建议的立法做一系统梳理，并在梳理的基础上确立科学的检察建议制度。

2. 立法层次较低，很难体现检察建议的强制性和约束性

除前述立法对检察建议的规定外，关于检察建议的规定或者制度建构多依赖最高人民检察院的相关司法解释，这既包括比较早的《关于刑事抗诉工作的若干意见》和《人民检察院民事行政抗诉案件办案规则》，② 也包括新近发布的《最高人民检察院执法工作基本规范》③ 和系统规定检察建议的适用条件、程序的《人民检察院检察建议工作规定》（试行）。④ "关于检察建议的其他规范基本上都是由最高人民检察院自身或与其他部门联合发布的，具有较强的部门性特征，其中只有关于民事再审检察建议的规定得到了最高人民法院的认同，并在《全国审判监督工作座谈会关于当前审判监督工作若干问题的纪要》中作了相应规定。"⑤ 这些文件虽然对人民检

---

① 万毅、李小东：《权力的边界：检察建议的实证分析》，载《东方法学》2008年第1期。

② 最高人民检察院的这两个司法解释分别发布于2001年2月和2001年9月。

③ 该文件发布于2010年12月29日。

④ 该文件发布于2009年11月13日。

⑤ 万毅、李小东：《权力的边界：检察建议的实证分析》，载《东方法学》2008年第1期。

察院制发、运用检察建议践行法律监督职能有具体的指导意义和约束意义，换句话说，各级、各地人民检察院必须按照最高人民检察院的相应司法解释运用检察建议，开展检察监督工作。但是此种检察机关的内部司法解释，在如何获得超出检察机关以外的普遍接受力方面，却实实在在无能为力。事实上，接受检察建议的单位和个人，也没有法律的明确规定，可以不受约束为理由，对检察建议束之高阁、不理不睬，检察机关最终不得不采取其他具有直接强制性的法律监督手段。这样一来，检察建议之防微杜渐、预防重大违法行为的轻缓优势无法体现，不仅检察建议的效力受到影响，事实上也切实地影响检察机关履行法律监督职能的功效。

3. 检察建议制度的内容缺乏科学性

2009 年 11 月 13 日最高人民检察院发布的《人民检察院检察建议工作规定》（试行）应当是比较全面地规定检察建议制度的最高人民检察院的司法解释，其内容大致包括检察建议的本质、提出检察建议的原则、提出检察建议与案件办理之间的关系、检察建议的内容、可以提出检察建议的具体情形、检察建议的发出、检察建议的格式等。

关于检察建议规定的瑕疵首先表现在内容的欠缺上，例如《工作规定》（试行）缺乏关于检察建议强制力的规定，其第 8 条仅仅规定人民检察院应当及时了解和掌握被建议单位对检察建议的采纳落实情况，必要时可以回访。被建议单位对检察建议没有正当理由不予采纳的，人民检察院可以向其上级主管机关反映有关情况。《工作规定》（试行）没有加诸被建议单位以必须行动的义务，从而使检察建议的适用缺乏应有的规范性保障、强制性保障，这种强制性的缺失最终使检察建议难以成为一种具有可实施性的法律制度。[①] 内容上的欠缺还表现在监督机制或者考评机制的欠缺方面，《工作规定》（试行）第 8 条第 2 款规定，检察长对本院提出的检察建议，上级人民检察院对下级人民检察院提出的检察建议，认为确有不当的，应当撤销，同时及时通知有关单位作出说明。此种规定没有具体说明对检察院工作负责的检察长以及领导下级检察院工作的上级检察院，如何或者以

[①] 张新：《对完善检察建议立法的实证思考》，载《河北法学》2010 年第 11 期。

什么样的程序才能了解已经提出的检察建议"确有不当",因此这种看似有监督内容的规定,缺乏实际的监督价值,无法发挥应用的监督作用。对此种欠缺,有学者称之为考评机制的缺乏,有学者称之为缺乏应有的救济程序。① 之所以理解为缺乏应有的救济程序,在我们看来是《工作规定》(试行)并没有给予被建议对象提出声明异议的机会或者规定相应的异议程序。从另一个方面看,被建议者对检察建议提出异议或者说明理由的程序,既是对检察机关提出检察建议的一种监督,也是充实检察建议制度的必要内容,通过此种充实,可以以外部视角,而不是以内在激励的方式促使检察建议的质量予以提高。

目前,检察建议制度非科学性的另一个表现是关于检察建议制度的许多规定存在应进一步商榷之处,或者换句话说,在其规定的具体内容上一定程度地背离了检察建议制度的本质。其第 1 条是对检察建议本质的规定,"检察建议是人民检察院为促进法律正确实施、促进社会和谐稳定,在履行法律监督职能的过程中,结合执法办案,建议有关单位完善制度、加强内部制约、监督,正确实施法律法规,完善社会管理、服务,预防和减少犯罪的一种重要方式。"这样的表述存在很多含混不清、回避问题实质的内容,一方面强调法律监督职能和促进法律的正确实施,一方面又同时强调促进社会和谐,则促进社会和谐与促进法律的正确实施之间是什么样的关系?检察机关应当以什么样的方式促进社会和谐?此种促进社会和谐的方式要否与检察机关的职能相契合?强调检察机关必须结合执法办案提出检察建议,检察机关在办理案件以外的情况下,如果了解到有关单位或者个人存在影响法律统一实施、正确实施的行为,就不能提出检察建议了吗?检察机关在促进社会和谐、促进社会综合治理的过程中真的要和法院一样必须秉承一定的被动性、消极性吗?其第 7 条所规定的检察建议的签发程序也需进一步商榷,按该规定,检察建议必须报请检察长审批或者提请检察委员会讨论决定后才可以人民检察院的名义签发。事实上,尽管法律或者有关司法解释规定的检察建议的适用范围并不是太广,但许多检察院仍

---

① 张新:《对完善检察建议立法的实证思考》,载《河北法学》2010 年第 11 期。

然制发了大量的检察建议，在安徽省的 17 个省级派出检察机关中，有的检察院在 2009 年就制发了 1167 份检察建议，[①] 如果每一份检察建议都必须经过检察长审批或者检察委员会讨论决定，则这样的审批或者讨论也会流于形式，最终检察长审批或者检察委员会讨论在分散具体制发人员责任的情况下，可能因弱化制发人员的责任性，而影响该检察建议的质量。

体现检察建议制度非科学性的内容还表现在检察建议制度内容的冲突上，此种冲突或者不协调一是《工作规定》（试行）之间规定的不协调。《工作规定》（试行）第 4 条第 5 项规定，检察建议包括的内容一般应当包括被建议单位书面回复落实情况的期限等其他建议事项，但在其后的规定中，却没有被建议单位的回复内容，仅有检察机关对被建议单位的回访。这其中的冲突即其第 4 条规定的被建议单位应予以回复落实情况，其第 8 条第 1 款的规定仅是提出检察建议的情况可对被建议单位对检察建议的落实情况回访。二是《工作规定》（试行）与其他关于检察建议的司法解释或者立法之间的冲突。《工作规定》（试行）所涉及的检察建议一般不是针对具体诉讼活动的检察建议，可以称之为非诉讼检察建议。有学者含蓄地指出，我们关于法律规范的检察建议以综合治理为主，以法律监督为辅。[②] 不过，其他法律或者最高人民检察院的司法解释却比较广泛地涉及了诉讼类的检察建议，从而体现出《工作规定》（试行）与其他司法解释或者立法之间的不协调。2010 年 9 月 1 日最高人民检察院发布的《关于加强和改进民事行政检察工作的决定》第 6 条规定，注意抗诉与其他监督手段的综合运用和有效衔接，注意发挥各种监督手段的整体效能。把抗诉与再审检察建议有机结合起来，灵活运用这两种监督手段，进一步规范适用范围、标准和程序，加强跟踪监督，促使错误裁判依法得到纠正。不仅可以看到新近司法解释与《工作规定》（试行）之间的不协调，而且还可以看到其与早期的司法解释之间的冲突。2001 年 9 月 30 日最高人民检察院发布的

[①] 刘铁流：《检察机关关于检察建议实施情况的调研》，载《人民检察》2011 年第 2 期。

[②] 万毅、李小东：《权力的边界：检察建议的实证分析》，载《东方法学》2008 年第 1 期。

《人民检察院民事行政抗诉案件办案规则》在对民事行政抗诉予以规范的同时，引入了民事行政诉讼的检察建议，并具体规定了人民检察院可以向人民法院、有关单位提出检察建议的情形或者条件。其关于人民检察院对人民法院提出的检察建议主要针对的是诉讼行为，可以归入诉讼类的检察建议。①

（二）检察建议的实施现状

根据我们对检察建议本质的认识以及在认识基础上对检察建议的期望，结合各地、各级检察机关工作人员的实际调研，我们将从以下几个方面分析或者介绍检察建议的实施现状或者说实践中的检察建议权及其行使。

1. 检察建议已经有一定的认可度，但其践行法律监督职能的效果并不十分乐观

随着检察机关队伍建设的强化以及检察官素质的提高，随着法律监督权在社会治理中作用的彰显，检察建议的社会认可度逐渐增加。据不完全统计，2007 年浙江省检察机关发出的检察建议中，收到书面回复的有 2431 份，回复率为 77.4%；2008 年发出的检察建议中，收到书面回复的有 4141 份，回复率为 85.08%。有些类别的检察建议不仅具有较高的回复率，而且也有非常高的采纳率。例如浙江省某市检察机关反贪部门结合办案实际，2007 年、2008 年两年间就加强内部管理措施、落实行政管理措施向相关单位分别发送检察建议 6 份和 10 份，采纳率都达到了 100%。② 而安徽省检察机关于 2007 年至 2009 年三年间共制发检察建议 8245 份，其中有回复的5998 份，占全部制发检察建议的 72.7%。③ 检察机关的实际工作人员对上

---

① 《人民检察院民事行政抗诉案件办案规则》第 47 条规定：有下列情形之一的，人民检察院可以向人民法院提出检察建议：（1）原判决、裁定符合抗诉条件，人民检察院与人民法院协商一致，人民法院同意再审的；（2）原裁定确有错误，但依法不能启动再审程序予以救济的；（3）人民法院对抗诉案件再审的庭审活动违反法律规定的；（4）应当向人民法院提出检察建议的其他情形。

② 乐绍光、陈艳、周彬彬：《浙江省检察建议适用情况的调查分析》，载《法治研究》2009 年第 11 期，第 67 页。

③ 刘铁流：《检察机关关于检察建议实施情况的调研》，载《人民检察》2011 年第 2 期，第 73 页。

海市普陀区检察建议的适用情况的调查也说明了检察建议逐渐被重视的情形。调查显示，该院 2006 年发出的检察建议为 26 份，2007 年为 31 份，同比增加 29.2%；2008 年上半年即制发检察建议 29 份，超过了 2006 年全年，并已经是 2007 年的 93.5%。①

在看到检察建议广泛的社会认可度和较高的社会美誉度的同时，不得不认真分析和清醒认识检察机关适用检察建议制度时存在的问题。这些问题不仅表现在被建议对象的回复率还有上升的空间，安徽省的三级检察机关的检察建议的回复率仅仅为 72.7%，浙江省的比较高，但也就是 85.08%。而且必须看到，回复率和检察建议的被采纳率还是两个完全不同的概念，事实上有很多被建议单位虽然回复检察机关的检察建议，但是并不采纳，甚至会在心理上予以排斥。检察机关的工作人员在对检察建议调研的过程中，不仅了解到了检察建议之全部得到回复和采纳的正向信息，也有检察建议被束之高阁的负面信息。如浙江省某检察机关 2007 年共制发民行案件再审检察建议 26 份，被采纳 2 份；2008 年共制发 29 件，被采纳 1 份。② 有些检察人员甚至认为检察建议的采纳率偏低是检察建议实践中的普遍问题，是制约检察建议制度发展的瓶颈，严重影响检察建议制度功能的发挥。"在目前的司法实践中，检察建议的采纳率偏低已成为普遍问题。……这已成为检察建议实施中的重大难题，从根本上影响了检察建议功能的实现。"③

另外，在对检察建议的回复率、采纳率予以分析时需要注意：检察建议的回复或者被采纳常常与某种形式的强制性联系在一起，有些强制性来源于检察机关与被建议对象所签订的相关文件赋予检察建议本身的强制力。如浙江省某检察机关与公安机关、人民法院签订《公检法联席会议纪要》，

---

① 崔晓丽、李小荣：《制发检察建议过程中存在的问题与应对》，载《法学》2009 年第 3 期，第 157 页。

② 乐绍光、陈艳、周彬彬：《浙江省检察建议适用情况的调查分析》，载《法治研究》2009 年第 11 期，第 67 页。

③ 甄君玮：《检察建议司法适用中存在的问题及对策》，载《山西省政法管理干部学院学报》2012 年第 3 期，第 89 页。

其中规定公安机关应在收到检察机关检察建议书的一个月内，将纠正结果告知检察机关。此种文件赋予检察建议的强制性，使检察建议的回复率、采纳率都有显著提高。根据检察机关实际工作人员的调研，基于此文件，该检察院向公安机关发出检察建议 75 份，被建议单位认同或者整改的 69 份，占总检察建议的 92%；有些强制性来源于检察机关办理具体案件时，因对具体案件的办理而间接对有关单位或者人员产生的强制性，特别是办理职务犯罪的部门借助具体职务犯罪的侦查常常对有关单位、有关人员或者有关单位的负责人产生强大的间接强制性，并因此可能提高检察建议的实际效果。如浙江省某市检察机关反贪部门结合办案实际，2007 年、2008 年两年间就加强内部管理措施、落实行政管理措施向相关单位分别发送检察建议 6 份和 10 份，采纳率都达到了 100%。①

应予说明的问题是，地方检察机关通过与被建议对象签订文件的形式，虽然可以一定程度地赋予检察建议以强制性，并可以在法律制度完善之前暂时地、相对地促使检察建议制度的实践运作，不过，此种强制力还不是法律制度本身所赋予的强制力，或者说立法还没有结合检察建议的本质赋予其应有的强制力；同时，检察机关通过具体案件的办理，特别是职务犯罪案件的侦查，可以附带地、间接地加诸检察建议以强制力，此种强制力即是，如果不在制度上予以改善或者在行为上予以检点，则可能的情况是将启动职务犯罪的侦查与职务犯罪的惩办程序。不过，最高人民检察院已经明确了检察机关内部是职能分工，禁止检察机关以职务犯罪侦查的方式办理其他案件。另外，还应看到这种借助具体案件办理间接赋予检察建议强制性的做法本身也具有局限性，并不是所有的检察部门都具有这样的能力。

2. 检察建议的质量不高，内容缺乏针对性

对于检察建议的质量不高、内容缺乏针对性、可操作性的情况，安徽省人民检察院的刘铁流检察官做了详细的调研和分析，并做了比较精准的

---

① 乐绍光、陈艳、周彬彬：《浙江省检察建议适用情况的调查分析》，载《法治研究》2009 年第 11 期。

概括。这里将其概括摘录如下：

大多数检察院能够紧密结合执法办案的实际，通过调查研究来查找问题，并有针对性地制发检察建议。但是，我们也发现，不少检察建议质量不高，制作效果不佳。检察建议质量不高主要体现在：一是偏好使用公式化的语句，针对性不强。不少检察建议经常使用"规章制度不健全"、"财务管理混乱"、"应该加强监督"等公式化的语句，但是对那些制度有问题、应该怎样改进和加强监督却没有作进一步的详细说明；二是内容空洞，建议雷同，操作性差。一些检察院在制发检察建议前没有进行深入调研，空话、套话多，提出的问题大同小异，提出的改进建议雷同。甚至对于不同案件、不同发案单位，仅仅只换单位名称与犯罪嫌疑人姓名应付了事。三是检察建议的深度和广度不够。目前，针对个案问题的检察建议较多，而针对某类问题的综合建议较少，有深度和影响力的检察建议更少。制发的检察建议通常只是提及一些浮于表面的现象，较少对产生问题的深层次原因进行分析，以及对如何加以整改提出具体、明确的措施。①

应当说，刘铁流检察官调研发现的问题具有非常强的普遍性，其他很多检察官的调研中也多提及或者涉及检察建议的质量问题。之所以会出现检察建议质量不高、检察建议制度缺乏内在品质，并因此影响检察建议的制度功能的情况，其原因有：一是检察机关本身或者在检察官的基本工作思想上并不重视检察建议，仅仅将制发检察建议作为检察工作的辅助工作，作为检察机关的副业。很多检察官也认为检察建议本身不具有独立性，是依附于其他法律监督手段的一种监督形式，甚至是一种社会服务形式。②二是在检察机关和其他机关一起参与社会治理的过程中，检察机关自身也

---

① 刘铁流：《检察机关关于检察建议实施情况的调研》，载《人民检察》2011 年第 2 期。

② 杨书文：《检察建议基本问题研究》，载《人民检察》2005 年第 9 期（上）；也有学者认为检察建议不同于其他的检察行为，具有从属性。参见吕涛：《检察建议的法理分析》，载《法学论坛》2010 年第 2 期。

期望更加积极、更多方位地参与社会治理。① 有学者直接称此种愿望体现的是检察权的扩张，在其他法律监督手段具有明确限定性的情况下，检察机关的扩张比较多地借助检察建议扩张检察权。这种扩张首先表现为检察机关比较广泛地适用检察建议。同时为催生检察官制发检察建议的积极性、主动性，许多检察机关制定了相应的检察建议制发的加分机制，换句话说，在多数检察机关内部制发检察建议称为肯定检察工作的积极因素。② 其次，检察官普遍希望加诸检察建议以强制性，并通过这种强制性体现检察权的强制性，以及在检察建议广泛适用情况下的检察权的广泛适用。"检察官普遍希望强化对检察建议的强权保障，对于不听从检察建议的，要令其在法律上产生不利的后果。这正是权力具有无限制扩张的本能。"③ 配合实现检察权扩张的检察建议的广泛适用，面临的检察机关内部的问题是检察资源的有限性，此种有限性决定了面临广泛的、频繁使用的检察建议，可能更多出现的结果就是形式化、空洞化，可能更多的结果就是针对性不强、操作性欠缺，质量不高。三是检察建议的内容缺乏法律的强制性规定。《工作规定》（试行）第 4 条虽然规定了检察建议的内容，但并没有体现为以强制性规定，而是倡导性规定。同时该条规定虽然倡导检察建议应当包括建议所依据的事实、法律或者有关规定，但其既没有关于证据方面的要求，也没有关于以证据推导出事实、以事实和法律推导出检察建议的相关规定，换句话说，《工作规定》（试行）还没有对检察建议提出说理性、论证性要求。

---

① 对于检察机关何以具有参与社会治理的积极性、主动性，何以具有如此强烈的要求和愿望，我们没有进行深入研究。原因可能是多方面的，既有权力具有扩张的天性之因素，也有权力扩张必然带来的资源支配之扩张因素，也可能有立法机关以及执政党要求检察机关承担更大责任的因素。

② 也有检察机关规定检察建议被采纳的多予加分，这样一来实践中相当数量的检察官为实现加分之目的，事先与被建议单位沟通，并在被建议单位同意采纳的情况下，才制发检察建议。

③ 万毅、李小东：《权力的边界：检察建议的实证分析》，载《东方法学》2008 年第 1 期，第 139 页。

3. 缺乏程序上的应有的严肃性

检察建议缺乏应有的严肃性主要表现为制发检察建议的程序不规范，或者不严格，这种不规范、不严格的制发程序表现为：

一是检察建议的制发相对随意。虽然《工作规定》（试行）要求检察建议必须由检察长审批或者由审判委员会讨论决定，但在实际执行过程中检察长的审查一般是程序审查或者形式审查，或者仅仅是检察长予以签字，由检察委员会讨论的情况比较少。实际的检察建议的制发一般由承办人员负责，有些地方甚至由检察机关具体办案部门中的内勤人员负责撰写。诚如前文所述，检察长审批或者检察委员会讨论的形式化，不仅不能促进检察建议的实质化及其质量的提高，相反，会在责任分散的基础上，弱化检察建议的实际制发主体的责任。

二是检察建议的管理混乱。《工作规定》（试行）虽然明确规定应当由检察机关的办公室统一检察建议文稿的审核、编号工作。但实践中，检察机关的办公室对检察建议的管理远没有达到刚性化的程度，换句话说，检察机关办公室还没有起到应有的管理责任，其直接的表现是审核不严、归档不全、编号不一致，检察机关对检察建议无法统一把握、衡量和监督。主要的原因在于检察机关办公室的事务非常多，检察建议的管理仅是其事务之一，同时也不是其主要的事务，检察机关办公室投入检察建议管理中的资源有限；另一个可能的原因在于，特别能够发挥实际效用、具有明确针对性的检察建议，应当具有较强的专业性。检察机关办公室本身并不是业务机构，其仅仅是检察机关内部的管理部门或者服务部门，缺乏可以监督、管理检察建议的基础与能力。

三是检察机关的业务部门在制发检察建议上的分工不清楚。应当说，检察机关关于其他法律监督手段的享有及行使方面，已经有了较为明确的分工，例如民事行政局负责民事行政方面的法律监督，职务侦查与职务预防局享有职务犯罪方面的法律监督权，等等。但在检察建议的制发权限方面却没有明确的分工，常常出现的结果是对于同一个被建议对象、对于同一监督事项往往多个部门同时或者先后制发内容大致相同、要求大致相似的检察建议，不仅严重地浪费了检察资源，影响了检察资源的合理配置，而且也常常是被建议单位多头应对，苦不堪言。同时，检察机关内部也不存在关于其内设部门制发检察建议的沟通协调机制，目前各地、各级检察院成立的案件管理中心主要针对的是案件管理，还不是案件处理措施的管理，更不包括与案件办理适当分离的检察建议的管理与协调。

四、《人民检察院组织法》修改中的检察建议制度之完善

根据对检察建议本质的认识，结合我国目前检察建议制度的立法实际，我们认为，《人民检察院组织法》修改中应当明确确立检察建议制度，并应当包括如下内容：

（一）以立法的形式明确检察建议的本质

我们认为，《人民检察院组织法》应当以概括的形式规定检察建议的性质，基本的理由有两个：一是《工作规定》（试行）已经采用了这样的立法方法，《人民检察院组织法》修改中使用类似的方法能够为更多的人接受，也更容易被接受；一是检察建议的本质规定，在整个检察建议制度中居于核心地位，因此应当旗帜鲜明地作出规定。

（二）赋予检察建议以强制效力

检察建议的强制效力是检察建议本质的具体体现，也是检察建议能够实现其时效性的制度保障，仅仅依赖被建议者的自觉或者依赖检察机关与被建议者的协商，虽然可以实现检察建议的实效化、实质化，但这种实效性无助于检察建议制度的建构与完善，应当属于检察建议制度运行中的权宜之计、无奈之举。在《人民检察院组织法》修改中，增订入检察建议制度，必须赋予检察建议以强制性。

当然，在检察建议的强制性设计方面，不同的人有不同的侧重从而提出了不同的观点。有观点认为应当赋予检察建议以多层次的强制性，这些强制性包括：第一，赋予检察建议准实体性的警告、训诫权力。按此说法，"检察机关对于发现的具有职务犯罪苗头的违法违纪人员，可视情节对其进行训诫，责令其书写悔过书，并制定帮教措施，要求有关单位执行，以警戒其心、震慑其身，达到教育效果；对于屡教不改的被训诫人员，可建议

有关机关对其予以相应的党政纪律处分。第二，赋予检察机关提请有关机关依法惩处弹劾的程序性建议权。即对于实施违法犯罪行为，经检察机关建议纠正后，没有正当理由仍然不予纠正或者改进的人员、单位，或者对实施违法犯罪行为、不宜继续担任现有职务的官员，向其所在单位、有关主管部门、纪检监察机关、人大及其常委会提出对其进行违法、违纪审查，并且根据审查结果决定是否作出惩戒处分或弹劾罢免的建议性权力。第三，规定法院受理审查再审检察建议的义务。"① 也有观点区分一般的检察建议与再审检察建议，认为一般检察建议的强制性应当体现在被建议者必须在法定的时间内以书面的形式回复；对于再审检察建议，接受检察建议的人民法院必须对被建议的案件进行再审。"对于一般监督意义上的检察建议，被建议单位应当研究制定整改措施，并将落实情况以书面形式在法律规定的期限内反馈给检察机关；对于再审检察建议，应当具有与抗诉同等的效力，法院接到再审检察建议后，应当启动再审程序，在一定期限内对案件进行审查，决定是否立案，立案后，应定期审理终结，作出再审裁定，并将案件处理情况及时送达检察机关。"② 有些学者提出的检察建议强制性设计则相对柔性，主要是被建议者必须在法定的时间内书面回复，以及与此回复相对应的抄报、通报机制，等等。

我们认为，赋予检察建议以具有柔性的、强制性的观点具有方便论证、易于接受的特点，其主要的原因是此种观点所提出的强制性与《工作规定》（试行）中所赋予的检察建议的柔性强制性并没有实质区别。既然此种柔性强制性已经为许多学者所论证，也为《工作规定》（试行）颁布以后的实证情况所论证，学者对此种观点无须太多的论证，即可实现其目的。同时由于《工作规定》（试行）已经实施多年，检察机关也以此为基础积极开展制发检察建议的实践，因此无论是制发检察建议的检察机关还是接受检察建议的被建议者，都相对已经习惯或者乐于接受此种柔性强制性。不过，

---

① 刘铁流：《检察机关关于检察建议实施情况的调研》，载《人民检察》2011 年第 2 期。
② 张新：《对完善检察建议立法的实证思考》，载《河北法学》2010 年第 11 期。

此种柔性强制性无法从根本上赋予检察建议以制度所需要的刚性，也无法最终使检察建议成为一种法律制度。

区分一般检察建议和再审检察建议的观点也有值得进一步商榷之处。首先其赋予的一般检察建议的强制性仅仅是被建议者有书面回复的义务，却没有明确违反此种义务的法律后果，或者说没有规定对违反此种义务行为的制裁措施。必须注意，义务与违反义务的制裁是密切联系、相互支持的，对违反义务的制裁以义务性规定为前提，对违反义务的制裁是督促行为人履行义务的强制性方式。质言之，没有对违反义务的制裁即没有义务。另外，赋予再审检察建议与抗诉相同的效力或者相同的强制性，实际上混淆了抗诉与再审两种不同的法律监督手段。事实上，检察建议包括再审检察建议与抗诉，不仅存在适用条件的不同，也存在适用主体的不同，更应当存在适用效力的不同。2012年修改的《民事诉讼法》明确规定了民事诉讼中的检察建议的适用，其分别是对于可以再审的确定判决、裁定、调解书，同级人民检察院可以向同级人民法院提出检察建议，在建议不被接受情况下，提请上一级人民检察院提出抗诉，对于不能再审的程序性问题可以提出检察建议，从而将检察建议与抗诉区别开来。换句话说，再审检察建议也不具有和抗诉一样的强制效力，其只能是在法院不接受再审检察建议的情况下，提请上一级检察院抗诉。

多层次强制性检察建议立法的观点，也没有完成根据检察建议的本质赋予检察建议以强制性的使命。其实，所有的建议都有一定的警告或者告诫的倾向，如果没有任何告诫内容，则提出建议的必要性也就不存在了。但如果赋予检察建议以训诫权，则有可能超出了检察建议的范畴，训诫本身更多地可能不只是一种劝诫、告诫，而是一种制裁。事实上《民事诉讼法》中规定的训诫，就是一种妨碍民事诉讼行为的制裁措施。赋予检察建议以训诫权，可能使检察建议承载不能承受之重。该观点提出的程序建议权，仍没有摆脱检察建议的柔性特征，法院必须受理再审检察建议的义务，也与前述的观点具有相似的瑕疵。即其不仅没有很好地区分再审检察建议与再审抗诉之间的区别，也没有在义务与制裁的联系与界分上做好文章。

我们认为，关于检察建议强制性的规定必须既考虑义务与制裁的内在

关联，考量检察建议的本质以及体现此种本质检察建议与其他法律监督手段的区别，同时还要考量制裁与救济之间的关系，换句话说，制裁必须是在给予被建议者异议机会基础上的制裁，受到制裁的被建议者也必须有声明不服的机会。基于以上考量，我们认为，不能采用柔性强制性的检察建议观，因为其无法体现检察建议与一般建议的区别，无法实现检察建议的法律制度之建构；同样，也不能赋予检察建议以直接的强制性，或者不能赋予检察建议以直接的制裁后果，否则即无法体现检察建议与其他法律监督手段之间的区别。

体现检察建议与其他法律监督手段之间的区别，即被建议者可以不采纳检察机关提出的检察建议，特别是缺乏针对性、可操作性的检察建议，但是被建议者必须在法定的时间内回复制发检察建议的机关，并向检察机关说明理由。只有在被建议者既不答复整改，也不书面说明理由的情况下，才可以实施制裁。为体现检察机关法律监督权的基本属性，我们认为对在法定时间内不予回复的被建议者以及被建议者的负责人或者主要责任人加诸妨碍检察权行使的制裁，此种制裁可以主要体现为经济上的罚款。

故此，我们建议可以将检察建议的强制性内容表述为：检察建议的被建议者必须在 15 日内落实检察建议并向检察机关回复落实情况，对检察建议有不同意见的，应在 15 日内向检察机关书面说明理由。对在规定期间内既不落实回复情况，也不说明理由的被建议者，处 1 万元以上 10 万元以下的罚款；对被建议者的主要责任人可以处 1000 元以上 3 万元以下的罚款。被建议者及其主要责任人对处罚不服的，可以向作出处罚决定检察院的上一级人民检察院申请复议。

被建议者提出的理由充分、适当的，作出检察建议的检察院应当撤销发出的检察建议。

（三）明确检察建议的适用条件

明确检察建议适用的条件可以体现两个方面的价值趋向，一是体现鼓励检察机关积极参与社会管理创新，积极参与社会治理，鼓励检察机关综合利用多种手段践行法律监督职能的价值倾向。此种价值倾向的体现，不是通过检察建议适用条件的限定性得到体现，而是通过检察建议适用条件的概括性得到体现。换句话说，为使检察机关能够因应社会发展的需要、因应社会正义的基本需求，践行法律监督职能，必须概括地、裁量性地赋予检察机关根据必要情况提出检察建议的权力。事实上，既往的司法解释，特别是2009年的《工作规定》（试行）也是以列举和概括相结合的方式赋予检察机关提出检察建议的裁量权的。只不过，其对检察机关裁量权的赋予尚不明确，其基本的用语也是"其他需要提出检察建议的"，这样的用语中没有体现检察机关的裁量权。我们认为体现检察机关的裁量权，应当使用"其他检察机关认为需要提出检察建议的情形"。二是体现对检察权的制约。任何权力都有扩张的本性，检察机关的法律监督权也不例外。正如前文所述，检察机关确实有通过扩大使用检察建议扩张检察机关法律监督权的倾向。明确限定检察机关提出检察建议的条件，特别是以列举的方式规定提出检察建议的条件，即能够实现对这种公权力的约束。

必须注意，检察建议适用条件规定所体现的以上两个价值趋向之间也有密切的联系，体现了检察权积极参与社会管理、社会治理的裁量性规定，但并不是说此种情况下的法律监督权可以不受制约，检察机关或者检察官可以不受任何约束地行使其检察裁量权。相反，我们认为检察机关或者检察官在法律没有明确规定情况下的裁量权，如果不能从立法的具体规定上受到限制，即必须在其他方面寻求限制。此种限制最主要的即是程序限制，确切地说，裁量性背景下的检察建议应当比具体条件下的检察建议，在提出上有更加严格的程序限定。另外，在《人民检察院组织法》中规定检察建议的适用条件，还应当注意其他法律中已经规定的检察建议，并可以在其他法律已经规定的情况下，避免重复性的规定。

基于以上分析，并结合检察建议的本质，我们认为，可以将检察建议的适用条件概括为：人民检察院在检察工作中发现有下列情形之一的，可以提出检察建议：（1）行业主管部门或者主管机关需要加强或改进本行业或者部门的管理监督工作的；（2）民间纠纷问题突出，矛盾可能激化导致恶性案件或者群体事件，需要加强调解疏导工作的；（3）在办理案件过程中发现应对有关人员或行为予以表彰或者给予处分、行政处罚的；（4）人民法院、公安机关、刑罚执行机关在执法过程中存在苗头性、倾向性的不

规范问题，需要改进的；（5）其他法律规定应当提出检察建议的情况；（6）人民检察院认为其他需要提出检察建议的情形。

提出前款第（6）项规定的检察建议必须经过检察委员会讨论决定。

（四）规范检察建议的制发程序和管理程序

规范检察建议的制发程序必须考虑检察建议制发的各个环节，并以立法的形式对各个环节中的程序作出明确规定。这些程序应主要包括以下方面：其一，明确检察建议的分工。检察建议作为检察机关履行法律监督职能的重要手段，具有较强的专业性，在专业分工细化、法律逐渐专业化的背景下，不同领域里检察建议的制发只能由不同的业务部门承担。详言之，凡是属于民事行政事项的检察建议，均应当由民事行政部门或者民事行政事务局制发，凡是属于刑事事项的检察建议，包括职务犯罪预防的检察建议均应由刑事事务局制发；其他涉及信访处理、申诉处理的检察建议均应由检察机关专门负责信访的部门制发。其二，应进一步明确规范检察建议的立案程序。检察机关在办理案件的过程中，或者在其他的法律监督权行使过程中，发现存在制发检察建议的情形的，应当报业务部门负责人批准，并在批准的基础上立案。发现属于人民检察院需要提出检察建议的其他情况的，应报分管副检察长审批，并在分管副检察长批准后立案。其三，严格规定检察建议的制作程序。检察建议虽然可以由具体的某一承办人撰写，但必须经过该业务部门的集体讨论，集合多数人的意见，必要的情况下，还可以听取人民监督员的意见。集思广益、拓宽思路，是制作检察建议时，增加检察建议说理和论证性的前提与基础。其四，严格审批手续。对于符合确定条件的检察建议，报请业务部门负责人并以人民检察院的名义签发；对于人民检察院认为需要提出检察建议的其他情形，制作的检察建议必须经分管副检察长提交检察委员会讨论决定。检察委员会讨论决定同意制发检察建议的，最后以人民检察院的名义发送被建议者；检察委员会讨论不同意制发检察建议的，业务部门应当根据检察委员会的建议进行修改，并于修改后再次提交检察委员会讨论决定。

严格检察建议的管理程序，首先必须明确检察建议的管理部门，我们认为，为体现检察建议的专业性、业务性，检察建议不能由检察机关办公室管理，而应当由检察机关的案件管理中心负责管理。在具体管理上，案件管理中心应当统一制定检察建议文书或者规定检察建议文本，各部门的检察建议必须交案件管理中心备案。对于重复制发的检察建议，案件管理中心应当及时指出，并要求业务部门予以改正。案件管理中心在对检察建议进行管理时，可以按照各业务部门分别归档，但应当定期对归档进行审核。

第六章

人民检察院组织法
修改中的人民监督员制度

2003 年人民监督员制度试点以来，已经有许多学者提出或者建议将人民监督员制度由一种试点的制度上升为法律。在将试点的制度上升为法律的路径方面，有人建议应当制定单独的《人民监督员法》，① 也有立法机关的人员主张或者建议在修改《刑事诉讼法》时，将人民监督员制度纳入

---

① 最有代表性的是莫纪宏教授，他认为制定《人民监督员法》是强化或者强调人民监督员制度正当性的制度性保障。参见莫纪宏：《人民监督员制度的正当性基础》，载《国家检察官学院学报》2009 年第 1 期。另外，文盛堂主持的 2005 年最高人民检察院理论研究课题《人民监督员制度的理论基础与立法问题研究》结论也是制定单一的《人民陪审员法》。

《刑事诉讼法》中。① 可以肯定地说，到现在为止，借《刑事诉讼法》修改的东风实现人民监督员制度的立法化已属不可能，至于立法机关为何在《刑事诉讼法》修改过程中，对于人大代表、政协委员热情高涨的人民监督员制度入法建议没有采纳的原因，我们并不清楚。不过，我们认为，人民监督员选任在任何意义上都不应当作为《刑事诉讼法》的内容，理想的选择是制定单行的《人民监督员法》，应当注意的问题，一是目前立法机关还没有将《人民监督员法》的制定列入到其立法日程上来，制定单行《人民监督员法》的理想还需假以时日，还需学者及检察机关耐心等待。不过，《人民检察院组织法》的修改已经被立法机关列入立法议程，人民监督员制度可以借助《人民检察院组织法》修改的东风，借来入法之箭。另一方面，部分学者之所以建议制定单行的《人民监督员法》，其基本的理由即是在提出这样的立法建议之时还没有看到修改《人民检察院组织法》的前景，换句话说制定单行的《人民监督员法》其实是《人民检察院组织法》无法修改时的替代之举。

一、人民监督员制度的历史沿革

（一）人民监督员制度的起步、试点

人民监督员制度不是首先发端于理论研究或者学者的倡议，也不是在比较域外制度基础上的对国外相关制度的移植或者借鉴，尽管有学者努力从比较法的角度研究人民监督员制度中的人民参与和国外公民参与司法之间的同构性，不过此种研究的目的不是或者主要不是探讨人民监督员制度的正当基础，而是为人民监督员制度改革提供更加宽广的视野。② 中国的

---

① 提出这种观点的多是全国人大代表或者政协委员，据统计，自 2004 年以来的全国"两会"上，共有 503 人次人大代表和 2 名政协委员提出关于人民监督员制度立法的 16 项议案、1 项提案和 5 项建议。其中，2005 年有 120 名人大代表提出 4 项议案；2006 年有 258 名人大代表提出 8 项议案、1 名人大代表提出 1 项建议、2 名政协委员提出 1 项提案；2007 年有 124 名人大代表提出 4 项议案、4 名人大代表提出 4 项建议。

② 郑锦春、关雅红：《人民监督员制度的完善——以中外民众参与司法相关制度为视角》，载《人民检察》2010 年第 12 期。

人民监督员制度更多是一种土生土长的制度，是检察机关回应民众需求、民众批判中诞生的。"由于在检察机关查办职务犯罪工作中存在一些环节外部监督不力问题，群众反映较突出，在最高人民检察院检察长贾春旺的倡议下，全国检察机关开始了人民监督员制度试点工作，旨在拓展人民群众有效监督司法的途径，促使检察机关在办理案件时充分考虑法律规定和社情民意，体现人民群众的意愿和要求，确保严格、公正、文明执法。"① 最高人民检察院原检察长贾春旺的倡议中最早提出了"人民监督员"这个概念，那是 2003 年 8 月。

人民监督员制度的诞生虽然在根本目的上是回应民众的需求，并是对民众批判的一种能动应对、积极应对，体现了检察机关满足人民需求的执法理念，也反映了人民检察院改变自身公众形象的强烈愿望，但是人民监督员制度的产生本身是一种检察权运行制度改革的积极尝试，此种尝试发端于民众的需求，直接的动力是高层推进或者上层推进。此种上层推进的检察权运行制度改革与中国其他的改革一样，直接源自高层推进，表现为自上而下的改革。应当说，此种改革具有一定的合理性，也符合中国传统文化背景和中国传统的政治制度。"纵观中国政治历史生态的变化，改革大抵是在国家处于内忧外患的逆境时，统治精英在忧患意识和自立图强精神驱使下而发动的自我革命。在传统政治文化及其实践中，政治的话语权和资源主要集中在统治集团中，民间缺乏某种必要的政治想象力、合法性和组织资源来启动任何形式的改革。"②

自上而下改革的优势很快得到体现，此种体现首先表现为人民监督员制度为最高人民检察院的司法解释所肯定，或者更直接地说，最高人民检察院对此颁布了单独的司法解释，即 2003 年 9 月最高人民检察院检察委员会讨论通过，并于 2004 年 8 月 26 日颁布的《关于实行人民监督员制度的规定》（试行）（以下简称《规定（试行）》）。2004 年 7 月 5 日最高人民检

---

① 裴智勇：《保障人民监督员享有充分的知情权》，载《人民日报》2006 年 9 月 4 日，第 10 版。
② 王锡锌：《公众参与和中国法治变革的动力模式》，载《法学家》2008 年第 6 期。

察院第十届检察委员会第二十三次会议，又讨论通过了《关于适用〈最高人民检察院关于实行人民监督员制度的规定（试行）〉若干问题的意见》（以下简称《规定（试行）意见》。当然，这并非说最高人民检察院仅仅发布了这两个司法解释，而是说人民监督员制度集中体现在这两个司法解释中，或最早体现在这两个解释中。

其次，各地、各级检察机关的人民监督员制度试点工作全面展开，试点已不再具有试点之意味，相反具有普遍推行的趋势或者事态。截至2006年，全国共有2825个检察院开展了试点工作，共选任人民监督员20848名，已监督"三类案件"12828件，监督"五种情形"195件。在已监督的"三类案件"中，人民监督员不同意检察机关原拟处理决定的612件，最终采纳人民监督员意见的454件；在人民监督员不同意检察机关原拟逮捕决定的44件案件中，采纳人民监督员意见，作出撤销逮捕决定或变更强制措施的有21件；检察机关受理的195件"五种情形"，多数与公民的人身权利和财产权利有关。①

再次，人民监督员制度及其试运行得到了检察机关自身的积极肯定，也得到了高层领导的肯定，学术界的反响也非常积极。概而言之，人民监督员制度获得了正向激励和正动力。检察机关自身的肯定是人民监督员制度试运行以来，检察官违纪违法情况之比率减少，另一个支持检察机关的人民监督员制度的依据是，人民监督员制度实施以后，对职务犯罪案件的起诉率提高，或者说不起诉率、撤销案件比率下降。统计认为，全国检察机关职务侦查部门的检察官违法违纪的案件2005年下降了15.4%，而撤销

---

① 有学者认为此种将试点实际变为普遍推行的做法称为人民监督员制度确立过程中的操之过急，并认为因此扭曲或者弱化了通过试点谨慎制定法律、颁布法律做法的实际价值。"然而很遗憾，我们在人民监督员制度的试点工作中，明显操之过急，在没有完成相应数据评估的前提下就急于求成，盲目扩大试点范围，进而使试点工作丧失掉了最好的论证时机。既然是试点，关键在于试点的典型性和对试点经验的及时总结，而非范围的简单扩张。试点是点，不是面，如果全面推开，至少在理论上就不能称之为试点。"张志铭：《放言人民监督员》，载《法制日报》2006年3月16日，第12版。

案件比率同比下降了 0.98%，不起诉率同比下降了 4.4%。① 当然，必须看到，已经有学者对检察机关自我肯定、自我陶醉的做法进行了尖锐的批判，并认为其自我论证在逻辑上存在非常大的跳跃性。一方面，不起诉率以及撤销案件率的下降与人民监督员制度不存在直接的、单一的因果关系，实际的情况是，在检察机关试点人民监督员制度的同时，也开始对职务犯罪采取严厉的打击态度及做法，事实上，人民监督员制度在本质上也是因应人民群众对检察机关打击职务犯罪上的不力之批判建立起来的。与人民监督员制度试点同步，或者早于人民监督员制度，十六大报告就已经提出积极打击职务犯罪的要求，其后最高人民法院通过的《关于贯彻宽严相济的刑事政策若干意见》中也提出了严厉打击职务犯罪的基本要求。体现或者反映不起诉率、撤销案件率下降与人民监督员制度非等值化的另一个因素是，虽然人民监督员制度在诞生以后，多地检察机关加入到试点行列，不过仍有许多检察机关没有试点该制度，直接以全国检察机关办理职务犯罪中的不起诉率、撤销案件率下降与人民监督员制度联系，忽略了这些数据与部分地区的检察机关没有参与到试点行列来之间的关系；另一方面，学者提出不起诉率、撤销案件率下降，虽然满足了广大人民群众承办职务犯罪、反贪、打腐的强烈要求，但是其与案件质量的提高并没有必然联系。② 检察机关之外的高层领导或者部门的肯定更是接连不断，在 2005 年 9 月，中央办公厅、国务院办公厅印发《中央纪委关于落实〈建立健全教育、制度、监督并重的惩治和预防腐败体系实施纲要〉2007 年底前的工作要点》的通知中明确强调："规范人民监督员的工作程序，推进和完善人民监督员制度。"并以之作为惩治和预防腐败体系的重要举措；2006 年 5 月中共中央下发《关于进一步加强人民法院、人民检察院工作的决定》，进一步强调指出以人民监督员制度法制化、规范化作为突破口："深入推进人民监督员制度试点工作，适时加以推广、促进人民监督员制度规范化、法制化。"

---

① 裴智勇：《保障人民监督员享有充分的知情权》，载《人民日报》2006 年 9 月 4 日，第 10 版。

② 陈卫东：《人民监督员制度的困境与出路》，载《政法论坛》2012 年第 4 期。

2006 年 10 月中共十六届六中全会通过的《中共中央关于构建社会主义和谐社会若干重大问题的决定》中，再次强调健全完善人民监督员制度，并以之为司法民主建设的重要指标。人民监督员制度作为中国民主与法治建设的积极成果，相继被写入 2004 年《中国人权事业的进展》、2005 年《中国民主政治建设》、2006 年《中国的国防白皮书》。

（二）人民监督员制度的深化

人民监督员制度自产生之日起一直以来都在遭遇冰火两重天的待遇或者评价，其中火的待遇或者高度的肯定性评价主要来自检察机关自身以及高层领导或者高层机关，而冰的待遇或者否定性评价主要来自理论界。理论界对人民监督员制度的批判可以大体上分为两类，下面对之作简单介绍。

其一是在肯定人民监督员制度的价值选择，在总体上认可人民监督员制度的前提下，恨其不足、促其健全。此种观点认为《规定（试行）》存在许多问题或者缺陷。首先的问题在于人民监督员的选任机制存在大量的问题。不仅表现在对人民监督员要求的比较概括，作为监督检察机关职务侦查权行使的人民监督员一般缺乏相应的业务素质。同时认为，人民监督员的选任渠道方面存在重大的狭义。一方面作为人民监督员候选人的范围过小，不具有广泛的代表性和人民性，不能最终在代表人民意志的基础上监督检察权的行使。他们认为《规定（试行）》第 8 条虽然不是限定人民监督员的条件，[①] 但在实际的试点中，该规定确实对人民监督员的选任产生了实质性影响或者重大影响。在实际的试点单位中，多数是在机关、事业单位或者所在地区的有重大影响的企业中选择。在计划经济时代，机关、团体或者事业单位是主要的社会机构，能够在较大程度上反映或者代表人民的要求，而在职业分化增加、社会机构增多、社会分层加剧化的背景下，这些机关、团体或者事业单位已经不再具有充分的代表性了。设立人民监督制度，追求以人民权利、以公民权监督检察权的初衷或者目的的实现

---

① 《规定（试行）》第 8 条规定：人民监督员由机关、团体、企业事业单位和基层组织经民主推荐、征得本人同意、考察后确认。

受到较大影响。另外，人民监督员制度诞生后，存在的另一问题是人民监督员的官员化或者机关化，人民监督员逐渐具有脱离人民的趋势或者倾向。就实际选任出来的人民监督员看，在多地都是以"官员"为主，其中，占有重要比例的是人大代表或者政协委员。以四川省检察机关选任人民监督员为例。全省选定的首届 1026 名人民监督员中，人大代表 459 名，占 44.7%；政协委员 203 名，占 19.8%。人大代表和政协委员占人民监督员总数的三分之二。① 类似的情况也见诸于海南省的首届人民监督员的选任中。② 就全国整体来看，情况也大体如此，2003 年全国各级检察机关共首届选定人民监督员 5198 名，有人大代表 1196 名，政协委员 563 名，另有相当比例的行政机关的公务员。③ 再就是人民监督员选任过程中，起主导作用的不是检察机关以外的其他机关和组织，更不是作为被代表人的人民，不是作为体现其意志监督检察权行使的大众。《规定（试行）》所规定的机关、事业单位和基层组织推荐也被缩水了，机关、事业单位和基础组织一般也是"应邀"推荐，是基于支持检察机关的工作并在检察机关提出要求的情况下而推荐。"所谓的'推荐'大多是形式主义，首先由检察机关确定在哪些部门、单位产生一名监督员，然后由该单位和部门通知本人并报送个人材料，经初步审查后即可确定。非但公众不清楚人民监督员产生的过程，就是本单位的人也未必知晓身边还有一位人民监督员。"④ 简单地说，人民监督员的选任实际上是被监督者选任监督者，监督者与被监督者之间的和谐性、公约性，甚至表现为两者之间的共同受益的双赢性，在某种意义上是以牺牲监督的制度目标、牺牲社会正义为前提的。质言之，自己选择自己的监督人，无法实现人民监督员制度的制度目标。

其次，表现为人民监督员对检察机关监督的软约束或者软监督。应当

---

① 四川省人民检察院：《我省推进人民监督员制度试点工作的初步经验》，载《人民检察》2004 年第 4 期。

② 黄卫国：《自觉接受人大监督推动检察工作深入健康发展》，载《海南人大》2004 年第 10 期。

③ 《检察机关人民监督员制度开局良好》，载《人民日报》2003 年 12 月 12 日。

④ 刘云升：《刍议人民监督员制度的完善》，载《河北法学》2004 年第 10 期。

说，人民监督员对检察权运行的软监督在人民监督员选任时就已经存在了，或者说人民监督员的选任机制本身就包含人民监督员对检察权的软约束。这主要表现在三个方面：（1）监督范围过小，监督内容过少。根据《规定（试行）》第13条和第14条，人民监督员只能对人民检察院办理的职务犯罪案件的三种决定、五种情形的案件进行监督，[①] 对其他案件或者是职务犯罪中的其他决定或者其他情形不能进行监督。（2）人民监督员针对人民检察院邀请监督的案件或者案件中的具体决定，提出的监督意见与检察机关意见相左的情形较少，比较多的表现为人民监督员同意人民检察院的处理意见。截至2006年9月，在已经监督的13547件的"三类案件"中，人民监督员不同意检察机关原拟处理决定的650件，人民监督员最终不同意检察机关处理意见的案件比例仅仅是4.798%。而对于人民监督员不同意检察机关处理意见的，检察机关采纳的情况也比较少。统计表明，对于以上人民监督员不同意检察机关处理意见的650件案件中，检察机关采纳人民监督员意见的299件，仅占46%。这种情况表明，人民监督员对检察机关的监督还远没有到达有较强的制约力的制度。（3）人民监督员最终提出的意见可能面临被否决的结果。尽管《规定（试行）》明确规定，检察长以及检察委员会必须认真研究人民监督员的意见，检察长不同意人民监督员意见的，可以提请检察委员会讨论决定，尽管也规定人民监督员中的多数对检察委员会的决定有异议的可以要求提请上一级人民检察院复核，但实际的复核提出以及复核过程中并没有人民监督员的参与，[②] 实践中被检察院选任的人民监督员积极提请或者坚持提请上一级人民检察院复核的情况

---

① 《规定（试行）》第13条规定：人民监督员对人民检察院查办职务犯罪案件的下列情形实施监督：（一）犯罪嫌疑人不服逮捕决定的；（二）拟撤销案件的；（三）拟不起诉的。涉及国家秘密或者经特赦令免除刑罚以及犯罪嫌疑人死亡的职务犯罪案件不适用前款规定。《规定（试行）》第14条规定：人民监督员发现人民检察院在查办职务犯罪案件中具有下列情形之一的，可以提出意见：（一）应当立案而不立案或者不应当立案而立案的；（二）超期羁押的；（三）违法搜查、扣押、冻结的；（四）应当给予刑事赔偿而不依法予以确认或者不执行刑事赔偿决定的；（五）检察人员在办案中有徇私舞弊、贪赃枉法、刑讯逼供、暴力取证等违法违纪情况的。

② 参见《规定（试行）》第25条和第26条。

也极为鲜见。

其二，在根本上否定人民监督员制度，认为人民监督员制度缺乏基本的正当性。这种正当性的缺乏主要表现在三个方面：（1）认为人民监督员制度缺乏基本的理论基础。该观点的持有人认为，必须对权力进行监督，否则权力就有腐败和扩张的危险，但是必须处理对权力的监督和权力的独立行使之间的关系，检察机关对职务犯罪进行侦查，并决定是否提起公诉、撤销案件应当独立地行使检察权。同时检察机关并非缺乏制约机制，就其内部而言，检察机关的职务侦查权有内部制约机制，这就是部门之间的制约、上级检察机关的制约、检察长的制约，等等。"对于自侦部门提出起诉意见的案件，起诉部门作出不起诉的决定正是体现了检察机关内部监督的有效性，为什么还要接受人民监督员的再一次审查。"① （2）认为人民监督员制度违反了《刑事诉讼法》的基本原则。之所以有这样的认识，是因为该观点的持有者坚持检察权法定原则，即按照《刑事诉讼法》的规定刑事诉讼中的批准逮捕权、审查起诉权、职务犯罪的侦查权均由检察机关享有，检察机关在任何意义上都不能将其权力分割给人民监督员；该观点的持有者同时坚持认为人民监督员制度违反了《刑事诉讼法》规定的平等原则，也有强化打击犯罪，而缺乏对犯罪嫌疑人的程序保障、实体保障之嫌疑。② （3）认为人民监督员制度缺乏具体的可行性。其支持理由一是人民监督员缺乏基本的法律知识和法律训练，也没有法律方面的基本理念，难以胜任对检察机关进行监督的任务；一是人民监督员没有直接参与对案件的审理，没有亲自接触犯罪嫌疑人，其对案卷材料的了解也不算来自于直接阅卷，而是来自办案人员的间接汇报，这样的可能的结果就是在无法保障人民监督员准确了解案件信息，失却其实体公正的基础上，也失却了对犯罪嫌疑人充分的程序保障；一是认为人民监督员参与检察机关对刑事案件的办理，也存在一个谁来监督人民监督员的问题，如果没有人监督人民监督员，同

---

① 余峰、谢小剑：《人民监督员制度的冷思考》，载《江西社会科学》2005年第10期。

② 余峰、谢小剑：《人民监督员制度的冷思考》，载《江西社会科学》2005年第10期。

样会出现权力不受约束的情况，设置人民监督员制度的目的即无法实现。

在如此的爱之、恨之、褒之、贬之的声音中，在检察机关的自我探索中，人民监督员制度逐渐深化，人民监督员制度的试点范围也越来越多、适用范围越来越广。2006 年 5 月 3 日《中共中央关于进一步加强人民法院、人民检察院工作的决定》（中发〔2006〕11 号）要求人民检察院"深入推进人民监督员制度试点工作，适时加以推广，促进人民监督员制度规范化、法制化"。该决定同时指出，人民检察院和人民法院"改革的各项措施要以宪法和法律为依据，凡与现行法律法规有冲突的，有的可先行试点，在修改有关法律法规后正式实施"。① 最高人民检察院于 2006 年进一步加大人民监督员制度试点工作的力度，加强了人民监督员制度试点中出现的问题的调查研究，努力推进人民监督员试点工作的制度化、规范化。同时各地也在积极探索人民监督员制度的法制化，或者能否首先以地方立法的形式实现人民监督员制度的立法化。安徽省人大常委会通过了《关于加强人民监督员制度试点工作的决议》，云南省人大常委会专项视察试点工作情况并对执行决议情况进行审议。其后，四川、甘肃、湖南等省人大常委会也通过了关于试行人民监督员制度的决议。2006 年，各级试点检察机关进一步加强了试点工作的规范化建设和制度建设。军事检察院制定了《关于军事检察机关实行军人监督员制度的意见（试行）》，黑龙江省院将 2006 年作为全省人民监督员制度试点工作的规范年，在较大程度上促进了试点工作的规范化建设。新疆兵团检察院制定《兵团检察机关人民监督员监督"三类案件"和"五种情形"的实施细则》，对案件监督工作的各个环节、人民监督员办公室的工作规范及监督案件的备案、归档等作了具体规定。辽宁、山东、四川等省的部分试点院开展了由人大任命或确认人民监督员的

---

① 这一决定中"与现行法律法规有冲突的，有的可先行试点"的提法，表明司法体制改革的有些问题只要内容正当，即"符合我国人民民主专政的国体和人民代表大会制度的政体，有利于加强和改进党对政法工作的领导，有利于促进社会主义制度的自我完善，有利于维护国家统一、民族团结和社会稳定，有利于促进经济发展和社会全面进步"。在这样的前提下，即使"与现行法律法规有冲突"也可以进行试点。转引自高一飞：《人民监督员制度改革研究》，载《南京师范大学学报》（社会科学版）2009年第 4 期。

试点工作。四川省广安市人民监督员由市人大常委会主任会议确认，对人民监督员的培训考核及确定参加案件监督的人民监督员由市人大人民代表工作委员会负责。山东省枣庄市、区两级人大均出台了人民监督员任免工作制度，并已全部完成人大任命人民监督员的工作；山东省日照市在全市推广由人大常委会主任会议确认人民监督员的做法；山东省邹城市检察院试行由人大常委会任命人民监督员的方式。黑龙江省鹤岗市人大常委会通过了《关于试行人民监督员制度的决议》，规定人民监督员初步人选由市院报请市人大常委会审查确认，由市人大常委会主任颁发证书，市人大内务司法委员会组织人民监督员的培训考核与表彰奖励。同时，人民监督员制度试点工作办事机构的建设也不断加强。天津、黑龙江、湖北、四川、云南等8个省（市）院经编制部门批准独立设置了人民监督员办公室。北京、吉林、浙江、湖北、海南等省级院制定了人民监督员办公室工作规范。2007年，高检院又下发了《2007年检察机关人民监督员制度试点工作要点》，要求各级试点检察院加大理论研究力度，推动人民监督员制度的法制化进程。①

2010年10月29日最高人民检察院在总结人民监督员制度试点工作的经验基础上，考量社会各界对人民监督员制度的期待与评价，颁布了最高人民检察院《关于实行人民监督员制度的规定》，可以说是在原试点基础上正式确立了人民监督员制度。

二、人民监督员制度的理论基础

论证人民监督员制度的理论基础或者其正当性不仅是对人民监督员制度质疑的积极回应，同时必须看到人民监督员制度的理论基础在许多方面决定了人民监督员制度的基本走向和基本内容。例如侧重强调人民监督员制度的人民性的理论或者观点比较多地强调人民监督员之大众化的特点，

---

① 以上各种规范文件的统计请参见莫纪宏：《人民监督员制度的正当性基础》，载《国家检察官学院学报》2009年第1期。

相反比较侧重对检察权实际制约或者制衡的观点，强调较多的则是人民监督员的素质能否胜任专业性较强的监督工作。为此必须对人民监督员制度的理论基础进行论证。不过，人民监督员制度的理论基础或者正当性可能是包含多个方面的，或者说其不是单一的正当性，而且各种正当性之间也不是非此即彼的、互相排斥的关系。

（一）人民监督员制度是一种制约和约束检察权的制度

监督与约束检察权是人民监督员制度主要的或者基本的正当性，对之学者的理解和认识基本一致。① 此种认识的基本立足点就是欧陆宪政鼻祖孟德斯鸠提出的权力制衡思想。其认为一切权力都有扩张的本性，都有不受约束而至最边缘的特点，必须对权力进行约束。检察权或者说法律监督权是我国的一种重要的权力，并专门负责法律监督，其法律监督正如本著作前文所述，是一种宪法授权之下概括性的法律监督，不应当受到具体制定法的局限，或者换句话说，在具体法律没有规定的情况下，检察机关也可以根据社会发展的具体需要，践行其法律监督权。

值得注意的是，我国当前背景下或者当前的制度体系中并非完全没有对检察院法律监督权的约束机制，这些约束机制既有外部的监督制约机制，也有内部的监督制约机制。就内部的监督机制而言，检察院既有本院内部的部门之间的监督、检察长以及检察委员会对法律监督工作的监督，也有上级检察院对下级检察院、最高人民检察院对全国各级检察院的领导与监督。不过这些监督都难以积极回应自家监督自家的批评，其实检察机关对其他许多机关的监督，并不是因为这些机关没有自身的监督体系，其也主要是以缺乏有效的外部监督为理由提出强有力的外部监督的。就外部监督

---

① 莫纪宏教授称对检察权进行监督是人民监督员制度的基本理论依据，参见莫纪宏：《人民监督员制度的正当性基础》，载《国家检察官学院学报》2009 年第 1 期，第 77 页。谢鹏程教授则直接认为"人民监督员制度有利于加强对检察权的监督和制约，进一步保障人权，体现了建设社会主义法治文明和司法文明的要求"。参见谢鹏程：《人民监督员制度的法理基础》，载《检察日报》2004 年 3 月 1 日；施业家等也认为权力监督是人民监督员制度的核心，认为尽管人民监督员制度也有其他的理论基础，但是人民监督员制度设立的基本依据或者核心依据是约束权力。参见施业家、谭明、郎艳辉：《检察机关实行人民监督员制度的理论依据》，载《江汉大学学报》2012 年第 5 期。

而言，检察机关的法律监督权来自立法机关，不仅要对立法机关负责，同时还必须受立法机关的监督。但是立法机关对检察机关的监督因其时间性、非专业性以及监督形式的有限性，① 而受到实质性影响，换句话说，立法机关对检察机关的监督还难以在根本上实现对检察院的法律监督权予以制约的监督目的。② 媒体监督作为社会监督的有效方式，在当今的数字化时代、信息化时代有更广阔的发挥作用的空间，是对检察院法律监督权进行有效监督的一种社会监督方式。不过媒体监督除具有立法监督的非专业特点以外，也有其他的、与媒体运行目的密切相关的影响其监督实效性的因素。应当说，在当今社会，媒体或者新闻作为社会的第四权力，实际承担着非常大的社会责任，而且随着国家和市民社会之二元关系中，市民社会的发育及其成熟，媒体应当承担更大的社会责任。不过，媒体在承担社会责任的同时也有其直接的目标，此种直接目标就是经营并通过经营获取利润。为实现此直接目标，媒体在对检察机关的法律监督权进行监督时，一般不会为监督而监督，当然这并不否认在某些特定的情况下会出现相反的情况，此相反情况即是媒体以承担社会责任为第一使命，而此种社会责任的承担在社会公众中产生共鸣，并因此使该媒体有更多的受众，从而也有更多的利益。即承担社会责任的媒体因承担社会责任而获得利益，而不是为获得利益而承担社会责任。不过，当前的背景下，一般的媒体更多关心的是其直接目标，而不是社会责任的承担。基于此，媒体会对检察机关的法律监督权的行使进行事先的过滤，只有那些能够吸引更多受众的案件，才会进入媒体监督的法眼。果如此，则媒体对检察机关法律监督是有限的、

---

① 人民代表大会一般情况下每年召开一次，并以审议检察机关的工作报告为基本的监督方式，此种情况并不涉及检察机关具体案件的办理，无法对检察权的具体行使予以有效的监督。同时，各级人民代表大会的代表来自各个阶层，虽然体现了人民代表的广泛代表性，但是缺乏监督检察机关法律监督权的"金刚钻"，因此揽下监督人民检察院法律监督权这一"瓷器活"，也难以完成其历史使命，或者说对其来说是勉为其难。

② 检察机关的法律监督并非因为被监督对象是人大代表就可以将其排除在法律监督之外，检察机关的法律监督是包括对人大代表、政协委员在内的所有行使公权力的人员的监督。此种情况就是人大代表、政协委员等对检察机关的监督可能会出现心有顾虑、底气不足的情况，影响监督的实效性。

不完全的，赖此难以实现约束公权力的目标。

概括地说，检察机关的外部监督还没有起到实质监督的目标，还不能实现约束权力促使权力正当行使的宪政目的。"我国现行检察制度中包含着党的领导、人大监督、公安机关和审判机关的制约、新闻舆论监督、人民群众的监督等监督和制约机制，这些监督和制约机制都有自己的特点和作用，也都有一定的局限，还没有形成像人民监督员制度那样保障人民群众直接参与检察工作的法律制度。"① 而人民监督员制度试图在软化的外部监督中注入一种雄起的力量，注入一种坚挺的力量，并使对检察机关法律监督权的软制约能在一定程度上得到缓解或者克服。事实上许多学者也对人民监督员制度寄予厚望，希望人民监督员制度能担此大任，也认为其可以担此大任。"从程序法的独立价值来看，人民监督员制度的实施，是一种制度化、程序化的监督，凡是可能出程序性的瑕疵、且符合规定条件的案件，都要交付人民监督员监督，这样就在维持逮捕决定、撤销案件、延长羁押、决定不起诉等程序中增设来自人民监督员的监督程序，这种程序设计，保证了程序的公开和透明，让检察权在阳光下运行，从而有效地保障了司法的公正。"②

在注意对检察机关法律监督权监督机制缺乏的同时，还应关注当今检察权所实际呈现出来的扩张趋势。此种扩张确实具有其正当性，此种正当性就是社会的快速发展与既定法明确规定的检察机关的法律监督权之间存在瓶颈或者缺口，检察机关需要在具体制定法之外，根据宪法的概括授权而行使法律监督权。此种扩张的表现形式就是检察机关以社会管理创新为契机而进行的检察职能的创新与扩张，由于许多创新或者检察职能的新扩张还缺乏具体的实践检验，也没有充分的理论论证，更为重要的是也缺乏可以直接依据的域外的成熟经验，为此，对创新性的检察权行使就有更多的监督必要。

---

① 谢鹏程：《人民监督员制度的法理基础》，载《检察日报》2004 年 3 月 1 日。
② 施业家、谭明、郎艳辉：《检察机关实行人民监督员制度的理论依据》，载《江汉大学学报》（社会科学版）2012 年第 5 期。

事实上，人民监督员制度也是在回应社会大众提出的"谁来监督监督者?"的疑问基础上开始试点工作，并逐步成为一种普遍采用的制度。① 学者以及社会大众检验或者评价人民监督员制度时，也是以人民监督员制度能否切实完成对检察机关的监督，较为有力地回答谁来监督监督制之问题为视角的。就目前来看，除在根本上否定人民监督员制度的观点外，其他对人民监督员制度的批判，多集中在人民监督员无法完成或者有效完成约束、监督检察机关的任务或者使命方面。可以说，学者或者社会大众对人民监督员的质疑，可以从相反方面说明人民监督员在设立之初的监督约束检察权的目标或者正当性。不能以目前人民监督员制度的软制约否认人民监督员制度的正当性，人民监督员制度的软制约更多的是其发展中的问题，是需要进一步完善的问题。

（二）人民监督员制度体现了法律监督权行使中的公民参与

权力必须制约，但制约权力的方式是多样的。典型的权力制约是以权力制约权力，即权力制衡。权力制衡的思想也是欧陆启蒙思想家最早设计与规划的理想权力约束模式，并已经在许多西方国家的国家机关体系运行中付诸实施。当然，权力制衡的思想及实践不仅体现在各个不同的权力部门的权力行使中，也体现在某一部门的实际的工作中。如对警察权、审判权制约上，欧洲大陆通常采用的方法是以检察机关制约、监督。"为了达到更为理想的效果，同时制衡警察权和审判权，在欧陆史上便出现了追求'一石两鸟'之计，即以新创的法律官（检察官）监督法官裁判，控制警察活动，以法治国改造纠问国、防范警察国。"②

应当注意，许多国家在注重或者实际采取以权力制约权力的权力制衡做法或者理念的同时，也探索、实践其他的权力制约方略。其中，许多国家已经采取的权力制约方法是通过公民参与权力行使的方式制约权力。这种通过赋予公民参与权来保障公民的主权以及对权力制约的思想或者理念

---

① 裴智勇：《保障人民监督员享有充分的知情权》，载《人民日报》2006 年 9 月 4日，第 10 版。

② 林钰雄：《检察官论》，台湾学林文化事业有限公司 1999 年版，第 73~74 页。

在司法审判权的行使及其制约中表现得最为突出。在审判权行使的过程中，公民参与司法审判的在英美法系国家和地区则表现为陪审制，而在大陆法系国家和地区则表现为参审制。陪审制中，从普通公民中采取随机方法选取的陪审员分享审判权，并以此种分享制约司法机关审判权的行使，促使司法的民主与公正。参审制中，从普通民众选择产生的陪审员实际参与审判的过程，和审判人员共享审判权，并一起对案件的事实问题和法律问题作出判决。① 此种公民参与权力的运行，并对权力予以制约的模式在检察权的运行中也有体现。例如在日本，1948 年制定颁布了《检察审查会法》，建立了检察审查会制度。其基本的内容是通过抽签方式从一般国民中（众议院议员选举权者）选定出 11 名检察审查员，其中 1 名为会长，组成检察审查会，负责审查检察官对案件作出的不起诉处分是否适当、对检察厅的工作提出改进意见的建议和劝告。检察审查会制度是在检察官行使公诉权过程中反映民意并受民意制约的制度。② 最初的检察审查会制度还没有起到我们这里所说的对检察权行使的制约作用，检察审查会的决议既不能直接产生侦查的效果，也不能直接产生提起诉讼的效果，其最大的职能是为检察机关作出决定提供参考。但是 20 世纪日本检察审查会改革的基本趋势或者走向是强化检察审查的监督制约功能，改革的基本内容是在扩大其民主性的基础上，强化检察审查会决议的法律效力。其改革的背景是自 1996 年开始，日本的司法改革的总体趋向是强调司法的"国民基础"，期望通过建立公民参与诉讼程序的司法制度，提升国民对司法的信赖。这一背景必

---

① 我国的人民陪审员制度实际上和大陆法系国家和地区的参审制度是一致的，不过在其运行的过程中出现了许多影响人民陪审员制度公民参与的属性。主要表现在参加案件审理的陪审员较为固定化、衡常化，并在法院设有专门的办公室，陪审员成为实质上的准法官。同时陪审员的产生虽然在程序上仍具有人民性和代表性，但实际的产生过程却不具备这样的民主性，更多的是由法院主导整个选任的过程。"在实践运作中，该制度出现了严重的异化，大量的陪审员成为了'专业陪审员'，长期驻扎在人民法院，除了选任机制不同于职业法官、无法担任审判长外，其他方面与职业法官无异。即便不是'专业法官'，更多的情况下则是沦为职业法官的'附庸'，难以有效制约法院行使审判权。"陈卫东：《人民监督员制度的困境与出路》，载《政法论坛》2012 年第 4 期。

② 罗永红：《日本检察审查会的启示——兼论我国人民监督员制度的完善》，载《河南社会科学》2007 年第 4 期。

然要在检察审查会的改革中得到体现，2002 年 3 月日本内阁通过了《司法制度改革推进计划》，明确强调"为了建立赋予检察审查会决议具有一定拘束力的制度，要提出相应的法案"，配合这一趋势，日本法务省、最高法院等相关机构都对检察审查会的改革献计献策。日本最高裁判所事务总局在 2002 年 9 月 24 日提交了《充实、加快刑事审判，裁判员制度，检察审查会制度应有方式的意见》，指出："应该赋予（检察审查会）应当起诉的决议以法律拘束力，使检察审查会的意见直接反映在公诉权行使中；为了保障（检察审查会）进行充分审查和作出适当的判断，应该努力充实检察审查会的审查程序。"2004 年日本国会通过了《关于部分修改刑事诉讼法等的法律》，对包括检察审查会制度在内的刑事司法进行了比较全面的改革，进一步规定：检察审查会作出"应当起诉"决议以后，如果检察官没有起诉，那么就要进行再次审查，如果在再审查过程中，11 名审查员中有 8 人以上同意作出了"应该起诉"的决议，那么，收到检察审查会决议副本的法院应该指定律师担任检察官，直接提起公诉。[①]

我国的人民监督员制度也有公民参与国家权力行使或者一定程度参与国家权力行使的意味，尽管自试点开始，这种公民参与的范围有限、效力不强、代表性不广，但从其建立的初衷看，确实是给普通民众参与检察权的行使、监督检察权的行使提供了一个渠道或者思路。从表面看，我国人民监督员制度是最高人民检察院的领导在积极回应广大人民群众诉求的基础上，经过上层推动积极发展起来的，但最高人民检察院的领导提出试点和建立人民监督员制度的创新性思维是否受我国人民陪审员制度的启发不得而知。但其最终的结果是在检察机关的法律监督权之外，引入了一个公民权利，并以此权利制约检察权的行使。所以，可以将人民监督员制度视为公民参与检察权行使、并制约检察权的制度，其理论基础也在公民参与上获得体现。

必须注意，理解公民参与和国家权力行使中的人民性之间的关系，公

---

① 日本检察审查会的建立及其历史沿革可以参见莫纪宏：《人民监督员制度的正当性基础》，载《国家检察官学院学报》2009 年第 1 期。

民参与能够一定程度上体现国家权力运行中的人民性，或者公民参与检察机关法律监督权的行使并对之进行制约，表现为人民对国家政治、经济、文化、社会事务的管理。但人民性反过来不能论证人民监督员制度中的公民参与。我们知道，我们国家的一切权力属于人民，这是宪法规定的基本原则，不过，人民并不是或者一般不是直接行使国家权力，而是由代表其意志的机关行使国家权力。换句话说，即使人民没有直接行使国家权力、参与国家权力的行使过程，也并不能说我国国家权力的行使不具有人民性，我国的国家权力行使中的人民性首先或者最主要的表现在人民通过代表其意志的人民代表大会产生出行政机关、审判机关、检察机关，这些机关受人民代表大会的授权行使权力，并受人民代表大会的监督。不过，确实有许多学者并没有界分国家权力的人民性与人民监督员制度之间的差别，并一体地以国家权力的人民性作为人民监督员制度的政治基础。"人民当家做主是社会主义政治制度和司法制度的本质要求。人民监督员制度的建立，意味着在检察工作中增设了一条人民群众直接参与和监督检察工作的新途径，体现了人民当家做主的精神和贯彻群众路线的要求，有利于检察机关接受人民群众的监督，倾听人民群众的意见，因而符合我国社会主义检察制度的本质要求和发展方向。检察权在本源意义上属于人民所有，在性质上当然可以由人民直接地或部分地行使，在具体制度安排上应当设置人民直接参与的程序。"①

以人民性作为人民监督员制度的政治基础带来的另一个问题，即是可能混淆人民监督员参与检察权行使过程中的具体属性，并有可能将之理解为检察权之外的另一公权力。其替代的基本逻辑是国家权力属于人民，国家权力的行使都表现为一种公权力的行使，不仅国家机关作为受权者行使国家权力如此，作为国家权力之产生渊源的人民行使国家权力也是如此。基于此，很多学者提出当前人民监督员制度的基本缺点也是没有体现出

---

① 谢鹏程：《人民监督员制度的法理基础》，载《检察日报》2004年3月1日。同样的论证和理解也可以见之于施业家、谭谭明、郎艳辉：《检察机关实行人民监督员制度的理论依据》，载《江汉大学学报》2012年第5期。

"权力"特征，相反更多表现出一种不具有强制力、约束力的"权利"属性。"从目前人民监督员制度设计看，虽然人民监督员的监督与普通民众的监督具有不同的特点，其具有制度的刚性、程序性等，但就本质而言，其仍属于权利性监督，而非权力性监督，而此点正是人民监督员制度为各界质疑的焦点。"① 按此观点，人民监督员制度改革的基本路径是去除其权利属性，增加其权力属性，即在监督性质上，实现权利性监督向权力性监督的转变。当然，此种观点贯彻得并不彻底，按照此种思路，人民监督员的选择应当侧重选择国家机关的工作人员，或者是人大代表、政协委员，而不是普通的民众，但此观点的持有人提出的与建立权力型人民监督员制度相伴而行的是人民监督员的选择应当向大众化、平民化转变。

（三）人民监督员制度可以弥补检察官认识上的不足，具有认识论上的正当性

尽管检察官经过了专业方面的训练并必须通过司法资格考试，但是检察官的认识以及行使法律监督权的过程中所作出的决定并不总是正确的，其和普通人一样，往往受各种各样认识偏见的制约，并因此影响其决定的客观性、科学性。"数十年来的经验表明：人民的信念不仅不是完美的，而且抵制改变。一旦人们形成了一定的观念，则其不会因面对挑战该观点真实性的证据而调整该观念的强度，而且对观念的维持或者不轻易动摇一直占据主导地位，即使其知道有证据表明原来认为有正当理由的理论是不正确的。"② 心理学的研究将这些偏见概括为偏向于证实的偏见（Confirmation Bias），即在证明假定的有效性时，人们更加偏好支持其理论的信息，而不是相反；选择性信息处理机制（Selective Information Processing），即人们没有独立于其先前的观念评价证据强度的能力，人们不仅论证性寻找、回忆能够支持其既存观念的信息，而且倾向于贬低与其既存观念冲突的信息；信念维持（Belief Perseverance）即人们在新信息完全摧毁既有观念的证据基础时，仍然坚持既有观念，

---

① 常艳：《人民监督员制度深化发展的路径》，载《国家检察官学院学报》2007年第5期。

② Alafair S. Burke. Improving prosecutorial decision making：some lessons of cognitiv science. William and Mary Law Review. 2003.（3）p1593.

排斥一切有可能修正既有观念的行为或者认识，并使认识偏离理性的决定制作过程。① 检察官也是如此，检察官在认识过程中也具有普通人所具有的一切认识上的弱点，并和普通人一样表现出非理性特征。"控诉人在有些情况下不能作出促进公正的正确决定，不是因为他们不重视公正的价值，而恰恰是因为他们是非理性的，他们是非理性的仅仅因为他们是人，而且所有制作决定的人均有信息加工情形。该倾向使之偏离完全的理性。"②

不能说检察院的认识以及认识基础上的决定制作没有来自外界的信息约束，除前述约束机制以外，检察机关作出的与诉讼有关的决定，往往还需要受审判机关的审查。从理论上说，审判机关的审查以及审查基础上最终决定是对检察机关非常有约束力、影响力的制约机制。在实际的检察工作中，检察机关也以被审判机关裁判支持的比率衡量检察工作的质量和水平。不过，现行刑事诉讼中的许多理念和制度在一定程度上制约了审判权对检察权的制约，使审判制约检察机关的法律监督被实质弱化。一方面，在我国现行的《刑事诉讼法》中，除强调公检法之间的分工、制约之外，还更多地强调公检法之间的配合，强调公检法在打击犯罪、惩罚犯罪、为社会和谐稳定方面的共同目标。"分工负责，互相配合，互相制约，三者密切联系，不可分割。……如果只讲制约，不讲配合，就容易造成互相扯皮，互相拆台，从而拖延时间，产生内耗，不利于刑事诉讼的顺利进行。"③ 这种对公检法之间配合的强调，在一定程度上影响了审判机关对检察机关法律监督权的制约。同时，我国现行的司法审判机制还在较大程度上影响审判机关对检察机关决定的客观判断、全面判断。应当说，2012 年修改的《刑事诉讼法》在克服原来刑事诉讼的书面审理主义、书面审理倾向方面有了非常大的进步，这种进步最重要的体现就是增加了特定情况下的证人出庭义务。按照《刑事诉讼法》第 187 条的规定，公诉人、当事人或者辩护

---

① Alafair S. Burke. Improving prosecutorial decision making: some lessons of cognitiv science. William and Mary Law Review. 2003. (3). pp1594~1599.

② Alafair S. Burke. Improving prosecutorial decision making: some lessons of cognitiv science. William and Mary Law Review. 2003. (3) p1591.

③ 谭世贵主编：《刑事诉讼法学》，法律出版社 2009 年版，第 88 页。

人、诉讼代理人对证人证言有异议，且该证人证言对案件的定罪量刑有重大影响的，人民法院认为证人有必要出庭作证的，证人应当出庭作证。从而可以说，2012 年《刑事诉讼法》确立了一种附条件的证人出庭义务，但条件非常苛刻，其中一个条件是必须是法院认识到了证人证言的必要性，或者说，法院已经在其心理上对书面的证言、控诉机关的控诉产生了怀疑，甚至已经有了其他的直觉判断。达到这样的条件应当说有一定的难度，这种难度也在实质上影响着法院对检察机关诉讼法律监督权的约束。另外，检察机关虽然说有客观义务，但对于检察机关要否向对方出示或者展示对其有利的证据，法律没有规定，加之作为被追诉人的被告人在证据收集能力方面远不如强大的公诉机关。这种情况进一步加剧了法院在全面了解证据基础上对检察机关的制约。

当然，按照目前的刑事诉讼法，在侦查过程、检察过程中，犯罪嫌疑人可以委托辩护人。① 这样，在检察机关办理职务犯罪侦查案件的过程中，特别是审查提起公诉阶段，犯罪嫌疑人有权委托辩护人参与诉讼程序，不过，一方面辩护律师在侦查期间的权利受到一定的限制，按照《刑事诉讼法》的规定，辩护律师在侦查期间可以为犯罪嫌疑人提供法律帮助；代理申诉、控告；申请变更强制措施；向侦查机关了解犯罪嫌疑人涉嫌的罪名和案件有关情况，提出意见。在审查起诉阶段辩护律师也仅仅是可以向犯罪嫌疑人、被告人核实有关证据。同时，即使赋予辩护人以广泛的诉讼参与机会，辩护人在收集证据的能力方面也无法与强大的公诉机关抗衡。另一方面，在检察机关办理职务犯罪案件过程中，甚至是在对其他案件的审查起诉中，其一方面是审查人，另一方面有时是讯问犯罪嫌疑人的讯问人，既站在犯罪嫌疑人的对面，又是事实上的审讯者。此种情况也必然影响其决定的客观性。基于此种情况，检察机关的检察权的行使相对于人民法院的审判权而言，就更需要监督，人民监督员制度恰恰是一个在一定程度上

---

① 《刑事诉讼法》第 33 条规定：犯罪嫌疑人自被侦查机关第一次讯问或者采取强制措施之日起，有权委托辩护人；在侦查期间，只能委托律师作为辩护人。被告人有权随时委托辩护人。

弥补检察机关认识缺陷，纠正其认识偏见的制度。我们也提出，检察机关在决定制作的过程中可以充分利用人民监督员制度。①

除此以外，还有学者指出人民监督员制度的理论依据还可以在其他方面求得支持，这些依据首先表现为人民监督员可以保障人民检察院依法独立行使检察权。按其理解，人民监督员制度中人民监督员作出决定的情况可以分散办案检察官的压力，换句话说，检察官可以此种决定本是人民监督员提出为借口，排除或者抵御来自外界的各种干扰。"人民监督员制度可在一定程度上帮助分散或减轻检察机关承受的外部压力。从人民监督员自身来说，其来源于广泛的社会公众，案件一经评议完成，他们便消散于茫茫人海，故而具有相对超脱的身份。"② 其次，认为人民监督员制度是沟通司法职业化与司法民主化的桥梁，并在克服办案人员的职业思维定式、吸收民众参加的基础上实现司法民主。③ 在我们看来，就目前的人民监督员制度看，即使其有一定的发展，也还无法实现人民监督员的决定最终制约检察机关的效力，必须注意，民众参加检察权的行使，绝不意味着检察权是由民众行使，否则公权法定的原则可能被破坏。因此，赋予人民监督员制度以保障检察权独立行使的功能也许是给予了人民监督员制度过多的期待，或许可以说这样的理解多少有点牵强。其第二种观点已经涵盖在我们所论证的民众参与以及对检察机关认识偏见的克服之价值方面，因此我们对之并不否认，而是将其吸收入前述论证当中，在此不再作为专门的内容予以分析。

----

① 赵信会、郭鲁生：《民事抗诉中的认知偏见及检察约束机制》，载《法学杂志》2010 年第 3 期。

② 周友苏、钟凯、李君临：《关于完善我国人民监督员制度的若干思考》，载《社会科学家》2007 年第 6 期。

③ 周友苏、钟凯、李君临：《关于完善我国人民监督员制度的若干思考》，载《社会科学家》2007 年第 6 期。

三、现行人民监督员制度的内容及其评价

（一）现行人民监督员制度的基本内容

回应外界对人民监督员制度仍然不能摆脱自己监督自己、监督权力还是监督权利属性不明等局限的质疑，并在总结试点经验的基础上，2010 年10 月 29 日颁布的《最高人民检察院关于实行人民监督员制度的规定》（以下简称《规定》）试点中的人民监督员制度进行了适当调整，并体现出最高人民检察院设定人民监督员制度之与时俱进的特点。这些改革表现在如下方面：

1. 回应外界对人民监督员制度官员化、人民监督员监督准权力化之质疑，《规定》进一步将人民监督定位于民众监督以及权利监督。此种努力首先体现于人民监督员任命条件的积极条件中，按照《规定》第 6 条，党委、政府组成部门的负责人以及其他在人民法院、人民检察院、公安机关以及司法行政机关工作的在职人员，均不具有担任人民监督员的资格。特别是回应外界对人大代表、政协委员在人民监督员的比例中过高的批判，[1]《规定》特别明确人民代表大会的代表不能被遴选为人民监督员。[2] 对比中可以发现《规定（试行）》中并没有这样的消极条件规定，[3] 换句话说，当时的人民监督员制度可能更多强调的不是民众监督、权利监督，而是权力监督、精英监督。而《规定》此一修改，真正体现了由权力监督向权利监督、由精英监督向平民监督的转变，也在根本上于人民监督的"大众化"抑或"精英化"之争中作出了选择。[4]

---

① 具体可参见姜双林：《关于人民监督员选任机制的思考》，载《行政与法》2006年第 9 期；余峰、谢小剑：《人民监督员制度的冷思考》，载《江西社会科学》2005 年第10 期。

② 参见最高人民检察院《关于实行人民监督员制度的规定》第 6 条。

③ 参见最高人民检察院《关于实行人民监督员制度的规定（试行）》第 7 条，其仅规定"因职务原因可能影响履行人民监督员职责的人员不宜担任人民监督员"。

④ 龙婧婧、罗树中：《变迁语境下人民监督员制度的反思与深化——解读〈最高人民检察院关于实行人民监督员制度的规定〉》，载《行政与法》2011 年第 1 期。

此种努力也体现在《规定》关于人民监督员必须具备的积极条件的规定中。《规定》第 4 条要求人民监督员必须具备一定的文化条件，达到一定的文化水平。我们在这里还不拟评价此种要求的操作性，这里重点强调的是其在人民监督员大众化或者平民化方面的努力。这种努力也只有与《规定（试行）》的相关内容比较的基础上才能体现或者发现，《规定（试行）》第 5 条第 4 项要求人民监督员必须具备的文化条件是"有一定的文化水平和政策、法律知识"，相对于《规定（试行）》要求人民监督员的法律知识之享有而言，《规定》在人民监督员的知识条件，特别是法律知识条件的要求弱化，有学者将此种对法律知识条件的取消作为回归人民监督员大众化的重要表现。"现行《规定》第 4 条将此条件修改为'公道正派，有一定的文化水平'，使人民监督员的身份由精英回归于大众。"①

另外，在人民监督员具体产生程序方面也努力吸纳促进人民监督员大众化与平民化的趋势，努力使人民监督员具有更多的人民性和代表性。与《规定（试行）》中设定的人民监督员必须"由机关、团体、企业事业单位和基层组织经民主推荐"此一单一渠道不同，②《规定》所设定的人民监督员遴选渠道是双重的，既有机关、团体、企事业单位的推荐渠道，也有公民本人直接向其工作单位所在地或者住所地的检察机关自行推荐的渠道。③一般认为，规定的这一改变更多地是增加人民监督员的代表性，因为按照通常的观点，在计划经济时代，机关团体，特别是企事业单位中的工作人员能够比较多地代表广大人民群众的意愿，其推出的代表或者人民监督员也有较大的代表性。但是在市场经济建设逐渐深入，市场经济体制基本形成，社会分层化加剧的情况下，机关团体、企事业单位的充分代表性已经大打折扣。即使是在《规定（试行）》出台后不久的历史时期，人民监督员的机关、社会团体等推荐也失却或者在一定程度上失却人民性和代表性，这主要表现在很多机关、社会团体、企事业单位对人民监督员的推荐程序

---

① 龙婧婧、罗树中：《变迁语境下人民监督员制度的反思与深化——解读〈最高人民检察院关于实行人民监督员制度的规定〉》，载《行政与法》2011 年第 1 期。

② 参见最高人民检察院《关于实行人民监督员制度的规定（试行）》第 8 条。

③ 参见最高人民检察院《关于实行人民监督员制度的规定》第 9 条。

不透明，无法最终体现和反映人民的要求。"实践中的'推荐'，大多是形式主义，即由检察机关先确定在哪些部门、单位产生一名监督员，然后由该单位和部门通知本人并报送个人材料，经初步审查后即可确定。非但公众不清楚人民监督员产生的过程，就是本单位的人也未必知晓身边还有一位人民监督员。"① 为此，需要采取其他的弥补机制。且不说《规定》新增加的人民监督员遴选渠道的实效性，也不说此种新渠道产生的人民监督员能否具有超出其他渠道产生的人民监督员的代表性，但可以说，此种规定体现了《规定》增加人民监督员代表性的努力。

2. 遴选人民监督员的过程中《规定》试图弱化检察机关的主导作用。外界对人民监督员制度的重要批评之一就是人民监督员的遴选是由检察机关自己遴选，其他机关、社会团体包括一般的民众对人民监督员的遴选基本上没有参与。即使《规定（试行）》明确规定，人民监督员应当由机关、团体、企事业单位、基层组织民主推荐，但在实际的运行过程中，却实际表现为检察机关自行划定人民监督员的候选对象，然后争取其所在单位、组织或者基层组织的意见，机关、团体等参与的滞后性，再加上检察机关可以对之行使法律监督权的潜在影响，就最终会使机关、团体、企事业单位等的推荐表现为纯粹的形式，人民监督员的遴选也最终沦为被监督者为自己选择监督者的手段或者表现形式。而《规定》增加公民个人推荐的程序，能够在一定程度上弱化检察机关的主导性，而且事实上在许多地方已经有了公民个人通过自荐被遴选为人民监督员的案例。

另外，为弱化人民检察院在遴选人民监督员过程中的主导地位，因应外界对人民监督员遴选不公开、不透明的批判，《规定》在最终设定或者修改《规定（试行）》确立的人民监督员制度时，侧重注意强化人民监督员遴选中的程序公开和程序透明，这种公开和透明在整个人民监督员的遴选程序中得到较为全面的体现。《规定》强调必须于人民监督员遴选程序启动之初进行公告，以使更多的人了解该程序的启动，从而使更多有热情、有能力的公民能够加入到人民监督员的行列中来。公告的内容包括选任人民

---

① 姜双林：《关于人民监督员选任机制的思考》，载《行政与法》2006 年第 9 期。

监督员事项本身、选任的人民监督员数额、条件、具体程序以及年限等相关事项。① 其二则是任命前的公开，或者说程序最后的公开环节。根据《规定》，人民检察院对拟任命的人民监督员必须公示，并以此种方式给予更多的民众提出异议的机会，而且《规定》也要求，公示期间一旦发现任命的人民监督员存在不符合条件的情形，即不再对之任命。② 事实上，在《规定》颁布前，部分地区的检察机关已经认识到《规定（试行）》中人民监督员遴选机制中存在的这一问题，并尝试采取能够促进人民监督员遴选公开化的做法和程序，以增加人民监督员的代表性。例如山东省枣庄市山亭区人民检察院于 2006 年即采取了公开遴选人民监督员的尝试与探索，其于遴选程序之初，即通过电视台等媒体发布了为期 10 天的选任人民监督员的公告，接受包括 12 名个人自荐在内的 50 人的报名，并经过区人大常委会人事工作室与区人民检察院共同考察，最终遴选了 7 名人民监督员。③

3. 促进或者充实人民监督员制度。应当说，人民监督员的大众化以及以此为背景的人民监督员的人民性之扩张，加上人民监督员遴选中的公开与透明都能够在一定程度上促进人民代表的人民性，并在促进此种人民性的基础上充实人民监督员制度。除以上内容外，《规定》还在其他方面进一步作出了充实人民监督员制度的努力。

体现之一即是人民监督员选任不再采用由检察院自己选择的制度或者方法，《规定》采纳的制度是省级以下的人民检察院采取由上级人民检察院统一遴选的方法，并鼓励有条件的省、自治区、直辖市的省级人民检察院统一遴选人民监督员。④ 此种制度也被称为以上级遴选为主、以省级遴选为辅的遴选原则，并试图以之克服《规定（试行）》确定的本检察院遴选本检察院的人民监督员体现的是自己选择自己的监督人的做法，也努力避免人民监督员遴选中出现的本地化、熟人化现象。此种熟人化现象，导致

---

① 参见最高人民检察院《关于实行人民监督员制度的规定》第 10 条。
② 参见最高人民检察院《关于实行人民监督员制度的规定》第 11 条。
③ 李晓波：《面向社会公开选任人民监督员》，载《法制日报》2006 年 11 月 6 日，第 5 版。
④ 参见最高人民检察院《关于实行人民监督员制度的规定》第 7 条。

实际运行中的人民监督员与被监督的办案检察官或者检察官的主管领导是老熟人，低头见、抬头见，双方称兄道弟之结果就是人民监督员不好意思对检察活动进行监督，监督的实效性因之也会受到极大影响，也使人民监督员制度的功能减损。而《规定》确定的人民监督员遴选方法"改变了由同级院监督本院办理的案件模式，极大地消减了'运动员选择裁判员'的弊端，避免了人民监督员'属地化'、'熟人化'导致监督制约效果弱化的弊端，有利于人民监督员敢于监督、愿意监督，保障了监督效果，有利于上级检察机关掌握监督的情况。"①

体现之二是在一定程度上对监督具体案件的人民监督员选择或者抽取程序。按照《规定（试行）》，具体案件监督时，人民监督员办公室根据人民监督员的排序或者依照随机的方式选择 3 名人民监督员对案件予以监督，重大的案件选择 5 名人民监督员监督案件。② 随机抽取仅仅是其中的一种选择方式，需要监督的人民检察院完全可以采取依照排序的方法抽取，而人民监督员的排序方式可以有多种形式，可以按姓氏笔画，也可以依据拼音字母，还可以按照年龄大小，当然如果坚持以职务高低作为排序的标准，也不无可以。由于是需要选择的人民检察院选择人民监督员，则实践中可能出现的情况就是那些与检察院比较熟悉、为人比较温和、和善的人有可能被选作具体案件的人民监督员，这样设定人民监督员制度以实现对检察机关法律监督权以外部约束的目标无形中就弱化了。与《规定（试行）》相比，《规定》取消了原来的可依据人民监督员的排序选择具体案件监督中的人民监督员的做法，仅规定了随机抽取的选择方式，不管随机抽取的方式能够在多大程度实现对监督具体案件的人民监督员选择程序的规范化，但确实是体现了此种规范化的努力。同时与此种对确定具体案件中的人民监督员的方式改革相对应，《规定》对确定主体也进行了一定程度的改革。其基本的改革内容是，提交监督案件的人民检察院不再作为选择具体案件

---

① 龙婧婧、罗树中：《变迁语境下人民监督员制度的反思与深化——解读〈最高人民检察院关于实行人民监督员制度的规定〉》，载《行政与法》2011 年第 1 期。

② 参见最高人民检察院《关于实行人民监督员制度的规定（试行）》第 21 条第 2 款。

中的人民监督员的主体，而是由上一级人民检察院作为确定主体。《规定》第21条第1款明确规定，省级以下人民检察院提交人民监督员监督的案件，由上一级人民检察院组织人民监督员监督。同条第2款则规定：省级人民检察院统一选任人民监督员的，省级以下人民检察院提交人民监督员监督的案件，可以由地市级或者由省级人民检察院组织人民监督员监督。

　　体现之三是充实了人民监督员对具体案件进行监督时的知情权或者信息了解权，并通过此种充实促使或者一定程度地促使人民监督员制度的实质化。在现行人民监督员制度中，人民监督员对检察机关职务犯罪案件办理的监督，必须以人民监督员了解案件的具体情况、较为充分地掌握案件信息为前提，否则人民监督员即无法对检察机关的具体做法提出合理、客观、科学的判断。从一定意义上可以说，没有人民监督员对具体案件的知情权，就没有人民监督员对具体案件的实质监督。人民监督员的知情权既是人民监督员制度的基础，也应当作为人民监督员制度的基本内容之一。不过，《规定（试行）》却实实在在地欠缺此项内容，其规定的人民监督员了解案件信息的主要方式是由案件承办人向人民监督员全面、客观地介绍案情并出示主要证据，同时承办人员也必须全面地向人民监督员介绍和说明与案件相关的法律适用情况。① 尽管其还规定了人民监督员可以在需要的情况下旁听办案人员讯问犯罪嫌疑人、证人等的活动，但实践中这样的情况适用得比较少，一般的是人民监督员到位后，首先由办案人员介绍案件情况，然后提出问题，人民监督员一边听取办案人员的案情介绍，一边审阅办案人员提交的书面材料。对于同时涉及证据问题、事实问题、法律问题的职务犯罪案件，要求人民监督员在当时的背景下即提出有针对性的、相对客观、科学的监督意见，实在有强人所难之嫌疑。对于复杂的案件更是如此，复杂的刑事案件涉及的证据问题、事实问题、法律问题都相对复杂，更要求人民监督员有较为充足的时间审查证据问题、事实问题、法律问题。加之，人民监督员本身即欠缺必要的法律知识，《规定（试行）》也仅仅要求人民监督员有一定的法律知识，而不是有丰富的法律知识。实践

---

① 参见最高人民检察院《关于实行人民监督员制度的规定（试行）》第24条。

中尽管选择了部分专家作为人民监督员，但由于我国目前的专家专门性、专业性或者说部门性较强，有些专家可能不具有案件监督所需要的知识。预先的知情权却进一步加剧了知识的欠缺与案件复杂、重要、疑难之间的冲突，导致人民监督员制度的虚化。

《决定》采取了一定的措施克服人民监督员整理资料的局限，即是在监督工作中或者具体的监督程序中，向人民监督员提供系统的资料，并以之作为监督工作的首要程序。其第28条第1项规定：人民监督员办事机构向人民监督员提交拟处理决定（意见）书、主要证据目录、相关法律规定及有关材料。其实，在实践中于《决定》颁布之前已经有检察机关注意到了充实人民监督员知情权对于实现人民监督员制度实质化的意义，并采取了一定的措施充实之、保障之。例如浙江省杭州市人民检察院自2003年开始人民监督员制度的试点以来，积极探索以多种方式保障或者拓宽人民监督员的知情权。除院领导和常设机构加强与人民监督员的日常联系，定期通报工作情况、寄送业务资料外，还邀请人民监督员参加检察机关的活动。2006年浙江省检察院即利用网络、信箱等开通人民监督员专用信息通道，保证他们及时了解检察工作情况，同时为人民群众向人民监督员反映"五种情形"问题提供窗口。浙江省检察院在外网网站上开设了人民监督员专栏；慈溪市检察院规定经检察长决定，侦查人员对犯罪嫌疑人进行末次审讯时，人民监督员可在监控室观看审讯过程，实施现场监督。① 不过，实践中检察机关探索的知情权的保障还没有涉及具体案件中的事实问题、证据问题和法律问题，对于促进具体案件办理的科学化还没有实质的帮助。另一方面应当看到，实践中进行的探索，更多地涉及检察机关的文化建设或者宏观制度建设，与《规定（试行）》之实现人民监督员对检察机关办理职务犯罪案件进行监督之间并没有必然的联系。质言之，以人民监督员知情权保障为旗帜进行的改革其实并不是人民监督员制度的具体的内容，与人民监督员制度风马牛不相及。

---

① 范跃红：《拓宽人民监督员知情渠道》，载《检察日报》2006年10月13日，第1版。

4. 人民监督员监督的范围方面做了较大修改，拓宽了人民监督员监督的案件范围。《规定》相对于《规定（试行）》所规定的应对启动人民监督员监督的"三类案件"、"五种情形"、"一种情况"而言做了比较大的改革，其具体表现为：一是细化并充实人民监督员监督的情形。如"检察机关延长羁押期限决定不正确的"、"违法处理扣押、冻结款物的"；二是增加了人民监督员必须监督案件的范围，将"五种情形"的内容统一纳入监督范围；三是撤销了对"犯罪嫌疑人不服逮捕决定的"监督；四是监督范围有了非常大的扩展。《规定（试行）》确立的人民监督员监督的案件范围主要是检察机关查办民职务犯罪案件，《规定》不仅保留了对检察机关职务犯罪侦查案件的人们监督，还将人民监督的范围扩大至几乎所有的检察工作，甚至包括检察队伍建设问题。其第 19 条规定：人民监督员可以对其他检察工作、检察队伍建设等提出意见和建议。必须说，将"犯罪嫌疑人不服逮捕决定的"情形排除于人民监督员监督的范围具有一定的合理性。一方面逮捕仅仅是刑事诉讼中的强制措施之一，其目的是保障刑事诉讼程序的顺利进行，如果经过法院的审判，认为被告人不需要判处徒刑以上的刑罚，逮捕事实上在其时不具备逮捕的条件，犯罪嫌疑人也可以启动国家赔偿程序。另一方面逮捕的条件之审查常涉及许多侦查技术性、专业性问题，人民监督员难以对之作出科学的判断，事实上缺乏对之监督的能力。同时现行司法实践中已将"职务犯罪案件审查逮捕权上提一级"，这实质上对逮捕权的行使有了更为审慎的监督，保障了批准逮捕权的正常行使。而将人民监督员监督扩大到其他的检察工作，符合设立人民监督员制度的制度目标，应当说，人民监督员制度之前，不仅职务犯罪侦查案件中存在对检察机关外部制约机制的欠缺问题，对检察机关的其他检察工作也存在外部制约欠缺的问题。即是说谁来监督监督者的举世之问，不仅存在于职务犯罪案件的办理中，也存在于其他检察权的行使过程中。

（二）对现行人民监督员制度的基本评价

现行人民监督员制度的主要依据或者依托是最高人民检察院的相关文件以及中共高层机关的相关的决议，当然，在有些地方人民监督员制度已经为地方立法所认可，如四川省广安市人大常委会通过的《广安市人民监

督员监督工作实施办法（试行）》、《广安市人民监督员培训考核办法（试行）》和《广安市人民监督员职务确认及解除办法（试行）》等，但总体上人民监督员制度立法所表现出来的问题是制度的阶位较低，无法体现出其制度的权威性。当然，在理论研究成熟、制度研究成熟之背景下，立法的阶位较低是最容易克服的问题了，只要通过最高立法机关的活动，提高其立法阶位，赋予其法律权威即可以实现。但法律的制定绝不是法律条文的形式化问题，更重要的是如何实现法律制度的科学化，并使法律更大程度上不是依据其外在的形式获得认可、获得其正当性，而是通过法律自身的内容科学性、合理性、正当性获得其正当性和广泛的被认可。为此，我们更多讨论的不是人民监督员制度的立法阶位问题，而是现行人民监督员制度存在的非科学性问题。探讨此问题，我们也不以人民监督员制度中的有关内容与法律的规定冲突作为切入点，因为如果将其上升为法律，此种冲突到底是批判的工具还是批判的靶子尚是一个不十分明确的问题。

1. 人民监督员的权力属性不明，并因之造成人民监督员条件设置上的模糊或者混乱

应当说，随着人民监督员制度的试点以及学者研究的深入，《规定》可以说在人民监督员权力属性的认识上已经取得了一定的"进步"，即《规定》认为人民监督员更多地表现为人民之作为人民的权利，而不是国家机关的公权力。学者对此的论证依据的两种权力行使的不同结果，在这些学者看来，人民监督员对检察机关办理的案件进行监督并提出意见，此种意见并没有根本的决定效力。这种想法恐怕也是《规定》最终取消了《规定（试行）》中设定的人民监督员不同意检察长或者检察委员会的决定时享有的提请复核权的原因。而检察机关作为行使国家公权力的机关，其决定具有强制性。两种不同的权力性质，决定了在任何意义上都不能设定一种刚性的人民监督员制度，以防止作为人民权的权利向公权力转变，并最终成为一种准公权力。"人民监督员在对个案进行监督时行使的是一种公民权利，权利来源可追溯到宪法、刑事诉讼法、检察院组织法等法律中涉及群众监督国家机关工作的内容，对于'七个方面'的审查即是对检察机关行使批评建议的权利，因而不具有终局效力。而检察机关所拥有的起诉、撤

案等权力，则来自法律的授权，属于国家公权力。如果法律赋予人民监督员刚性监督的权力，则人民监督员的公民权属性则将会向公权力发生转化，形成一种准公权，即形同人民陪审员所拥有的部分审判权。"①

此种认识还存在着比较多的可商榷之处。首先，认为公权力具有强制的权力，可以不受作为公民权的权利之约束，必须进一步追问国家的公权力的来源是什么？在现代国家公权力并不是君权神授，而是来自人民，人民为什么不能对公权力予以刚性制约。既然一切国家权力均来自人民被写入了作为国家根本大法的宪法，为什么就不能说人民的权力是一种公权力。其次，引入或者设定人民监督员制度的目的何在？如果不是对作为强大的、没有外部刚性监督机制的检察权予以外部约束，就没有理由和必要设定人民监督员制度，既然为了实现这样的目的，解决谁来监督监督者的举世之问，则虚化人民监督员制度，否定其监督刚性或者刚性的监督，实际上是以推太极的方式退回了问题，并最终逃避对检察权的外部制约。事实上必须承认，人民可以直接参与国家政治、经济、文化社会事务的管理，并可以直接行使管理权。

同时，即使避开人民监督员监督检察权的行使到底是一种公权还是一种公民权，也必须为监督目的之实现，努力促使监督的实效化或者实质化，并在人民监督员的设定条件上确立配合此种监督目的实效化的规定或者制度。令人遗憾的是，《规定》在人民监督员的条件规定或者要求上，却走向了一个相反的道路。规定在人民监督员条件的设定上走的是大众化之路，而不是精英化之路。诚然，域外民众参与司法之制度中确有民众参与大众化、民众选择随机化的情形，其典型的就是英美法系国家和地区的陪审制。应当注意，英美法系国家和地区的陪审制虽然在选择上具有随机性，有些国家是以所有具有驾驶资格的人为选择对象或者选择范围，有些国家则以选民名单上登记的人作为选择陪审员的范围。② 但是选择条件上的低门槛

---

① 陈卫东：《人民监督员制度的困境与出路》，载《政法论坛》2012年第4期。
② 历史上的陪审制曾经对陪审员资格有非常严格的要求，例如必须具有一定的爵位、拥有一定数量的土地，而且必须是男性，女性不能作为陪审员。不过其时作为陪审员参加案件审理还不是公民的义务，而是特定身份的人的一种荣誉。

要求，甚至无条件的限制之情形与陪审团具有严格的职能限制相印应，从而使没有文化条件限制选择的陪审员能够胜任参与案件审理，并以此种审理制约司法审判、实现司法民主的重要手段。其职能限制是陪审团在诉讼过程中仅负责证据证明力的判断和事实认定问题，在任何意义上都不能负责法律适用问题。法律适用是法官审判权的范畴，对于所有的法律适用问题，当事人不服的可以提出上诉。而对于陪审团的事实判断和证据证明力认定，当事人对之不能提出不服声明，陪审团的判断被认为和上帝的审判具有一样的权威性。何以陪审团的判断具有如此大的权威？何以没有任何文化条件限制，特别是在陪审员没有任何法律背景的情况下能够胜任事实认定、证据判断的工作呢？原因在于事实认定、证据判断主要依赖的不是知识，不是法律方面的专业修养，而是经验，是裁判者作为一般人的生活经验。在此种经验的享有上，拥有知识与否对之并不能产生影响，换句话说，文化水平低的人一样可以拥有比较丰富的生活经验，相反文化水平高的人可能生活经验比较贫乏。质言之，生活经验与专业知识方面没有关联性，更没有正相关关系。

大陆法系国家和地区的参审制则赋予陪审员与法官一样的权力，其不是和英美法系国家、地区的陪审团一样分享审判权，而是参与案件的审判，和职业法官一起行使审判权。即是说大陆法系国家和地区的陪审员享有普通法系国家和地区陪审员不曾享有的权力，即法律适用方面的决定权。为了保障其能够胜任此全面的工作，大陆法系国家和地区也在制度上建立相应的制度予以保障。制度之一就是陪审员参与案件的审理，但无法享有最终的决定权。在大陆法系国家案件的裁判一般采用合议制，合议过程中又一般采取多数原则，或者是相对多数，或者是绝对多数。这样少量陪审员参与案件的情况下，陪审员的不同意见在有些情况下是难以扭转乾坤的；制度之二即是对陪审员设置了较为严格的条件。如在我国作为人民陪审员的公民必须具有大专以上的文化程度，否则没有资格成为人民陪审员。即便如此，人民陪审员由于其在专业知识方面与职业法官存在相当大的差距，具有文化条件限制的人民陪审制也在实际的运作过程中，难以发挥其保障司法民主、制约司法审判的目的，陪审员也更多地成为裁判者的附庸，人民陪审制也因此失却了其民主性、人民性，而成为一种准公权。"从某种程度上说，人民陪审员的确是代表了'准公权'，因为它已经无法代表普通公民参与司法活动，而成了法院解决人力资源不足、用来凑数的'摆设'。"①

从《规定》选择的路线看，其似乎是走一条大众化、平民化的道路，因此其对人民监督员的文化要求，相当于没有要求，采用的方式也要求人民监督员有"一定的文化水平"，但其监督工作中又似乎赋予了人民监督员相当大的权限，即人民监督员可以审查检察机关办案人员的证据是否充分、事实认定是否存在疑问、法律适用是否合理。表现为案件承办人员必须向人民监督员全面介绍案情，并全面介绍案件的法律适用问题。对人民监督员文化条件上的软要求与人民监督员考量检察问题的全方位之间产生了难以克服的冲突，妥协的方法即会是软化人民监督员意见的约束力，人民检察院可以参考，也可以不予参考。人民监督员对检察机关法律监督权行使的监督，实质变成一种检察机关向人民监督员的咨询。人民监督员制度也从一种外部监督制度，演化为一种实质上的检察咨询机制。

2. 人民监督员选任程序存在瑕疵，人民监督员的选任缺乏充分的人民性和群众基础

诚如前文所述，《规定》相对于《规定（试行）》已经在人民监督员选任程序的公开、透明方面做了一定的手术或者改革，但如果依照人民监督员制度民众参与检察权的行使，并制约检察权的目的上看，还存在较大的差距。这主要表现在几个方面：其一，选任对象中尽管有公民个人可以向其工作单位所在地或者其住所地的人民检察院自荐的规定，但《规定》的精神或者导向以及实践中各地人民检察院的做法仍然侧重机关、团体、企事业单位、基层组织推荐的人员。陈卫东教授对 SH 省人民监督员选任情况的调研也证实了这一结论，按其调研结论，国字号仍然是人民监督员中的主力军。《规定》颁布以后的 SH 省的第一次人民监督员的选任情况大体是如下情况。本次选任共产生了 40 位人民监督员，13 位来自省会，27 位则来自 12 个地级市。其结构比例为：机关 5 人，占 12.5%；团体 2 人，占

① 陈卫东：《人民监督员制度的困境与出路》，载《政法论坛》2012 年第 4 期。

5%；企事业单位27人，占67.5%；基层组织6人，占15%。党员30人，占75%；党外人士9人，占22.5%；群众1人，占2.5%。妇女7人，占17.5%。人大代表10人，占25%；政协委员11人，占27.5%。SH省人民监督员办公室的负责人员也承认，之所以这些国字号的人员作为主力军，一方面考虑他们具有较为广泛的代表性和人民性，更重要的考量是这些国字号的单位一般与检察机关都比较好、比较和谐。① 其二，在推选的渠道上，虽然规定了公民个人可以自荐的产生渠道，但此种渠道的实效性颇值得怀疑。一方面公民个人的自荐仍然必须经由检察机关向其所在单位或者住所地的基层组织进行考察，而且在实际的运行中其所在单位或者基层组织的意见至关重要，如果没有所在单位或者其基层组织的正能量的肯定，则公民的自荐将难逃失败之结果。公民自荐最终实现了与机关、团体、企事业单位、基层组织推荐之间的趋同。另一方面在选择的结果方面，公民经过自荐成功被遴选为人民监督员的情况极少。在陈卫东教授调研的SH省，《规定》颁布以后的首次选任人民监督员中，40名人民监督员中只有1人是自荐成功的。其三，人民监督员选任或者遴选过程中，人民检察院仍然居于支配地位，难以在根本上改变自己选择自己的监督者之批判。在人民监督员遴选的过程中，尽管《规定》要求人民检察院应当与机关、团体、企事业单位、基层组织商定人民监督员的初步人选，但在实际运行中，一般都是由人民检察院提出拟选任人民监督员的名单，然后，再由人民监督员办公室的工作人员与拟任人民监督员所在单位协商，此种协商过程与其说是确定拟任人民监督员的过程，不如说是一种对拟任人民监督员的考察过程。而且实际的结果也是，除非人民检察院提出的拟任人民监督员存在非常严重的问题，一般情况下拟任人民监督员所在单位都会赞同检察机关的决定。事实上，本单位产生过一个人民监督员这样一个事实对于单位以及单位的领导都不是坏事，不会产生消极的影响，只能产生积极的影响。

3. 《规定》对人民监督员的知情权保障还有待进一步提高

尽管《规定》在充实人民监督员的知情权方面予以扩大但远远不够，

---

① 陈卫东、孙皓：《人民监督员制度运行调研报告》，载《国家检察官学院学报》2011年第5期。

就目前的实际情况看，人民监督员在具体的监督工作中，既要审阅承办人员提交的书面材料，还要听取承办人员的案情介绍或者汇报，能否在短时间内对需要监督的具体案件办理提出中肯的意见颇成疑问。这种情况事实上也在一定程度上促进了人民监督员支持检察机关意见的倾向或者做法，因为，相对于人民监督员了解案件信息的仓促性而言，检察机关的具体案件承办人已对之予以慎重思考、甚至是长时间的思考，并有可能在这一过程中查阅了大量的资料，包括法律规定、类似案件的处理、涉及的有关法学理论等，有些案件还可能已经过承办部门的集体讨论。此时，人民监督员提出优于承办人员案件处理意见事实上成为不可能，多数情况下人民陪审员往往从具体案件办理的形式瑕疵等方面提出意见。同时在具体案件的监督过程中，人民监督员获得的信息是单向的，即仅有承办案件的人员提出的信息，或者说职务犯罪案件中控方提供的信息，而没有或者无法获得对方当事人的信息，这种信息的单向性，也促使或者在较大程度上促使人民监督员与案件承办人员之间的共鸣，并促成人民监督员的肯定意见之形成。学者的研究表明，拟使一个主体对另一个主体的意见产生共鸣，或者说在主体之间形成共识必须具备特定的条件，否则难以在不同主体之间形成共知。这些条件分别是：（1）选择陈述语句的能力，使听者能够分享他的知识；（2）表示自己意向的能力，使听者相信自己是真诚的；（3）实行言语行为的能力，以使自己的行为符合被认可的规范，而说者和听者在这种共同的价值取向中达成共识。[①] 在没有犯罪嫌疑人或者其代表充分参与的情况下，承办案件的人员可以很好地选择语句陈述的方式、陈述的内容，也可以很好地、在没有相反力量的情况下表达自己的意向，等等。因此可以说"在汇报案情的过程中，在没有被告人和被害人意思表达的前提下……人民监督员与检察机关达成一致的可能性明显大于当事人充分参与后达成的一致性。由此可见，人民监督员的这种监督程序实质上是一种单向、秘密的审查程序，因利益相关方的'失语'而与程序正义的要求存在一定

---

① 哈贝马斯：《交往与社会进化》，张博树译，重庆出版社1989年版，第29～30页。

的差距。"①

4. 人民监督员的监督缺乏应有的刚性，无法体现人民监督员制度的功能

《规定》之前依照《规定（试行）》，如果检察长不同意人民监督员的意见的，可以提请检察委员会讨论决定；如果人民监督员不同意检察委员会的最终决定的，可以提请上一级人民检察院复核，上一级人民检察院享有最终的决定权。尽管最终的决定权仍然在检察机关内部，但毕竟对于检察委员会的决定，人民监督员还有声明不服的机会，还可以提出异议，还有相应的救济机会，同时在结果上，也可能对基于人民监督员启动的上级检察机关的审查，事实上对下级检察机关形成事实上的制约。这种制约虽不能使人民监督具有刚性，但还在一定程度上使人民监督员监督表现出"微力量"。遗憾的是，《规定》在其他方面实现的同时，却在人民监督员监督效力的赋予或者确定上走向一个相反的道路，并最终剥夺了《规定（试行）》所赋予人民监督员监督的"微力量"。实践中的具体做法是："如果评议的结果若是肯定办案部门的决定，程序将依照《刑事诉讼法》的规定继续推进；如果人民监督员否定了办案部门的决定，相关材料将会报送到同级检察委员会，检察委员会有权再度推翻人民监督员的决议。质言之，最终的决定权依然在检察机关手中，而人民监督员的监督在效力上是不具有强制力的。"②

当然，《规定》如此做也是有其原因的，可能原因一是《规定》对人民监督员制度的定位，为回应外界的批判，《规定》更多地将人民监督定位于大众监督、民众监督，从而在人民监督员条件的设定上基本走向了一种没有条件的条件之道路。二是相对于人民监督员制度试点之初而言，检察机关对人民监督员制度的态度有了较大改变。在试点之初，民众以及理论界对检察机关的法律监督权的行使，特别是职务犯罪案件的办理存在非常大的、普遍的负面评价，严重影响了检察机关在民众中的形象，影响了检察机关在中央高层中的形象。检察机关具有强烈的改变自身形象的驱动力，

---

① 陈卫东：《人民监督员制度的困境与出路》，载《政法论坛》2012 年第 4 期。
② 陈卫东：《人民监督员制度的困境与出路》，载《政法论坛》2012 年第 4 期。

此种驱动力也是人民监督员这一制度能够经由上级推动，采自上而下之方式迅速展开，并取得骄人成绩的重要原因。不过经过近 10 年的社会发展，于《规定》颁布时，也是经过了 7 年的社会发展，社会情势发生了较大的变化，中央高层对检察机关的工作普遍给予了非常高的评价，特别是对人民监督员制度给予了很好的评价，检察机关也把人民监督员制度作为具有中国特色的成功探索，多次向国外同仁、学者予以介绍。"据介绍，最高检的领导同志在借赴欧美发达国家参会、考察之机，总会把人民监督员制度作为中国检察机关近些年的一项重要创新成果加以介绍，反响非常热烈。一些国外的法学专家对于人民监督员这种公民参与司法的模式，大加赞赏，甚至有人还评价这已经超越了一些西方国家的司法民主水平。"① 最近，各种媒体纷纷报道的事情之一即是各级地方党委对当地检察工作的肯定，有些地方的党委甚至明确表示其他机关一定要向检察机关学习。在这样的背景下，检察机关通过强制性的外部监督，实现其工作的改善，或者通过人民监督员制度提升检察机关的社会美誉度、中央高层之美誉度的需求基本消失。检察机关改革、完善人民监督员制度的动力，或者更确切地说，赋予人民监督员监督以刚性的动力消失。三是《规定》设定的人民监督员制度与《规定（试行）》不同，不仅人民监督员的遴选由上级人民检察院组织进行，而且实际的监督工作的组织也是由上级检察院组织进行，此时在与检察委员会有不同意见的情况下，报上一级检察院决定的实际效果不明显，或者上一级检察院的不同决定也会在本质上否定本级检察院的人民监督员的组织工作，因此上一级人民检察院改变下级检察委员会决定的情况可能比较少。

四、《人民检察院组织法》修改中人民监督员制度的修改

基于我们对现行人民监督员制度的分析，结合目前的理论观点以及对人民监督员制度运行的调研，我们认为可以从以下几个方面修改人民监督

①　陈卫东：《人民监督员制度的困境与出路》，载《政法论坛》2012 年第 4 期。

员制度。

（一）提高人民监督员的条件要求，强化其专业知识的享有

我们认为，人民监督员的人民性与人民监督员的大众化、平民化并不是一个可以相互置换的概念，从大众中、平民中选出来的人民监督员可能代表的并不是社会大众的利益，也有可能代表部门利益、地区利益。精英化、高层化并不是说与人民性和广泛的代表性背道而驰，事实上很多有良知的精英有更加宽广的视野、能力代表民众，借助于社会精英，社会大众可以更好地实现其诉求。事实上，相当多的社会精英虽然已经不再具有平民身份，甚至可能具有非常高的社会地位，但因其认识、思考、视野等可能使之具有非常广泛的代表性，同时这些社会精英不行使公权力、不占有和支配社会公共资源，所以，一般地其相对于检察机关具有一定的独立性，换句话说，检察机关的职务犯罪侦查权对之并非完全没有潜在的影响力，但是此种潜在影响力，相对于其对机关、团体、企事业单位工作人员，特别是行使一定管理权的工作人员产生的影响力小得多。

以各地的社会精英作为人民监督员的备选人，也具备制度上的可行性。许多部门或者许多行业都建立有专门的人才库，并利用此种人才库在项目评审、人才队伍建设等方面使用之。其他行业或者部门选取精英人才参与项目评审等过程中积累起来的经验，既能说明以精英人才参与社会治理的可行性，也为人民监督员制度在选择人民监督员时，倾向于精英化运作提供了可行性的说明。同时必须看到，目前大多数的省、自治权、直辖市的省级法学会都设有或者遴选出来了法学专家人才库，这些法学专家来自多个领域，可以直接作为人民监督员的选任对象。

另外，人民监督员制度的实际运转也证明《规定》虽然倾向于人民监督员的大众化或者平民化，但是具体参与实际案件监督工作的仍然不是普通的平民，而是具有相当的法律方面的专业知识，并且具有相当权威的法律专家。事实上，也只有他们才有可能在信息不全面、犯罪嫌疑人或者法律监督权行使中的相对人缺乏参与、时间短暂的情况下，作出尽可能客观的判断，提出尽可能中肯的意见。

在人民监督制度建设中，我们认为，可以规定人民监督员必须是拥有法律方面的专业知识，并须是法律方面的专家。可以具体的规定为作为人民监督员的公民必须具有高级以上的职称，此种高级职称应当包括副高级职称。至于此法律方面的专家来自何种领域或者何种职业，我们认为也是应当考量的基本因素。在我们看来，体现人民监督员监督之与其他国家机关的监督之不同，作为人民监督员的公民不能是行政机关或者审判机关队伍中的工作人员，也不能是各地各级人民代表大会的代表。如果人民监督员来自这些机关，尽管人民监督员仍然可以以公民的身份出现，但必须注意的问题是此时人民监督员可能会受到其原来的职业角色的影响，从而出现权力监督、职业监督与人民监督、公民监督之间的混同。尽管其也可能实现或者达成制约检察机关法律监督权的目的，但却背离了人民监督员之以公民参与监督法律监督者的制度目的。为此，必须纯化人民监督员的身份。拥有法律方面的专业知识，又具备高级职称的人员可以是除国家机关工作人员、人大代表之外的其他所有人员，包括专门从事法学研究的科研人员，从事法学教育的法学教育工作者，从事法律服务的律师以及其他企业、事业单位从事法务工作的人员。

（二）弱化人民检察院在人民监督员遴选过程中的主导作用

实际上，在《规定》颁布之前许多地方的检察机关在试点或者探索人民监督员制度的过程中，同时探索弱化《规定（试行）》中检察机关在遴选人民监督员过程中的主导地位。《规定》虽然在原来试点的基础上，一定程度上弱化了作为被监督对象的检察机关在遴选人民监督员过程中的主导地位，不过并没有在根本上撼动检察机关的此种主导地位，因此，将人民监督员制度订入《人民检察院组织法》时，仍应当进一步弱化检察机关在遴选人民监督员中的主导地位，尽可能在根本上克服自己为自己选择监督者的情况。

在具体运作上，我们认为应当克服人民监督员专职化或者任职化的思维定式，《规定》以及《规定（试行）》采取的基本方式都是预先遴选一定的人民监督员，并由负责遴选检察院的检察长任命之，在实际的遴选和任命中同时规定一定的任期，并规定连任不能超过两届。在具体案件的监督工作中，进一步从具有人民监督员资格的人民监督员中，选取 3 名或者 5

名人民监督员对具体案件进行监督。此种做法的好处是方便检察机关，特别是检察机关的人民监督员管理办公室的操作，人民监督员的选择也具有较大的稳定性，另外在给人民监督员提供相应的监督条件上也比较容易办理。其缺点即是检察机关在人民监督员的遴选过程中以及在具体案件中的人民监督员的确定中过于主导，一定程度上影响监督者与被监督者适当分离的监督要求。我们认为可以克服此种人民监督员遴选与人民监督员确定之分离的或者阶段化的做法，实行人民监督员的选任与人民监督员的遴选相统一的做法。换句话说，以具体案件监督中的人民监督员确定代替或者消弭、吸收抽象的人民监督员遴选。此种方式的优点之一即是防止人民监督员的职业化或者准职业化，防止人民监督员的权力化或者准权力化，从而将其与人民代表的产生、政协委员的产生区别开来。优点之二即是人民监督员因案而生，因案件解决而灭，不具备恒定性的人民监督员，从而使不同案件中人民监督员的选择范围有扩大的可能性，此种扩大的人民监督员的选择范围，能够较好地解决目前人民监督员制度缺乏人民性、缺乏群众基础的问题。

具体设计可以采取如下的方法，首先由承办案件的惩办人员或者承办部门提出监督的要求，然后由检察机关的人民监督员办公室负责组织具体的监督工作的准备。人民监督员办公室应当先行要求省级法学会提出人民监督员人选，报人民监督员办公室，人民监督员办公室审查省级法学会提出的人选是否存在应当回避的情况，如果存在应当回避的情况，报检察长决定其回避，并由省级法学会提供其他的人民监督员人选。与此同时，人民监督员办公室应当向案件承办人员或者承办部门收集监督案件需要的各种材料，并于人民监督员确定以后将有关材料寄送人民监督员或者直接送人民监督员。同时，落实具体的监督时间、监督地点，并及时通知人民监督员。当然，此种人民监督员的确定和监督工作的启动中，人民监督员的监督还具有被动性，是在案件承办人员或者承办部门提出监督的要求以后启动的。为体现监督的主动性，检察机关对于重大、疑难、复杂的案件可以主动向省级法学会的法学人才管理机构提供案件的大体信息，并由其裁量是否可以或者是否有必要主动地组织人民监督员监督，从而解决人民监督员监督之被动性有余、主动性不足的问题，变人民监督员的被动监督为人民监督员的主动监督。

（三）充实人民监督员监督的程序，保障人民监督员的知情权

在具体的运作上，可以由以下两个方面作为切入点：其一，人民监督员办公室或者案件的承办人员、承办部门向人民监督员的信息披露义务。人民监督员办公室将案件的相关材料收集完毕以后，必须于人民监督员对具体案件予以监督的 3 日以前，将收集到的全部案件材料发送给人民监督员，以使人民监督员有充分的时间了解案件情况以及案件处理可能涉及的法律问题和理论问题，并使其能够对案件有一个总体的把握。当然，人民监督员管理办公室对案件的信息披露义务必须辅之以人民监督员的保密义务，否则检察机关能否顺利的办理案件即可能受到影响，办案检察人员的人身和财产也难以得到应有的保障。我们认为，实现此两种义务的协调，可以具体采取两种措施：一是人民监督员管理办公室可以对具体的案件信息作适当的处理，可以采取技术手段隐去案件中的涉案人员信息，包括涉案人员的个人信息以及地区信息等；一是在省级法学会遴选人民监督员的过程中，必须要求被确定为人民监督员的专家签订相应的保密协议，并在其违反保密义务的情况下追究其法律责任。其二，在实际的监督过程中，可以给案件中的利害关系人提供一定的发表意见的机会，如果说由利害关系人本人参与具体监督过程在当前的情况下还难以完全保障，可以要求利害关系人的代理人或者辩护人到场说明情况。其实，实践中很多地方的检察机关在试点的过程中也开始采取丰富人民监督员知情权的方法与措施，其中措施之一，即是许可人民监督员旁听办案人员对犯罪嫌疑人的讯问、旁听办案人员对证人等的询问。在此基础上再进一步也并非十分困难。

（四）赋予人民监督员的监督意见以一定的刚性

在赋予人民监督员的监督以强制效力方面，理论上有两个截然不同的观点：

观点之一是仅仅赋予人民监督员的决议以程序的约束力，即是说不能给予人民监督员的建议以对检察机关的强制约束力。其基本的理由是

人民监督员的监督仅仅弥补检察官认识上的不足，弥补检察机关缺乏强制性外部监督机制存在的缺陷，换句话说，人民监督员的监督是弥补性的，不是替代性的，其在任何意义上都不能替代人民检察院的职权。"民众审查的作用不是'替代性'的，而是'补足性'的、'查漏补缺'性的，权力的行使应当予以限制。人民监督员的监督只应具有程序上的拘束力，不能具有实体上的拘束力，其监督结果只能通过检察机关的内部程序设计、民主机制、检察长的判断能力和上级检察机关的权力监督发挥效力。如果人民监督员的监督结果在实体上对检察机关具有刚性的约束力，一方面又会形成一种高于司法权且不受制约的权力；另一方面存在干涉检察权独立行使之嫌疑。"① 在具体的程序效力赋予方面，有学者建议恢复《规定（试行）》中的人民监督员的提请复核权，同时以立法的形式明确限定检察机关不同意人民监督员决定的具体情形，实行检察机关对人民监督员意见的审批与备案相结合制度，等等。②

观点之二是一定要赋予人民监督员的监督以强制性的约束力，即检察机关应当在一定程度上遵守人民监督员的决议。按照该意见，人民监督员于特定情况下、特定案件中的决定人民检察院必须执行，认为只有这样才能真正发挥人民监督员对检察机关外部监督与制约的制度功能。否则即不能或者在一定程度上弱化人民监督员制度的功能。"强制性主要体现在当检察机关是否起诉或者撤销案件引发当事人双方强烈不满，或者导致社会广泛关注时，有若干人民监督员组成的组织介入案件诉讼，履行法定的阅卷、听证等程序后，作出起诉或不起诉或不得撤销案件的决定，此决定检察机关必须执行。"③ 此种观点理由有两个方面：一是只有赋予人民监督员以决议上的实质制约力和约束力，才能真正实现人民监督员制度的制度目标。《规定（试行）》中所确立的人民监督员可以提请复核的程序效力，最终在

---

① 郑锦春、关雅红：《人民监督员制度的完善——以中外民众参与司法相关制度为视角》，载《人民检察》2010 年第 12 期。

② 龙婧婧、罗树中：《变迁语境下人民监督员制度的反思与深化——解读〈最高人民检察院关于实行人民监督员制度的规定〉》，载《行政与法》2012 年第 1 期。

③ 陈卫东：《人民监督员制度的困境与出路》，载《政法论坛》2012 年第 4 期。

根本上无法制约检察机关的检察权。人民监督员提请的复核虽然会将案件提交到上一级人民检察院，但最终仍然是检察机关自行、内部解决问题，难以实现人民监督员监督软弱无力的问题。一是域外也采取了类似的做法。在日本，检察审查会已经改变了既往的检察审查会没有强制约束力的规定或者制度，并在根本上实现了检察审查会对检察机关办理案件的硬制约。这种精神主要体现在新修改的《日本检察审查会法》中，按其规定，对于检审会第一次作出的应当起诉决议，检察官应迅速考虑原不起诉决定是否妥当。如果三个月内检察官仍未提起公诉，检审会应对不起诉决定再行审查。检审会第二次审查时，应给予检察官出席会议、陈述意见之机会，在此基础上检审会成员 8 人以上若再作出应当起诉的决议，则该决议具有法律拘束力（第40条）。检审会在作出具有法律拘束力的应当起诉决议后，应将决议书副本送交具有管辖权的地方法院。受理决议书副本的地方法院则应从律师中指定提起公诉、实行追诉之人（第41条）。①

我们总体上比较同意第二种观点，其理由在于只有赋予人民监督员决议以实质上的强制效力，才能真正实现人民监督员制度设立时所追求的目的。不过，我们认为考虑检察独立的基本要求，应当在赋予人民监督员决议之实质效力时附加一定的限制条件。这些条件可以包括：（1）具体案件类型方面。在具体案件上，我们认为关于检察机关应否提起公诉的决定、以及涉及检察机关工作人员有徇私舞弊以及暴力执法等情形的，应赋予人民监督员决议以实质性的强制力，因为这些案件要么社会影响比较大，要么通过检察机关自身或者检察机关内部纠正错误存在一定的困难，所以有必要赋予外部监督以实质性强制力；（2）在具体程序方面，可以参照《日本检察审查会法》的具体做法，给予不同意人民监督员决议的检察机关以说明理由的机会，并在检察机关说明理由时，准许人民监督员对于原决定再次审查。如果人民监督员仍然坚持原来意见的，检察机关应当予以执行，如果人民监督员改变决议，且检察机关仍然不同意人民监督员的意见，仍

---

① 罗永红：《日本检察审查会的启示——兼论我国人民监督员制度的完善》，载《河南社会科学》2007 年第 4 期。

应当赋予检察院说明理由的机会。但应当总体规定，人民监督员复议案件的次数不能超过一定的次数。我们认为人民监督员的复议一般不应当超过两次，并应当以人民监督员最后的决议作为执行决议。

参考文献

一、著作类

[1] 肖扬：《当代司法体制》，中国政法大学出版社 1998 年版。

[2] 徐国栋：《民法基本原则研究》，中国政法大学出版社 1998 年版。

[3] 王名扬：《英国行政法》，中国政法大学出版社 1987 年版。

[4] 林钰雄：《检察官论》，中国台湾学林文化事业有限公司 1999 年版。

[5] 王克：《世界各国检察院组织法选编》，中国社会科学出版社 1994 年版。

[6] 何家弘主编：《检察制度比较研究》，中国检察出版社 2008 年版。

[7] 常怡主编：《比较民事诉讼法》，中国政法大学出版社 2002 年版。

[8] 谭世贵主编：《刑事诉讼法学》，法律出版社 2010 年版。

[9] 宋冰主编：《程序、正义与现代化》，中国政法大学出版社 1998 年版。

[10] 张智辉主编：《中国检察：自由裁量与人权保障（第八卷）》，北京大学出版社 2005 年版。

[11] 武延平等编：《刑事诉讼法学参考资料汇编》，北京大学出版社 2005 年版。

[12] 张智辉、杨诚：《检察官作用与准则比较研究》，中国检察出版社 2002 年版。

[13] 孙谦等主编：《中国检察制度论纲》，人民出版社 2004 年版。

［14］孙谦、樊崇义、杨金华：《司法改革报告——检察改革·检察理论与实践专家对话录》，法律出版社 2002 年版。

［15］李游、吕安青：《走向理性的司法》，中国政法大学出版社 2001 年版。

［16］陈业宏、唐鸣：《中外司法制度比较》，商务印书馆 2000 年版。

［17］陈云生、王杰：《略论我国宪法上的检察机关定位对人民检察院组织法修改的影响》，载山东省人民检察院法律政策研究室、山东省法学会检察学研究会秘书处编：《齐鲁检察论坛》，2012 年版。

［18］肖中华、傅强、孙利国：《人民检察院组织法修改的基本原则》，载山东省人民检察院法律政策研究室．山东省法学会检察学研究会秘书处编：《齐鲁检察论坛》，2012 年版。

［19］杨茂宏、赵殿卿、路保中：《从检察职权的嬗变看检察院组织法修改的原则》，载山东省人民检察院法律政策研究室、山东省法学会检察学研究会秘书处编：《齐鲁检察论坛》，2012 年版。

［20］王洪松、胡波：《从基层检察工作实践看组织法修改》，载山东省人民检察院法律政策研究室、山东省法学会检察学研究会秘书处编：《齐鲁检察论坛》，2012 年版。

［21］殷宪龙：《人民检察院组织法修改与检察机关组织人事制度》，载山东省人民检察院法律政策研究室、山东省法学会检察学研究会秘书处编：《齐鲁检察论坛》，2012 年版。

［22］赵信会、马海燕：《论检察机关参与人事诉讼》，载厦门大学出版社 2010 年版。

［23］［日］松尾浩也：《日本刑事诉讼法（上卷）》，丁相顺译，法律出版社 2000 年版。

［24］［德］哈贝马斯：《交往与社会进化》，张博树译，重庆出版社 1989 年版。

二、期刊类

［1］徐学东：《英国检察制度的演变和改革》，载《中共四川省委省级

机关党校学报》2000 年第 3 期。

[2] 李培锋：《英国检察制度的创设模式及当代特点》，载《南京大学法律评论》2008 年春季卷。

[3] 黄宁琳：《美国宪法涉及的检察制度研究》，载《南昌教育学院学报》2012 年第 2 期。

[4] 肖金明：《论检察权能及其转型》，载《法学论坛》2009 年第 6 期。

[5] 龙宗智：《论检察权的性质与检察机关的改革》，载《法学》1999 年第 10 期。

[6] 谢佑平、燕星宇：《我国检察权性质的复合式解读》，载《人民检察》2012 年第 9 期。

[7] 黄曙、李忠强：《检察权的司法化运作及其构建》，载《人民检察》2006 年第 6 期。

[8] 陈卫东：《我国检察权的反思与重构——以公诉权为核心》，载《法学研究》2002 年第 2 期。

[9] 王新环：《论检察权的独立性》，载《国家检察官学院学报》2003 年第 5 期。

[10] 陈卫东、李训虎：《检察一体与检察官独立》，载《法学研究》2006 年第 1 期。

[11] 郝银钟、王春、宋伟：《检察官当事人化的实现》，载《中国律师》1999 年第 12 期。

[12] 宋伟郝、银钟：《论检察权的滥用及其法治》，载《法学》1999 年第 9 期。

[13] 陈文兴：《检察官的条件、任免与保障研究》，载《法商研究》1997 年第 2 期。

[14] 高丽蓉、姜昕：《检察官身份保障制度之完善》，载《人民检察》2011 年第 6 期。

[15] 王俊、汪自成、卢山：《论检察权定位中的制约因素》，载《人民检察》2010 年第 13 期。

[16] 郝银钟：《检察权质疑》，载《中国人民大学学报》1999 年第 3 期。

[17] 高一飞：《检察机关内部双向制约机制的价值与局限》，载《人民检察》2011 年第 9 期。

[18] 赵信会、宋新龙：《民事抗诉基础的转换与补充性抗诉机制的建立》，载《河北法学》2010 年第 4 期。

[19] 张智辉：《法律监督辨析》，载《人民检察》2000 年第 5 期。

[20] 石少侠：《论我国检察权的性质——定位于法律监督权的检察权》，载《法制与社会发展》2005 年第 3 期。

[21] 丁以生：《加强党对立法工作的领导——学习十六届四种全会精神座谈会观点综述》，载《法学》2004 年第 12 期。

[22] 陈云生：《检察权与法律监督权"疏离"的宪法安排及其寓意解析》，载《法治研究》2010 年第 11 期。

[23] 江伟、张慧敏、段厚生：《民事行政检察监督改革论纲》，载《人民检察》2004 年第 1 期。

[24] 李忠诚、张建伟：《论检察一体化原则》，载《中国检察官管理学院学报》1996 年第 4 期。

[25] 贾济东：《检察工作一体化与检察一体化、部门一体化概念辨析》，载《法学评论》2008 年第 6 期。

[26] 施业家、金鑫：《检察一体化的域外考察及对我国的启示》，载《湖北社会科学》2007 年第 6 期。

[27] 郭彦、王艳阳、符尔加：《检察一体化体制下检委会专职委员的职能定位》，载《人民检察》2010 年第 13 期。

[28] 蒋伟亮：《中国特色检察一体化机制的建构与保障》，载《江苏大学学报（社会科学版）》2011 年第 1 期。

[29] 田夫：《什么是法律监督机关》，载《政法论坛》2012 年第 3 期。

[30] 蒋伟亮：《检察一体化的法治意义及中国的路向选择》，载《河北法学》2011 年第 4 期。

[31] 傅郁林：《司法职能分层目标下的高层法院职能转型——以民事

再审级别管辖裁量权的行使为契机》，载《清华法学》2009 年第 5 期。

［32］梁玉霞：《法学的悖论——反叛与顺从》，载《法学家茶座》2012 年第 1 期。

［33］李勇军：《基于信息不对称的政策决策分析》，载《行政论坛》2010 年第 2 期。

［34］张志铭：《对中国"检察一体化改革"的思考》，载《国家检察官学院学报》2007 年第 2 期。

［35］傅林：《合宪还是违宪——对我国〈人民检察院组织法〉第 3 条的质疑》，载《天津商学院学报》2006 年第 6 期。

［36］施业家、金鑫：《检察一体化的域外考察及对我国的启示》，载《湖北社会科学》2007 年第 5 期。

［37］唐莹玲、谢小剑：《检察委员会制度的成因解析》，载《学术论坛》2012 年第 1 期。

［38］郝战江：《上下级人民检察院工作领导关系新探》，载《法学杂志》2009 年第 8 期。

［39］刘永久、郝龙贵：《加强省级检察院对下级检察院干部管理力度的构想》，载《人民检察》2001 年第 10 期。

［40］农中校：《论检察官准入机制的构建与完善》，载《广西社会科学》2008 年第 8 期。

［41］宣章良、陈晓东：《检察官遴选制度研究》，载《国家检察官学院学报》2006 年第 3 期。

［42］汤维建：《论民事诉讼中检察官的客观义务》，载《国家检察官学院学报》2009 年第 1 期。

［43］胡常龙：《证据法学视域中的检察官客观义务》，载《政法论坛》2009 年第 2 期。

［44］郝银钟、王春、宋伟：《检察官当事人化的实现》，载《中国律师》1999 年第 12 期。

［45］彭东：《日本的检察机构和检察官》，载《人民检察》1996 年第 2 期。

　　[46] 谢鹏程：《论检察机关内部机构的设置》，载《人民检察》2003年第3期。

　　[47] 李雅新、杨文利：《基层检察院内部机构串通设置存在的问题及成因》，载《中国检察官》2011年第11期。

　　[48] 向泽选：《检察机关的机构设置与检察权配置》，载《河南社会科学》2012年第5期。

　　[49] 冯中华：《科学设置检察内部机构的总体设想》，载《检察理论研究》年第8期。

　　[50] 赵信会、郭鲁生：《民事抗诉中的认知偏见及检察约束机制》，载《法学杂志》2010年第3期。

　　[51] 王建荣、刘志锋：《中荷两国检察委员会制度的比较与启示》，载《人民检察》2010年第15期。

　　[52] 姚建才：《论检察委员会的民主决策》，载《人民检察》2010年第5期。

　　[53] 张毅、王中开：《论检察委员会的去行政化》，载《法学杂志》2008年第4期。

　　[54] 陈松林：《从司法民主性看检察委员会制度之完善》，载《人民检察》2010年第23期。

　　[55] 蓝向东：《论检察委员会断案程序的正当化》，载《人民检察》2000年第7期。

　　[56] 王建荣、刘志锋：《中荷两国检察委员会制度的比较与启示》，载《人民检察》2010年第15期。

　　[57] 张步红：《深化司法体制改革与修订人民检察院组织法的基本问题研究》，载《第七届国家高级检察官论坛会议文章》（上册）。

　　[58] 廖中洪：《关于完善〈中华人民共和国民事诉讼法修正案（草案)〉有关"检察建议"规定的若干问题》，载《西南政法大学学报》2012年第3期。

　　[59] 姜伟、杨隽：《检察建议法制化的历史、现实和比较》，载《政治与法律》2010年第10期。

[60] 杨书文：《检察建议基本问题研究》，载《人民检察》2005 年第 9 期。

[61] 万毅、李小东：《权力的边界：检察建议的实证分析》，载《东方法学》2008 年第 1 期。

[62] 吕涛：《检察建议的机理分析》，载《法学论坛》2010 年第 2 期。

[63] 张智辉：《论检察机关的建议权》，载《西南政法大学学报》2007 年第 2 期。

[64] 梁凤娣、顾文虎：《检察建议基本理论问题研究》，载《中国检察官》2009 年第 6 期。

[65] 王朋：《检察建议的属性与机制保障》，载《人民检察》2011 年第 9 期。

[66] 甄君玮：《检察建议司法适用中存在的问题及对策》，载《山西省政法管理干部学院学报》2012 年第 3 期。

[67] 刘铁流：《检察机关检察建议实施情况调研》，载《人民检察》2011 年第 2 期。

[68] 张新：《对完善检察建议立法的实证思考》，载《河北法学》2010 年第 11 期。

[69] 乐绍光、陈艳、周彬彬：《浙江省检察建议适用情况的调查分析》，载《法治研究》2009 年第 11 期。

[70] 崔晓丽、李小荣：《制发检察建议过程中存在的问题与应对》，载《法学》2009 年第 3 期。

[71] 莫纪宏：《人民监督员制度的正当性基础》，载《国家检察官学院学报》2009 年第 1 期。

[72] 郑锦春、关雅红：《人民监督员制度的完善——以中外民众参与司法相关制度为视角》，载《人民检察》2010 年第 12 期。

[73] 王锡锌：《公众参与和中国法治变革的动力模式》，载《法学家》2008 年第 6 期。

[74] 陈卫东：《人民监督员制度的困境与出路》，载《政法论坛》2012 年第 4 期。

[75] 四川省人民检察院：《我省推进人民监督员制度试点工作的初步经验》，载《人民检察》2004 年第 4 期。

[76] 黄卫国：《自觉接受人大监督推动检察工作深入健康发展》，载

《海南人大》2004 年第 10 期。

［77］刘云升：《刍议人民监督员制度的完善》，载《河北法学》2004 年第 10 期。

［78］余峰、谢小剑：《人民监督员制度的冷思考》，载《江西社会科学》2005 年第 10 期。

［79］高一飞：《人民监督员制度改革研究》，载《南京师范大学学报（社会科学版）》2009 年第 4 期。

［80］施业家、谭明、郎艳辉：《检察机关实行人民监督员制度的理论依据》，载《江汉大学学报》2012 年第 5 期。

［81］罗永红：《日本检察审查会的启示——兼论我国人民监督员制度的完善》，载《河南社会科学》2007 年第 4 期。

［82］常艳：《人民监督员制度深化发展的路径》，载《国家检察官学院学报》2007 年第 5 期。

［83］周友苏、钟凯、李君临：《关于完善我国人民监督员制度的若干思考》，载《社会科学家》2007 年第 6 期。

［84］姜双林：《关于人民监督员选任机制的思考》，载《行政与法》2006 年第 9 期。

［85］龙婧婧、罗树中：《变迁语境下人民监督员制度的反思与深化——解读〈最高人民检察院关于实行人民监督员制度的规定〉》，载《行政与法》2011 年第 1 期。

［86］陈卫东、孙皓：《人民监督员制度运行调研报告》，载《国家检察官学院学报》2011 年第 5 期。

［87］Wendie Ellen Schneider, Secrets and Lies：The Queem's Proctor and Judicial Investigation of Party – Controlled Narratives ［J］. Law&Social Inquiry. 2002，（47）.

三、报纸类

［1］李岩：《美国检察机关》，载《检察日报》2000 年 11 月 14 日。第 8 期。

［2］叶峰：《日本检察官的职责权限》，载《检察日报》2003 年 6 月 16 日。

［3］赵信会：《不应像管理公务员那样管理法官》，载《南方周末》

2009 年 11 月 29 日。

[4] 冯仁强：《理解检察权之关键：法律监督概念分广狭"》，载《检察日报》2004 年 2 月 4 日。

[5] 黄松有：《对现行民事检察监督制度的法理思考》，载《人民法院报》2000 年 5 月 9 日。

[6] 张穹：《当代检察机关的架构》，载《检察日报》1999 年 5 月 29 日。

[7] 桑涛：《检察一体化透视》，载《法制日报》2004 年 5 月 13 日。

[8] 谢鹏程：《什么是检察一体化?》，载《检察日报》2006 年 4 月 18 日。

[9] 杜萌：《检察队伍 30 年风雨兼程整体素质提升》，载《法制日报》2008 年 12 月 7 日。

[10] 王爱民等：《检察官应当何时退休》，载《检察日报》2005 年 1 月 10 日。

[11] 王松苗、庄永廉、王丽丽：《不得要求检察官提前离岗》，载《检察日报》2007 年 8 月 30 日。

[12] 赵信会：《给错案追究制提个醒》，载《南方周末》1990 年 12 月 10 日。

[13] 吴兢：《中国法官检察官整体素质提高法官本科比例过半》，载《人民日报》2005 年 7 月 17 日。

[14] 邓红阳：《检察建议如何摆脱"束之高阁"窘境》，载《法制日报》2011 年 6 月 9 日。

[15] 曹建明：《坚持法律监督属性、准确把握规律，实现民事行政检察工作跨越式发展》，载《检察日报》2010 年 7 月 26 日。

[16] 乔汉荣：《加强检法两院工作衔接机制建设》，载《检察日报》2010 年 9 月 21 日。

[17] 赵信会：《李登赢办案与司法能动性》，载《法制日报》2010 年 12 月 2 日。

[18] 裴智勇：《保障人民监督员享有充分的知情权》，载《人民日报》2006 年 9 月 4 日。

[19] 张志铭：《放言人民监督员》，载《法制日报》2006 年 3 月 16 日。

［20］四川省人民检察院：《检察机关人民监督员制度开局良好》，载《人民日报》2003 年 12 月 12 日。

［21］谢鹏程：《人民监督员制度的法理基础》，载《检察日报》2004 年 3 月 1 日。

［22］李晓波：《面向社会公开选任人民监督员》，载《法制日报》2006 年 11 月 6 日。

［23］范跃红：《拓宽人民监督员知情渠道》，载《检察日报》2006 年 10 月 13 日。

［24］斯贝格尔曼：《人权、法治与判决书的推理》，载《人民法院报》，2003 年 11 月 24 日。

后　记

　　《人民检察院组织法修改研究》历经半年的辛苦努力，即将付梓，我们既倍感欣喜，同时也深感不安。欣喜的是，我们半年多的努力终于结出了硕果，没有让辛苦付诸东流；不安的是，我们在人民检察院组织法修改和完善方面的探讨才刚刚起步，某些观点不免稚嫩和偏颇，某些方面不免存有错误和瑕疵，这方面的缺憾，恳请各位同仁批评指正，留待日后再做修改完善。

　　在本书写作收尾阶段，恰逢党的十八届三中全会召开，审议通过的《中共中央关于全面深化改革若干重大问题的决定》，将司法管辖制度、司法人员管理制度、司法权力运行机制、人民监督员制度等作为深化司法体制改革的重要内容，有力地推动了法治中国建设的进程。本书有关人民检察院组织法修改和完善的探讨，无疑切合十八届三中全会有关深化司法体制改革的题中之义，这使本书的出版更加具有重要的研究意义和现实意义，这也是我们深感骄傲之处。

　　本书得以顺利完成，离不开山东郓城县检察院检察长逯其彦亲自带领下的课题组成员的辛苦努力，倘若没有深入基层的实事求是的调查研究，没有艰苦细致的分析论证，仅凭一人之力，是难以完成这项重大任务的。这里，特别要感谢的是山东财经大学法学院副院长、教授、博士、博士后、中国民事诉讼法学会理事、山东省检察学会民事行政检察监督专业委员会副主任、山东省人民检察院专家咨询委员会委员赵信会同志！由于他的大力支持，

本课题才得以在山东省人民检察院立项（项目编号：
［SD2013C31］人民检察院组织法的修改与完善）；由于他的精心
指导，才能使读者看到别具一家、独具特色的新鲜观点和命题；
由于他的精心审阅，才使该书质量和水平进一步提升。他渊博的
学识修养、执着的敬业精神着实令人敬佩。

"学犹不及，犹恐失之。"在人民检察院组织法的修改与完善
方面，我们只是万里征途迈开了一小步，期待大方之家见仁见智，
共同推动这一进程。同时，也期冀这一小步，能为检察体制之完
善尽绵薄之力。

刘东平

2013 年 12 月